SpielRäume

Theaterstücke für junge Leute

Texte • Medien

SpielRäume

Theaterstücke für junge Leute

Erarbeitet von Gabriela Paule

Schroedel

Texte • Medien

Herausgegeben von Peter Bekes und Volker Frederking

Druck A 2 / Jahr 2013
Alle Drucke der Serie A sind im Unterricht parallel verwendbar.

Redaktion: Frank Sauer
Herstellung: Ira Petersohn, Ellerbek
Reihentypografie: Iris Farnschläder, Hamburg
Satz und Repro: UMP Utesch Media Processing GmbH, Hamburg
Druck: CPI – Clausen & Bosse, Leck
Titelbild: die theaterachse: ROMEO + JULIA von W. Shakespeare, Inszenierung: Markus Steinwender; Foto: Andreas Hechenberger; auf dem Foto: Markus Schöttl, Antje Martha Schäffer, Mathias Schuh

Das Texte • Medien -Programm zu »SpielRäume«:

978-3-507-47066-8 Textausgabe mit Materialien
978-3-507-47266-2 Informationen für Lehrerinnen und Lehrer mit Arbeitsblättern

Informationen und Materialien im Internet:
www.schroedel.de/textemedien

ISBN 978-3-507-47066-8

Inhalt

Kristo Šagor

Fremdeln

2001 *Fremdeln*
→ Seite 284

Die Wohnung. Die Woche.
Das dritte System ist die Familie.
Die Woche. Die Wohnung.

Marek, 14
Nele, 13
Doris, Mareks Mutter
Holger Bartels, Neles Vater

crescendo Musik: allmählich lauter werdend, im Ton anschwellend

Montag. Crescendo.

(1) Das Wohnzimmer gehört allen.
Marek sitzt und blickt. Sitzt und blickt. Wild und ängstlich. Will reden. Stockt und schweigt. Er sitzt auf dem einsamen Thron und beherrscht das Königreich.

(2) Allen.
Doris tritt ein. Wild und ängstlich. Sieht ihn, lächelt. Geht zu ihm hin. Marek zuckt zusammen.

Doris Du siehst traurig aus. Hast gar keinen Grund, traurig zu sein, *(lacht)* Hat dir die Party gestern gefallen?
Marek nickt.

Doris Na, siehst du. Wenn du Geburtstag hast, machen wir dir auch eine Party.

Marek Und wen lade ich ein?

Doris Wen lädst du ein! Deine Freunde natürlich.

Marek Wen lade ich ein?

Doris Dass Svantjes Freunde mitaufgeräumt haben. Alles weg, selbst der Weinfleck vor dem Sofa. Naja, so gut sie konnten. Du hast doch wohl nicht mitgetrunken, oder?
Marek schüttelt den Kopf.

Doris Sie haben dich doch nicht gefragt, ob du mittrinken möchtest, oder? Haben sie dir was angeboten?
Marek schüttelt den Kopf.

Doris Da bin ich beruhigt. Solange man den Alkohol einkauft, hat man es unter Kontrolle. *(lacht)* Alles unter Kontrolle. Hier ist ja ein Wachsfleck, Marek.
Marek zuckt mit den Schultern.

Doris Der war gestern noch nicht da. Weißt du, ob hier eine Kerze stand?

Marek Waren überall Teelichte.

Doris Hoffentlich mit Untertellern. Marek, haben sie die Kerzen auf Teller gestellt?

Marek In Gläser.

Doris Da kann sonstwas passieren!

Marek Wo ist Svantje?

Doris Die fressen sich in den Teppich rein bei der Hitze. Und wenn sie umfallen, brennt der Teppich, und wenn der Teppich brennt, brennen die Gardinen. Gott sei Dank, sind wir versichert. Da können auch Menschen sterben.

Marek Ich weiß.

Doris *(lacht)* Jaja, ich übertreib schon wieder. Bin ja schon still.

Schweigen.

Doris Aber man liest davon in den Zeitungen, weißt du? Ganze Wohnungen brennen aus und Menschen sterben. Beim Fernsehen eingeschlafen, schlechtes Wachs, alles brennt, du wachst nicht mehr auf.

Marek nickt.

Doris *(lacht)* Ich hör ja schon auf. Bist du mit dem Puzzle weitergekommen, Marek? Komm, du zeigst mir das Puzzle und ich hole den restlichen Kuchen aus dem Kühlschrank.

Marek schüttelt den Kopf.

Doris Hm. Du hast doch auch was bekommen. Was hat Holger dir noch geschenkt? Eine Videokassette? Wollen wir uns den Film ansehen? Du holst die Kassette und ich hole den restlichen Kuchen aus dem Kühlschrank.

Marek schüttelt den Kopf.

Marek Wo ist Svantje?

Doris Svantje und ihre Freunde haben sogar den restlichen Kuchen zurück in den Kühlschrank gestellt. *(lacht)* Ja, nimm dir daran ruhig ein Beispiel. Mit Frischhaltefolie eingeschlagen! Möchtest du lieber Käse- oder lieber Schokoladenkuchen?

Marek Keinen Kuchen.

Doris Du wirkst so, dir hat die Party gestern doch gefallen, oder?

Schweigen.

Doris Also, ich fand das bombig. Und dass Holger und ich einfach Tante Marlies besucht haben, war doch auch eine tolle Idee. Hat alles gepasst.

Schweigen.

Doris Marlies hat gesagt, wir sehen uns viel zu selten. Das stimmt auch. Man nimmt es sich immer wieder vor, aber raus kommt man dann doch nicht so leicht. *(lacht)* Marlies und Holger haben auch Rotwein getrunken. Ich glaube, es war sogar derselbe, den ihr, und du hast wirklich keinen? Naja. *(lacht)*

(3) Allen.
Bartels tritt ein.

Bartels Ich säg einfach ein Stück vom Rollo ab.

Doris Wie schön das gestern mit Marlies war.

Bartels Ja.

Bartels und Doris küssen sich. Schweigen.

Bartels Das Rollo ist zu groß. Ich säg einfach ein Stück ab.

Doris Wollen wir uns den Film ansehen, den du Marek zu Svantjes Geburtstag geschenkt hast?

Bartels Ich weiß nicht.

Doris Im Kühlschrank ist noch Kuchen.

Bartels Marek, kommst du mit dem Puzzle voran?

Marek nickt.

Bartels Zeigst du's mir mal?

Marek schüttelt mit dem Kopf.

Bartels Ein ander Mal, was?

Marek nickt vorsichtig.

Bartels Na gut, sehen wir uns den Film an.

Doris Hast du den Wachsfleck schon gesehen?

Bartels Nee. Ist doch nicht schlimm, oder?

Doris *(lacht)* Der Weinfleck vor dem Sofa und jetzt auch noch ein Wachsfleck. Aber die haben sich schon Mühe gegeben, oder?

Bartels Man wird nur einmal achtzehn. Hat Svantje gesagt, ob ihr die Party gefallen hat?

Doris Meinst du wirklich, du solltest das schöne Rollo ansägen? Und was ist, wenn das Holz splittert?

Bartels Ich borg mir die Flex von Jürgen. Da kann nichts passieren.

Doris Vielleicht sollten wir es doch ins Wohnzimmer hängen.

Bartels Ich war von Anfang an fürs Wohnzimmer.

Doris Gut, dann ins Wohnzimmer.

Marek Wo ist Svantje?

Doris *(zittert)* Ich würde den Film schon gerne sehen.

Bartels Ja, wo ist sie eigentlich? Unterwegs nehme ich an. Sind doch Ferien.

Marek Und wo?

Bartels Ja, wo.

Marek Sie war die ganze Nacht nicht da.

Bartels Sie ist doch volljährig.

Doris Ja, seit gestern.

Bartels Svantje meldet sich schon. Die sind bestimmt in die Innenstadt, noch in eine Disko, und jetzt hat sie bei einer Freundin geschlafen.

Doris Ja.

Bartels Soll ich das Rollo jetzt anmachen?

Doris Nein.

Flex
Firma, die Elektrowerkzeuge herstellt; hier: eine bestimmte Säge

(4) Allen.
Nele tritt ein, zögert.

Bartels Dann machen wir das später.
Doris Ja.
Schweigen.
Nele Was ist denn hier los? Schlechte Stimmung?
Bartels Hallo. Was? Ja, Nele.
Nele Und warum?
Doris Nele, lass gut sein.
Nele Nee, was is los?
Marek starrt Nele an. Unklar, ob angewidert oder fasziniert.
Bartels Es ist noch Kuchen da, möchtest du welchen?
Nele sieht Bartels an, als wäre er ein essbares Insekt.
Nele Nein, möchte ich nicht.
Bartels Ich hol das Rollo.
Nele Was machst du?
Bartels Ich dübel das Rollo an.
Doris Wir hängen es jetzt doch ins Wohnzimmer.
Nele Ihr kotzt mich an!
Doris Was?
Nele Was ihr hier aufführt, ist so ekelhaft.
Bartels Was führen wir auf?
Nele Ihr wisst genau, was ich meine.
Bartels Also, ich habe absolut keine Ahnung, was du meinst.
Nele Sie kommt nicht zurück.
Doris Was?
Nele Sie kommt nicht zurück. Sie hat genug von euch.
Doris Wie meinst du das?
Nele Macht euch doch nichts vor.
Nele geht in ihr Zimmer, knallt die Tür.
Bartels Nele?!

Schweigen.

Bartels Das hat sie nicht so gemeint.

(5) Auf dem Thron.

Marek Ich bin der Adler. Ich bin das Gebet, die randvolle Flasche. Ich bin das Auto mit laufendem Motor, bin der Naturgeist, der gute oder schlechte. Ich bin die einladende Sitzgelegenheit, die funktionstüchtige Schreibmaschine. Ich bin die Wundertüte, da ist ein echtes Wunder drin. Ich bin das Auto mit laufendem Motor. Was kümmern mich die anderen. Ich kann fliegen, ich kann Gedanken lesen, ich kann in die Zukunft sehen. Ich bin eine heiße Tasse Milch mit Honig. Ich bin die Präsidentensuite, das Auto mit laufendem Motor. Andere würden im Fahrtwind erfrieren, ich aber werde ein Lexikon schreiben, wo das alles drinsteht. Ich weiß Bescheid, ich bin doch nicht blöd. Die können mich alle mal. Kreuzweise und von hinten, können mich doppelt und dreifach. Ihr könnt mich mal! Ich bin das Auto mit laufendem Motor! Ich finde jedes fehlende Puzzlestück! Unterm Bett, auf dem Schrank, auch die, die unter den Kacheln im Bad eingekachelt sind, auch die, die die Zwerge verdorben haben, die vom Atem des Drachen entführt wurden. Logo, ich kann ja fliegen. Ich bin das ganze Haus, ich bin jede beknackte Dachpfanne Dachpfanne, Bratpfanne, Bettpfanne. Ich bin der Nachttopf, der Nachtwächter, Pfannenwächter. Ich bin das Auto mit laufendem Motor. Nägel, die ich gekaut habe, wachsen nicht mehr nach. Ich bin der König des Nägelkauens. Aber ich bin ein gnädiger König. Mein aktueller Erlass erlaubt den Nägeln überraschend, doch nachzuwachsen. Ich habe einen besonderen Dünger für Nägelwachstum

Suite
Folge von zusammengehörenden Zimmern in Hotels oder Palästen

Dachpfanne
Dachziegel
Bettpfanne
flacher Nachttopf für Bettlägerige

erfunden. *(rülpst)* Ich sitze im Wald und höre den Pilzen beim Wachsen zu. Das tut denen ganz schön weh, das Wachsen. Die heulen dabei, echt, die Pilze heulen beim Wachsen. Heul ich halt mit. Ihr könnt mich mal! Die geben sich so viel Mühe beim Wachsen, nur um gepflückt und gefressen zu werden. Bei einem Schulausflug im Wald habe ich mich versteckt. Die haben mich erst gar nicht gesucht und dann haben sie mich nicht gefunden. Einer hatte Pilze gesammelt, den wollte ich verprügeln. Aber die Pilze hatten ihm schon verziehen. Wachsen ist scheiße. Scheiße, scheiße. Aber ich bin der Adler. Ich bin das Gebet, das Auto mit laufendem Motor.
Marek wechselt den Tag.

Dienstag. Reigen.

(1) Doris und Bartels haben sich gerade gestritten, Doris hat geweint.
Jetzt geben sich beide Mühe. Schweigen.

Doris Marek ist wieder genauso verschlossen wie.
Bartels Ja, ich weiß.
Doris Wie vor zwei Jahren.
Bartels Ja.
Doris Ich weiß nicht, was ich.
Bartels Du gibst dir Mühe. Das merkt er. Das hilft ihm.
Doris Ach, du!
Bartels Was?
Doris Wir wollten doch aufhören.
Bartels Ja.
Doris *(plötzlich)* Wen kann ich denn noch anrufen?
Bartels Niemanden, du hast alles gemacht.

Doris Ich kann doch nicht ihren Klassenlehrer. Da mache ich mich doch lächerlich im Kollegium. Dass ich als Mutter keine Ahnung habe und er nur ihr Mathe- und Sportlehrer. Ich meine, Mathe und Sport, ja?

Bartels Du rufst niemanden mehr an.

Doris Und wenn wir doch eine Vermisstenanzeige aufgeben?

Bartels Doris.

Schweigen.

Doris Marek ist vollkommen durcheinander.

Bartels Er sollte mal zum Spielen rausgehen.

Doris Bitte?

Bartels Ich finde nicht gut, dass er die ganze Zeit drinnen sitzt.

Doris *(schreit)* Sag mal, hast du sie noch alle?

Schweigen.

Doris Ich bin froh, dass er überhaupt wieder zur Schule. Dass er alleine, ich betone, alleine hin und alleine nach Hause, ja? Hast du überhaupt eine Ahnung, was in ihm vorgeht? Hast du überhaupt eine Ahnung?

Bartels Ich finde das nicht gut.

Doris Und gerade jetzt, wo Svantje. Da soll er – raus? Zum Spielen rausgehen, sagst du? Ich dachte, wir wären so weit, dass du dich da nicht mehr einmischst.

Bartels Ich dachte, wir wären so weit, dass ich mich da einmische.

Doris Nicht so, weißt du. Nicht so.

Bartels Ja, das war dumm, entschuldige.

Schweigen.

Doris *(plötzlich)* Ein Mädchen in ihrem Alter. Jeder wird es verstehen, wenn wir eine Vermisstenanzeige.

Bartels Ich mach das nicht gern aber. Dann sag ich das noch mal: Sie hat Kleidung mitgenommen. Verstehst du? Kleidung mitgenommen.

Doris Nein, das versteh ich nicht. *(schreit)* Ich verstehe gar nichts. *(leise)* Gar nichts.

Bartels Dass sie Kleidung mitgenommen hat, heißt –

Doris Du, ich bin auch nicht blöd.

Bartels Nein, du bist aufgeregt.

Doris Danke, du bist eine große Hilfe, Bartels.

Bartels Ich lass dich jetzt lieber alleine.

Doris Ein halbes Jahr hat er gebraucht, um wieder gehen zu lernen. Die Ärzte haben gesagt, er hatte Riesenglück. Ein Jahr hat es gedauert, bis er wieder zur Schule gegangen ist. Und jetzt soll er draußen spielen, ja? Ohne Svantje. Wie wärs, wenn er auf der Straße spielt, hm? Fußball auf der Straße, wie wär das? Fußball gegen die Autos.

Doris hat nicht geschrien.

Bartels Ich kann das nicht gut, wenn du mich anschreist.

Doris Ich fand Neles Auftritt gestern sowas von unmöglich.

Bartels Und?

Doris Was, und?

Bartels Ich frage, und?

Doris Das war unmöglich!

Bartels Du warst es, die vorhin gesagt hat, ich soll mich nicht einmischen. Soll ich jetzt fragen: Warum mischst du dich ein?

Doris Sie hat mich damit verletzt.

Bartels Mich auch.

Doris Sie kann mich nicht leiden. Es macht ihr Spaß, mich zu verletzen.

Bartels Doris.

Doris Ich geb mir doch Mühe, oder? Wir hatten so was wie einen Burgfrieden, oder? Wir hatten richtig schöne Wochen. Richtig schöne Wochen. Aber seit –

Bartels Ja, seit.

Doris Ich muss noch wen anrufen.

Bartels Und wen?

Doris Irgendwen. Irgendwen, der helfen kann –

Bartels Wie viele waren eigentlich auf der Party?

Doris Naja, eine Menge.

Schweigen.

Doris Marek hat gesagt, waren nur acht Leute da. Die drei inklusive. Ist das nicht traurig?

Bartels Ist sie so unbeliebt?

Doris Holger.

Er streichelt ihre Wange, küßt sie.

Doris Ich hab dich lieb.

(2) Marek hat gerade gepuzzelt.
Als jetzt Doris reinkommt, hört er schlagartig auf. Doris hat eine Fernbedienung in der Hand, an der sie nervös rumspielt.

Doris Wollen wir endlich den Film gucken, den dir Holger geschenkt hat? *(lacht)* Im Fernsehen läuft bestimmt wieder nur Unfug.

Marek schüttelt mit dem Kopf.

Doris Hast du nur keine Lust auf den Film oder willst du den nicht sehen, weil der von Holger ist? Das fände ich echt blöd von dir. Das war doch schon alles so schön geworden. Richtig schön, seit Wochen, seit Monaten. Oder liegt das wirklich an dem Film?

Marek Liegt am Film.

Doris Naja, Disney. Also, ich mag die. Und der letzte hat dir doch gefallen. Wie hieß der noch? Moment, das war einer mit Tieren. Also, der Held war ein Tier. Weißt du noch, was für eins? Also, ich kann mich nicht erinnern. *(lacht)*

Disney
→ Seite 284

Schweigen.

Doris Mit dir und Holger ist alles okay?

Marek Ja.

Doris Er hat in letzter Zeit das Gefühl, dass du dich zurückziehst. Er hat das Gefühl, dass er was falsch macht. Das ist kein schönes Gefühl, verstehst du?

Marek Versteh ich.

Doris Zeig ihm doch ein bisschen, dass du ihn magst. Ist doch nicht so schwer. Er hat es nicht leicht, weißt du? Ja, das weißt du. Seit seine Frau ihn verlassen hat. Er fühlt sich wohl bei uns, aber. Ist das nicht toll?

Schweigen.

Marek Wo ist Svantje?

Doris Marek, ich weiß es nicht. Aber sie kommt bestimmt bald wieder. Sie kommt bald wieder. Weißt du, wen sie besucht?

Marek Nein.

Doris Vielleicht einen Freund aus ihrer Klasse? Hat sie irgendwas gesagt, dass sie was unternehmen möchte?

Marek Nein.

Schweigen.

Doris Hilf Holger doch, das Rollo anzudübeln. Das wäre doch klasse, du und Holger, ihr dübelt zusammen das Rollo an.

Marek Hm.

Doris Mach das doch für mich.

Marek Ich geh puzzeln.

Doris Ja, Marek, mach das.

Marek geht.

(3) Nele hat sich gerade in Svantjes Zimmer geschlichen, hat den Kleiderschrank geöffnet.
Jetzt probiert sie Pullover aus, neugierig und wählerisch. Probiert sie an und gefällt sich. Sie ärgert sich, dass es in Svantjes Zimmer keinen Spiegel gibt, der sie ansieht.

Marek tritt ein und beobachtet Nele unbemerkt. Unbemerkt.

Nele Was willst du hier?
Sie fühlt sich ertappt. Marek schweigt.
Nele Hau ab! Verpiss dich.
Marek schweigt.
Nele Svantje ist nicht da. Was schnüffelst du hier rum? Ey, du bist voll der kranke Triebtäter.
Marek Ist nicht dein Zimmer.
Nele Und? Deins ja auch nicht.
Marek schweigt.
Nele Nu hau schon ab.
Marek zeigt auf Svantjes Pullover, den Nele anhat.
Marek Steht dir.
Nele Was?
Marek Der steht dir.
Nele Ja, dir steht bestimmt auch gleich einer. *(lacht, dann kalt)* Lass mich in Ruhe, Zombie.
Schweigen.
Marek Bei einem Zombiefilm machst du dir doch in die Hose.
Nele Was?
Marek Hast ja schon bei 'nem Krimi Schiss.
Nele Halt's Maul, Zombie.
Marek Wenn ich meiner Mum sag, dass du in Svantjes Sachen rumwühlst, hast du ein Problem.
Nele weiß nicht, was sie sagen soll.
Nele Los, sag's ihr doch!
Marek Ich meinte: Wenn ich es ihr sage.
Nele *(unsicher)* Sagst du's ihr jetzt oder nicht?
Marek Soll ich machen?
Nele Naja, muss, muss nicht sein.

Triebtäter → Seite 284

Zombie → Seite 284

Marek Dann sag ich es ihr lieber nicht, was? Nachher regt die sich noch auf.

Nele M-h, klar.

Schweigen.

Marek Der steht dir.

Nele Danke.

Marek Ich glaub nicht, dass Svantje was dagegen hat, wenn du ihn dir ausleihst.

Nele Nein?

Marek Nee.

Nele grinst widerwillig, wird wieder abweisend.

Nele Verpiss dich zu deinem Kackpuzzle, Zombie.

Marek Geht klar.

Marek geht. Nele steht noch lange unsicher, bevor sich sie wieder nach einem Spiegel sehnt.

(4) Bartels hat mit sich gerungen, hat Nele gesucht und hat sie gefunden.
Jetzt ist Nele geschickt in ihrer Traurigkeit.

Bartels Ich möchte, dass du dich ein bisschen um Marek kümmerst.

Nele Mann, Papa!

Bartels Mach's für mich, ja?

Nele Ich mach alles für dich, aber der ist nicht normal im Kopf.

Bartels Marek hat es nicht leicht. Das weißt du.

Nele *(für sich)* Ich hab's auch nicht leicht.

Bartels Und er ist vollkommen normal im Kopf und das weißt du auch.

Nele Papa, der stellt mir nach, der lauert mir auf. Ich glaube, der will mir was antun.

Bartels Jetzt fantasierst du, Kleines. Er fühlt sich allein, seit Svantje.

Nele Mann.

Bartels Gib dir einfach ein bisschen Mühe.

Nele Der ist nicht mein Bruder, tu nicht ständig so, als wäre der mein Bruder.

Bartels Mache ich gar nicht. Er ist der neue Schüler in der Klasse und ist noch ein bisschen scheu. Und du bist das hübsche Mädchen, zweite Reihe, ganz links, das sich reizend um ihn kümmert, okay?

Nele lacht wider Willen.

Nele Zweite Reihe, ja, das glaube ich auch. Ich bin nicht euer Ersatz für Svantje, okay?

Bartels Und ich bin der Klassenlehrer und habe ihn neben dich gesetzt, weil du so ein –

Nele Jaja, blabla.

Bartels Nele.

Nele Der ist ein Zombie!

Bartels Du weißt von Doris' Problemen. Mach's auch ein bisschen für sie.

Nele Immer haben alle Probleme. Ich habe auch Probleme, Papa. Ich bin jetzt in einer wichtigen Entwicklungsphase. Ich brauche selbst Unterstützung. Mädchen in meinem Alter kriegen Magersucht und Bulimie. Oder ich werde tablettensüchtig wie Doris.

Magersucht → Seite 284
Bulimie → Seite 284

Bartels Der Arzt hat ihr die Tabletten verschrieben, weil sie sonst –

Nele Weil sie sich sonst zitternd unter dem Bett versteckt und ihr ganzes Geld für Versicherungen ausgibt.

Bartels Sie hat Angst.

Nele Angst vor Elektrosmog, Angst vor Autos, Angst vor dem Postboten. Möchtest du, dass ich genauso werde, weil dieser Behindi mir nachstellt?

Behindi **Behinderter; hier als Schimpfwort gebraucht**

Bartels Er ist kein … Sein Vater ist bei dem Unfall gestorben. Stell dir vor, so was wäre mit mir passiert.

Nele Ist es aber nicht.

Bartels Also?

Nele Als Mama nach München gezogen ist, habe ich auch nicht dutzendweise Feuerlöscher gekauft. Papa, wahrscheinlich bin ich suizidgefährdet.

Suizid Selbstmord

Bartels Das ist nicht witzig.

Nele Natürlich nicht! Das ist todernst! Du solltest Doris sagen, dass sie ihre Tabletten besser wegschließt. Sonst nehme ich bald eine Überdosis.

Bartels *(lacht)* Du bist furchtbar.

Nele Und du riechst aus dem Mund.

Er kitzelt sie durch, jagt sie durch den Raum.
Sie quietscht vor Vergnügen.

Bartels Also?

Nele Was, also?

Bartels Versprichst du mir, dass du dich ein bisschen um ihn kümmerst?

Nele Jaja. O Mann!

Bartels Nicht Jaja, sondern Ja.

Nele Gibst du dann endlich Ruhe?

Bartels Dann gebe ich Ruhe.

Nele Ja, ich versprech's. Zufrieden?

Bartels Zufrieden.

(5) Marek hat gerade gepuzzelt, hat viele Teile gefunden und ganze Abschnitte zusammengefügt.
Jetzt sucht er vergeblich ein fehlendes Teil, versucht die anderen Teile immer wieder und wird nach und nach wütender. Nele steht im Hintergrund und lauscht.

Marek Papa hat mir mal erklärt, was ein Bausparvertrag ist. Da hat er mich gerade zum Tischtennis gefahren, ich war neun. Er hat gesagt: Stell dir vor, du willst dir mit deinem älteren Bruder ein Fahrrad kaufen, ein Rennrad mit Zwanziggangschaltung. Könntest du dir alleine nicht leisten. Und auch zusammen schafft ihr das nicht gleich. Müsst ihr also lange sparen. Dabei hat Papa geraucht, die linke Hand am Steuer. Die rechte mit der Zigarette wedelt in der Luft rum und deutet so an. Die Asche segelt in die Rillen von der Gangschaltung, fällt ihm auf die Hose, merkt er aber nicht. Fairerweise kauft ihr das Rad erst, wenn ihr beide jeweils eure Hälfte zusammen habt. Du hast natürlich weniger Geld, dauert bei dir länger, aber dein Bruder wartet geduldig. Endlich hast du deine Hälfte, ihr kauft das Rad. Inzwischen ist dein Bruder so alt, dass er gar nicht mehr drauf passt. Das macht ihm nichts, zahlst du ihn halt aus. Das dauert noch mal genauso lange, aber dein Bruder ist ja geduldig und du hast schon das Rad. Naja, und der Bausparvertrag: Das Fahrrad, das ist natürlich das Haus, dein Bruder, das ist die Bank. Aber da habe ich gar nicht mehr genau hingehört. Ich habe mir vorgestellt, wie Papa und ich auf dem Riesenrennrad durch das leere neue Haus fahren. Ist ein Tandem, und Papa und ich durch die Küche, durch die Diele, das Wohnzimmer, freie Fahrt. Ich sitze vorne, er hinten, die Treppe runter in den Keller und die Treppe wieder hoch, bis unters Dach. Papa hat die Zigarette ausgedrückt und so gegrinst, dass ich vor lauter Bartstoppeln seine Nase nicht mehr sah. Mama und er wollen also einen Bausparvertrag machen, und ich helfe ihm, alles anzustreichen. Er und ich in Malerkluft, total mit Farbe vollgesaut. Er raucht und ich darf entscheiden, welche Musik im Hintergrund läuft.

(Gibt auf, das Teil zu suchen.) Als er mich an dem Tag zum Tischtennis gefahren hat, hat er auch geraucht. Zu Hause hat er noch umständlich die Schachtel gesucht. Und wer hat sie gefunden? Ich. Lag natürlich unter der Fernsehzeitung. Weil wir so spät dran waren, ich hatte Punktspiel, durfte ich vorne sitzen. Ist verboten. Ich habe am Radio rumgedreht und bin bei einem Klassiksender hängengeblieben, so ein Schwachsinn! Papa hat als Echo ein Blasinstrument nachgetrötet, Trompete oder was das war. Wir haben uns krankgelacht, und ich habe ganz vergessen, dass wir so spät dran waren.
Marek wechselt den Tag.

Mittwoch. Senkrechtenunddiagonalen.

(1) Die Fernbedienung.
Doris weint.

Doris Du würdest das nicht machen, oder? Marek, versprich mir, dass du so was niemals machst. Wie kann sie nur? Ich weiß nicht mehr. Wir haben ihr doch nie weh getan. Svantje hat sich so gerne und so toll um dich gekümmert, als du. Warum ist sie jetzt? Weißt du, wohin?
Marek Mama.
Doris *(mutig)* Vielleicht wollte sie sich nur ein schönes Wochenende. Aber mit wem? *(weint wieder)* Und wenn sie, wenn sie tot? Sie hätte sich doch schon hundertmal gemeldet.
Doris lässt sich streicheln.
Doris Der Polizist hat als Erstes gefragt, wie alt sie ist. Dann bekam er diesen Ton, als wäre ich. Als wäre ich seine Tochter. Belehrungstonfall. Er hat gefragt, ob sie Sachen

mitgenommen hat? Ich, ich. Er hat gesagt, es sind Ferien. Genau wie Holger. Er fing an von seinem neunzehnjährigen Sohn zu. *(plötzlich)* Du musst doch was wissen!

Marek zuckt zusammen.

Doris Sie muss dir was gesagt haben. Sie hat Andeutungen. Vertrau mir doch!

Marek Sie hat nichts gesagt.

Doris Keine Kleinigkeiten? Irgendwas, scheinbar unwichtig. Vielleicht warst du in dem Augenblick nur nicht aufmerksam. Denk nach, bitte.

Marek schüttelt mit dem Kopf.

Doris Auch wenn es was Blödes ist, was Peinliches. Sag es einfach. Ich bin ganz bestimmt nicht böse. Marek.

Marek Sie hat nichts gesagt.

Doris Dass ich das nicht gemerkt habe! Wie konnte ich nur so achtlos. Da hat sich was zusammengebraut und ich war nicht für sie da.

Schweigen.

Doris Vielleicht ist sie getrampt. Vielleicht hat sie jemand mit, ein Mann. Sie liegt in irgendeinem Straßengraben. Sie ist. Sie ist. *(Ihre Stimme versagt.)*

Marek Ist sie nicht. Das wüsste ich.

Doris Du wüsstest?

Marek Ich würde das merken. So was merkt man.

Doris Marek.

Sie streichelt ihn.

Marek Ich hab das gewusst, als Papa gestorben ist.

Doris Du hast?

Marek Ich hab das gewusst. Bevor ihr es gesagt habt.

Doris erstarrt. Schweigen.

Doris Versprich mir, dass du nicht weggehst! Versprich mir, dass du bei mir bleibst. Dass du nicht wie Papa, wie Svantje.

Marek Mama.

Doris Du musst es mir versprechen, hörst du? Ich bitte dich.

Marek Ich versprech es dir. Ich mach so was nicht.

Doris Du machst das nicht.

Marek Mach ich nicht.

Doris Nein.

Marek Nein.

Doris Ach, Marek.

(2) Der Brief.
Nele sitzt in ihrem Zimmer am Schreibtisch, einen Stift in der Hand.

Nele Ich schreibe gerade einen Brief.

Bartels An wen?

Nele Hm.

Bartels Nun komm schon, sonst hättest du nicht damit angefangen.

Nele An Svantje.

Schweigen.

Bartels Und wohin schickst du ihr den?

Nele Gar nicht.

Bartels Sondern?

Nele Der ist für mich. Kriegt sie nur, wenn sie so blöd ist zurückzukommen.

Bartels Nele.

Nele Ich schreibe nette Sachen rein. Dass Marek sie vermisst, dass Doris sie vermisst.

Bartels M-h.

Nele Papa, ich bin so froh, dass du das Rollo noch nicht angedübelt hast.

Bartels Das Rollo?

Nele Wir haben das vorher doch auch ohne die geschafft.

Bartels Die?

Nele Ich werde für dich kochen, wenn ich von der Schule zurückkomme, und wenn du von der Arbeit kommst, steht alles fertig auf dem Tisch. Ich räum sogar mein Zimmer auf, wische Staub und gehe einkaufen. Ich kann das. Als Mama nach München gezogen ist, haben wir das auch geschafft. Papa, ich bin jetzt älter und reifer. Wir machen das.

Bartels Nein, das machen wir ganz bestimmt nicht.

Nele Geh, ich will den Brief schreiben.

Bartels Nele.

Nele Lass mich in Ruhe! Der Brief muss fertig werden, bevor Svantje zurückkommt. Bestimmt ist sie schon auf dem Weg.

Bartels Du hast mir versprochen, dir Mühe zu geben.

Nele Tu ich doch.

Bartels Davon habe ich noch nichts gemerkt.

Nele Ich habe gesagt, das wird ein netter Brief.

Bartels Sei doch nicht so.

Nele *(schreit)* Ich vermisse Svantje auch! Ihr tut alle so, als hätten Doris und Marek das Recht gepachtet, sich Sorgen um Svantje zu machen und sie zu vermissen. Haben sie nicht! Sie fehlt mir auch. Sie war die einzige Normale in diesem Scheißladen. Die haben doch beide was an der Schacke, Zombie und Zombiemama. Ich fühle mich scheißallein hier, und das Einzige, was dir einfällt, ist, dass ich nett zu denen sein soll. Sind die etwa nett zu mir?

Bartels Ja, sind sie.

Nele Zombie stellt mir nach, aber das merkst du ja nicht. Und Zombiemama registriert mich gar nicht, so sehr ist sie in ihre Selbstgespräche vertieft.

Bartels Du bist grausam.

Nele Ach, lass mich in Ruhe! Ich will den Brief schreiben.

Bartels sieht sie lange an und geht dann zur Zimmertür.

Nele Nein, Papa, bleib! Das war nicht so gemeint. Tut mir leid.

Bartels bleibt.

Bartels Ich weiß doch, dass das nicht leicht für dich ist. Aber denk dich mal in die beiden rein. Für Marek und Doris ist das noch viel schwerer.

Nele Ja, weiß ich. Tut mir leid.

Bartels streicht ihr durchs Haar, sie genießt das.

Nele Weißt du, Papa, das ist alles so kompliziert. Einerseits vermisse ich Svantje. Sie ist meine Freundin, verstehst du. Andererseits bin ich froh, dass sie weg ist. Es ist irgendwie mehr Platz.

Bartels Ich weiß, was du meinst.

Nele Du musst zu mir halten. Ich habe niemanden außer dir. Ich bin das Mädchen mit der Konzentrationsstörung, zweite Reihe, ganz links, und du bist mein Lieblingslehrer. Der Einzige, der weiß, was in mir vorgeht.

Bartels *(lächelt)* Ach, Kleines.

Nele Vermisst du Mama?

Bartels Natürlich vermisse ich Mama. Und das wird auch so bleiben.

Nele Und würdest du, Zom, äh, Doris vermissen?

Bartels Ja, würde ich.

Nele Papa.

Schweigen.

Nele Versprich mir, dass du bei mir bleibst. Versprich mir, dass du nicht weggehst wie Mama.

Bartels Natürlich bleibe ich bei dir.

Nele Gut. Und jetzt dübel dein doofes Rollo an.

Bartels Ja.

Nele Papa, ich hab dich lieb.

Bartels küsst Nele auf die Stirn und geht. Sie blickt ihm nach. Sie will schreiben, zögert und knallt den Stift wütend auf den Tisch.

(3) Das Rollo.
Bartels will das Rollo andübeln, sieht, dass Marek ihn beobachtet. Marek geht weg. Bartels zögert. Er nimmt seinen ganzen Mut zusammen und geht Marek hinterher.

Bartels Marek?

Marek Hm?

Bartels Was denkst du, wo Svantje ist, äh?
Marek zuckt mit den Schultern.

Bartels Ich weiß es natürlich auch nicht. Aber erinnerst du dich noch, wie sie einen Tag vor ihrem Geburtstag gesagt hat: Jetzt wird alles anders?
Marek zögert, nickt langsam.

Bartels Ich glaube, das hat sie sehr ernst gemeint. Ernster, als wir alle uns gedacht haben. Sie hat eine Entscheidung getroffen.

Marek Entscheidung?

Bartels Wir haben alle an ihr gezerrt. Haben an ihr gezerrt, ohne dass wir es gemerkt haben, vielleicht sogar, ohne dass sie selbst es gemerkt hat. Auf der einen Seite deine Mutter und du, auf der anderen Seite Nele und ich. Das ist ihr alles nicht leicht gefallen.

Marek Ist kein Grund zu gehen.

Bartels Wenn man eine junge Frau, äh, ein Mädchen auf der Schwelle zum Frausein ist, vielleicht schon.

Marek Wieso?

Bartels Ich glaube, Svantje ist ein sehr kritisches Mädchen, äh, eine kritische junge Frau. Und bei uns hatte sie viel zu kritisieren. Sie hat es nicht mehr ausgehalten. Sie brauchte Abstand, und den hat sie sich genommen.

Marek Sie kommt doch wieder.

Bartels Bist du dir sicher?

Marek Ja, schon.

Bartels Ich nicht. Sie hat eine Entscheidung getroffen und fängt einen neuen Lebensabschnitt an.

Marek *(fassungslos)* Sie kommt nicht wieder?

Bartels Das tut weh, ich weiß. Und deiner Mutter und dir am meisten. Aber für Svantje ist das gut. Sie kann ganz von vorne anfangen. Sie ist frei. Sie kann machen, was sie wirklich machen will, und sein, äh, wer sie sein will.

Schweigen.

Bartels Das ist wichtig für sie. Eine junge Frau ohne Fesseln. Muss nicht mehr Hausmädchen spielen, für den einen Seelsorger, für den anderen Krankenschwester. Entschuldige.

Schweigen.

Bartels Das lag doch in der Luft, dass was passiert. Ein paar Sachen werden sich ändern. Zum Guten, da bin ich sicher, nur zum Guten. So ist es am besten für alle, so kann es weitergehen.

Schweigen.

Bartels Du solltest zum Beispiel mal ab und zu rausgehen. Ich finde das nicht gut, dass du die ganze Zeit drinnen sitzt. Draußen ist so ein tolles Wetter und du nutzt das gar nicht aus. *(lacht unsicher)* Deine Mutter würde mir eine klatschen dafür, dass ich dir das so sage. Aber du weißt doch, was ich meine, oder?

Marek Du bist nicht mein Vater.

Bartels Weiß ich. Brauchst du mir nicht zu sagen. Das ändert nichts an dem, was ich gesagt habe.

Marek Lass mich.

Bartels Du kannst nicht immer den Kopf in den Sand stecken. Deine Mutter kann dich nicht vor allem beschützen. Du musst deine eigenen Fehler machen. Und du musst alleine auf die Schnauze fliegen. Das wird weh tun, aber. Die Luft draußen ist großartig. Die Luft draußen im Leben ist großartig.

Marek kaut Nägel.

Bartels Mach es ein bisschen so wie Svantje.

Bartels tätschelt Marek verlegen. Der reagiert nicht.

Bartels Du kannst stolz sein auf deine Schwester. Du kannst stolz sein. Irgendwann wirst du verstehen, was ich meine.

(4) Das Puzzleteil.

Nele sitzt noch immer an ihrem Schreibtisch und sucht vergeblich nach Formulierungen. Doris steht unsicher vor dem Zimmer. Sie nimmt ihren ganzen Mut zusammen und klopft.

Doris Nele?

Nele Ja?

Nele räumt hektisch den Brief weg. Doris tritt ein.

Doris Ich möchte dich was fragen.

Nele Frag.

Doris Weißt du, wo Svantje ist?

Nele Nein. Das weißt du schon.

Doris Sie hat keine Andeutungen gemacht, wo sie hin will?

Nele Nein, hat sie nicht.

Doris Irgendeine Kleinigkeit. Irgendwas, was du in dem Augenblick nicht ernst genommen hast. Egal, ob es was Albernes oder Peinliches ist, sag es einfach.

Nele Nichts.

Doris Sie muss dir doch was angedeutet –

Nele Frag Marek, der ist ihr Bruder.

Doris Ich bin sicher, dass sie dir was gesagt hat.

Nele Hat sie nicht. Das habe ich schon gesagt. Heute zweimal, gestern dreimal.

Doris Denk nach. Dir fällt was ein. Konzentrier dich!

Nele Lass mich in Ruhe.

Doris Nein, lasse ich nicht. Da ist was, das weiß ich.

Nele Sag mal, hast du sie noch alle? Ich hab gesagt, da ist nichts.

Doris Ich kann dich nur bitten. Ich bin in deiner Hand. Marek und ich sind in deiner Hand.

Nele Du spinnst doch.

Doris Ich mache mir Sorgen um Svantje. Verstehst du das? Ich habe Angst, dass, dass ihr was passiert ist, und nur du kannst mir helfen.

Nele Dir kann keiner helfen.

Doris Bitte.

Nele Hau ab.

Doris hält Nele fest.

Doris Ich habe die letzten beiden Nächte kaum geschlafen. Ich hatte Alpträume. Ich träume von Männern mit grauen Gesichtern, die sich übergeben und schwarze ölige Federn ausspucken.

Nele Lass mich los!

Doris Sie rennen die Landstraße runter und schwitzen. Sie wissen nicht, in welche Richtung, aber sie rennen. Und dabei spucken sie schwarze Federn. Auf der Straße ist ein öliger Federfilm, leicht brennbar. Die Männer rutschen darauf aus, fallen hin und schlagen sich auf dem Asphalt die Köpfe blutig.

Nele hat Angst.

Doris Das Blut läuft ihre Stirn, ihre Nase runter. Das schmeckt nach Blut. Auf den Lippen schmeckt das nach Blut. Sie kommen wieder auf die Beine, schwere graue

Walrösser. Taumeln und rennen weiter. Wissen nicht, in welche Richtung. Blut und schwarze Federn. Aber sie rennen, schwitzen und rennen. Ich nehme ein Streichholz und zünde die Straße an. Alles brennt.

Nele reißt sich los.

Nele Du bist ekelhaft. Du bist krank.

Doris hält Nele wieder fest.

Doris Und damit das aufhört, musst du mir helfen. Was hat Svantje dir erzählt?

Schweigen.

Nele Sie hat nichts gesagt, aber . . .

Doris Aber?

Nele Da war ein Anruf.

Doris Ein Anruf?

Nele Genauer gesagt, mehrere Anrufe.

Doris Was für Anrufe?

Nele Ein älterer Mann, tiefe Stimme.

Doris Weiter.

Nele Er wollte Svantje sprechen und war ganz überrascht, als ich dranging. Svantje war im Bad und hat das Klingeln nicht gehört. Der Mann hat sofort aufgelegt. Ich fragte Svantje, wer das war. Sie hat sich erschreckt. Ich musste ihr versprechen, es niemandem zu sagen. Ich habe es versprochen. Ich habe mein Versprechen gebrochen!

Doris Wer war es?

Nele Das ist doch wohl logisch!

Doris Für mich ist gar nichts logisch. Wer war es?

Nele Ihr Freund. Svantje hat einen Freund, und der ist mehr als doppelt so alt wie sie. Sie ist zu ihm abgehauen. Sie lebt jetzt mit ihm zusammen. Sie hat genug von euch. Sie ist glücklich.

Doris Hat sie das gesagt?

Nele Hat sie nicht, aber das ist logisch.

Doris Nichts logisch.

Nele Ihr seid doch viel zu verklemmt. Der Typ ist mindestens vierzig. Svantje vertraut dir nicht. Das geht mit den Anrufen schon seit Monaten und du hast nichts gemerkt. Ich hab drauf geachtet, jeder hätte es merken können. Aber du? Du merkst nichts. Du bist so mit dir selbst und mit Marek beschäftigt. Du hast Svantje überhaupt nicht beachtet. Deshalb ist sie abgehauen.

Doris Das ist nicht wahr.

Nele *(lacht)* Natürlich ist es wahr. Sie wusste, du akzeptierst nicht, wen sie liebt. Sie weiß, du liebst sie nicht.

Doris gibt Nele eine Ohrfeige.

Nele Das sag ich Papa!

Doris tut die Hand weh.

Doris Du wusstest die ganze Zeit, wo Svantje ist, und hast nichts gesagt. Du hast gesehen, wie Marek und ich vor Angst durchdrehen und hast nichts gesagt.

Nele Würde Svantje wollen, dass ihr es wisst, hätte sie es euch gesagt.

Doris Das ist so hässlich von dir, du Scheusal.

Nele *(lacht)* Du bist das hässliche Scheusal. Svantje ist vor dir zu Bernd geflohen.

Doris Bernd?

Nele Ja, hat er am Telefon gesagt.

Doris Bernd?

Nele Mann, das ist sein Name.

Doris Bernd.

Nele Du bist so gaga. Das hält keiner aus.

Nele rauscht aus dem Zimmer und knallt die Tür. Doris sinkt auf den Schreibtischstuhl. Ihre Hand spielt mit einem Puzzleteil, das auf dem Tisch liegt.

(5) HR – KS – 22.
Nele traut sich näher heran.

Marek Es war ein Fagott. Letztes Jahr haben wir im Musikunterricht Blasinstrumente durchgenommen. Und als das Fagott drankam, habe ich den Klang sofort wiedererkannt. War natürlich nicht genau das Stück aus dem Radio, aber in meinem Kopf habe ich sofort gehört, wie Papas Stimme als Echo hinterhertrötet. Ich hatte ganz vergessen, wie spät wir dran waren. Das Punktspiel fängt schon in zehn Minuten an und wir sind noch nicht mal auf der Landstraße. Das war mir inzwischen vollkommen egal.
Holger Bartels ist mein neuer Tischtennistrainer. Der alte war natürlich lustiger, aber Bartels hat eine viel sicherere Rückhand. Kannste eine Menge lernen. Irgendwann hat er dann seine Tochter mitgebracht, Nele Bartels. *(lacht)* Nele Bartels trifft keinen Ball. Mit Ballonabwehr kannst du sie ganz leicht fertig machen. Sie ist dann ganz verrückt vor Konzentration und läuft viel zu weit nach hinten. Sieht vollkommen verzweifelt aus. Mann, ist das süß! Ich habe Mama gesagt, sie soll mich mal abholen. Damit sie Holger Bartels kennenlernt. Hat sie auch. Sie ist mit Holger Bartels zu Holger Bartels gegangen. Aber Nele hat mich trotzdem nicht angeguckt. Und dann sind wir zu Holger Bartels gezogen.
In dem Stück gibt es auch eine Pauke. Die habe ich gemacht. Ich habe erst auf meine Oberschenkel gehauen, aber das war nicht laut genug. Also habe ich vor mir auf das Handschuhfach geklopft. Das fand Papa klasse. Er hat auf das Lenkrad gehauen und dabei noch immer das Blasinstrument nachgemacht, das Fagott. Ich habe mich krankgelacht und immer doller gehauen. Meine Handflä-

Fagott
ein Holzblasinstrument

chen taten schon weh. Wir standen an einer roten Ampel und hatten alle Zeit der Welt. Papa klopfte so doll, dass ihm die Zigarette aus der Hand fiel.

Nein, anders: Holger Bartels war der Fahrer des anderen Wagens. Mama hat ihn später im Gericht kennengelernt, hat ihn mit Messerblicken an die Wand genagelt. Aber in einer Verhandlungspause haben sie sich am Cola-Automaten getroffen. Mama bekam einen Weinanfall und ließ sich tatsächlich von Bartels in die Arme nehmen. Sie hat so geweint, dass er auch weinen musste. Als der Gerichtshelfer sie wieder reinrufen wollte, hat er vor Verwirrung gestottert. Klägerin und Angeklagter Arm in Arm. Das Gericht hat Bartels freigesprochen. In einem langen Brief hat er Mama alles noch mal ausführlich erklärt. Sie hat geantwortet. Er hat geantwortet, sie hat geantwortet. Sie haben sich ineinander verliebt und sind zusammengezogen.

Trötend und noch mit der linken Hand auf das Lenkrad klopfend, versuchte Papa vergeblich mit der rechten Hand, die Zigarette im Fußraum zu finden. Er lachte noch immer, als er aus Versehen in die Glut fasst und sich bös verbrennt. Die linke Hand klopft noch, als sich sein Fuß vom Bremspedal löst. Er stößt sich den Kopf am Lenkrad, als er die Zigarette endlich am richtigen Ende zu fassen bekommt. Der Wagen rollt auf die Kreuzung.

Nein, noch anders: Holger Bartels ist der Pfleger im Krankenhaus. Er kommt rein und bringt Svantje einen Stuhl. »Was halten Sie von dieser einladenden Sitzgelegenheit?« Wir müssen alle drei lachen. Lachen tut weh. Holger Bartels gibt mir die Bettflasche, lacht, sagt, da haben viele ein Problem mit, lässt mich allein. Ich mache die Flasche randvoll. Bei der ersten Bettpfanne sagt er: »Das war reichlich.« Wir lachen. Mama mag Holger.

Holger duzt Mama. Holger kommt mich nach der Arbeit besuchen und lacht mit Mama. Holger bastelt ein neues Dach für Mamas Puppenhaus, kleine dunkelrote Dachpfannen.
Ich sehe den Wagen rollen und höre auf, auf das Handschuhfach zu schlagen. Ich will was sagen, aber mein Hals ist ganz eng. Von rechts fährt ein Geländewagen auf uns zu. Papa flucht lachend unterm Lenkrad. Ich kann nicht, ich kann nichts sagen. Der Geländewagen kommt näher. Unser Auto steht mit laufendem Motor auf der Kreuzung. Ich sehe das Nummernschild: HR – KS – 22. Ich überlege fieberhaft, wofür HR steht. Ich weiß es nicht. Ich greife nach Papa, fasse seinen Kopf, das Haar. Meine Hand rutscht ab, als er unterm Lenkrad hervorkommt und mich fragend ansieht. Ich streichle seine Stirn runter. HR – KS – 22. Schrilles Bremsgeräusch. Deine Nasenspitze, Papa. Aus.
Marek wechselt den Tag.

Donnerstag. Wiederholungstäter.

(1) Bernd lebt.

Doris Bernd lebt.
Schweigen.
Doris Hast du gehört?
Bartels Ich habe es gehört.
Doris Er lebt.
Bartels Ach, Doris.
Er streichelt sie.

Doris Er hat Kontakt zu Svantje aufgenommen und sie ist zu ihm gegangen. Sie wollte ihn wiedersehen nach der langen Zeit.

Bartels Wenn das so einfach wäre.

Doris Du glaubst mir nicht.

Bartels Ich würde es dir so wünschen.

Doris Musst du nicht. Er lebt.

Bartels Ja.

Doris Du glaubst mir nicht.

Bartels Wie sollte ich?

Doris Wie solltest du.

Bartels Es ist reiner Zufall, dass ihr Freund auch Bernd heißt. Vielleicht hat Svantje sich nur in ihn verliebt, weil er heißt wie ihr Vater. Weil er älter ist. Vielleicht erinnert er sie an ihn.

Schweigen.

Bartels Ich habe auch Angst um sie. Ich kann nachts nicht einschlafen und liege wach.

Sie sieht ihn aufmerksam an.

Bartels Ich sehe, wie du zuckst im Schlaf, und weiß nicht, ob ich dich wecken soll. Es scheint, du hast einen Alptraum. Ich denke, ich sollte dich wecken. Aber ich weiß, wie schwer du einschläfst. Du brauchst die Ruhe. Also wecke ich dich nicht.

Doris Holger, er lebt.

Sie streichelt ihn.

Bartels Die letzten Tage waren zu viel. Du solltest zum Arzt gehen, du solltest deine Medikamente neu einstellen lassen.

Doris Hat nichts mit Medikamenten zu tun.

Bartels Doris, er ist bei dem Unfall gestorben.

Doris weint.

Doris Nein, ist er nicht.

Bartels Wo auch immer er jetzt ist, er weiß, dass du ihn liebst. Er weiß, dass du an ihn denkst, jeden Tag.

Doris Ich habe gelogen. Er ist nicht gestorben bei dem Unfall.

Bartels Bernd ist gestorben, ihr habt ihn eingeäschert. Marek lebt, freu dich, dass Marek lebt. Er ist nur für dich und Svantje aufgewacht.

Doris Ich habe dich angelogen.

Bartels Ich bin für dich da. Hörst du? Ich bin da. Bei mir kannst du weinen.

Er umarmt sie. Sie hört auf zu weinen.

Doris Bernd lebt.

Bartels Ja, in deinen Erinnerungen lebt er weiter. In deinem Herzen. Und Marek und Svantje lieben ihn auch.

Doris Du verstehst überhaupt nichts.

Bartels Nein, das kann keiner verstehen.

Doris Du verstehst nichts.

Bartels Ich gebe mir Mühe.

Doris entzieht sich der Umarmung.

Doris Die letzte Version vom Paradies.

Bartels Was?

Doris Du willst die Wahrheit? Du willst die ausführliche Version?

Bartels Ich versteh dich nicht.

Doris *(lacht)* Du verstehst nichts.

Bartels Doris.

Doris Du sollst das alles hören. Du wirst das alles wissen. Geht nicht anders.

(2) Marek liebt Nele.

Nele sucht in Svantjes Zimmer nach etwas, das sie nicht findet. Marek kommt rein und beobachtet sie eine Zeit schweigend.

Marek Was suchst du?

Nele Du schon wieder!

Marek Ich habe auch schon gesucht. Meine Mum auch. Da ist nichts.

Nele Hm.

Schweigen.

Marek Willst du dir wieder Klamotten leihen von Svantje?

Nele Nein.

Marek Ihre grüne Bluse würde dir bestimmt stehen.

Nele Red keinen Quatsch!

Marek Doch, die grüne würde toll aussehen an dir.

Nele Die grüne hat sie mitgenommen.

Marek Hat sie nicht.

Nele Doch, hat sie. Die grüne ist nicht im Schrank. Ich habe auch in der schmutzigen Wäsche nachgesehen. Die grüne ist weg.

Marek zieht ein Paket unter dem Pulli hervor.

Nele Was ist das?

Marek Ein Geschenk für dich.

Nele ringt mit sich.

Nele Ich will kein Geschenk von dir.

Marek Mach erst mal auf. Wirst schon sehen.

Nele nimmt das Paket und reißt hitzig das Geschenkpapier ab. Es ist die grüne Bluse.

Nele Spinnst du?

Marek Zieh mal an.

Nele Du kannst mir doch nichts schenken, das dir gar nicht gehört.

Marek Nun mach schon.

Nele grinst. Sie zieht sich umständlich die Bluse an, über ihren Pullover.

Marek Wow! Sag ich doch, steht dir.

Nele Findest du?

Marek Aber du solltest den Pullover ausziehen.

Nele Was?

Marek So spannt die doch an den Schultern und hier sieht das gequetscht aus.

Nele Ich zieh mich doch hier jetzt nicht um.

Marek Ich dreh mich auch weg.

Marek dreht sich weg. Nele steht eine Zeit verlegen. Dann zieht sie ihren Pulli aus. Sie passt auf, dass Marek nicht lugt. Macht er nicht.

Marek Noch besser. Du siehst toll aus.

Nele Aber ich kann doch nicht mit der rumrennen. Was sagt deine Mutter, wenn sie sieht, dass ich sie anhabe?

Marek Die hast du von Svantje geschenkt bekommen.

Nele Ihre Lieblingsbluse?

Marek Sonst hätte sie die ja mitgenommen.

Nele Ja, warum hat sie sie eigentlich nicht mitgenommen?

Marek *(grinst)* War in der schmutzigen Wäsche.

Nele Du hast die gewaschen?

Marek Ja.

Nele Aber deine Mutter wird –

Marek Svantje hat sie dir geschenkt, das kann ich bezeugen.

Nele Und wenn sie wiederkommt?

Marek Sag ich, ich bin schuld. Wenn ich das will, schenkt Svantje sie dir.

Nele Ich zieh die lieber wieder aus.

Marek Schade.

Sie sieht ihn auffordernd an. Endlich kapiert er und dreht sich um. Sie zieht die Bluse aus. Marek guckt heimlich. Nele merkt das, hat das erwartet. Sie grinst ihn erhitzt an. Er dreht sich ganz um. Sie gehen langsam aufeinander zu. Er will sie küssen, sie wehrt ab.

Nele Spinnst du!

Marek Was ist?

Nele zieht ihren Pullover an.

Nele Lass mich zufrieden.

Marek Ich hab mich verliebt in dich.

Nele Du hast sie doch nicht alle!

Marek Ist so. Ich liebe dich.

Nele Zombie! Triebtäter! Behindi!

Marek Spinn nicht rum.

Nele Sag mal, merkst du nicht, wie abgeschmackt das ist? Deine Mutter und mein Vater? Und du und ich auch, oder was? Das ist ekelhaft.

Marek Ich bin nicht dein Bruder, du bist nicht meine Schwester.

Nele Gott sei Dank!

Marek Wir können machen, was wir wollen.

Nele Du bist krank.

Marek Du musst dich nicht schämen.

Nele Hier, behalt deine blöde Bluse!

Sie wirft ihm die Bluse zu.

Marek Die hat Svantje dir geschenkt.

Er wirft sie ihr zurück.

Marek Ich geh puzzeln.

Marek geht.

(3) Bernd lebt – still.

Doris Bernd lebt.

Schweigen.

Doris Er hat am Steuer geraucht. Die Zigarette ist ihm runtergefallen, und beim Aufheben ist er auf die Fahrbahn gerollt, ohne es zu merken. Ein großer Wagen ist ihm von rechts in die Seite gefahren.

Bartels Das weiß ich alles.

Doris Marek saß auf dem Beifahrersitz. Er wurde voll erwischt und hätte eigentlich tot sein müssen. Bernd ist mit einer mittelschweren Gehirnerschütterung und einem Gipsarm davongekommen. Er saß ja links.

Schweigen.

Doris Der andere Fahrer konnte überhaupt nichts machen. Bernd trafen hundert Prozent der Schuld. Ich habe ihm Vorwürfe gemacht, habe ihn angeschrien, Svantje hat geweint. Marek lag im Koma und wir standen zu dritt neben seinem Bett. Wir haben nicht miteinander gesprochen.

Schweigen.

Doris Eines Morgens war Bernd weg. Im Abschiedsbrief stand, er könne uns nicht mehr ins Gesicht sehen. Ich habe den Brief verbrannt. Svantje und ich sind jeden Tag ins Krankenhaus gegangen. Sie hat Marek Märchen vorgelesen, hat gesagt, bestimmt hört er alles. Wir saßen neben seinem Bett, die Maschinen liefen gleichmäßig. Da hat Svantje gesagt: Es ist so, als wäre Papa bei dem Unfall gestorben. Ich habe ihr recht gegeben.

Schweigen.

Doris Wir haben uns in was reingesteigert. Wir haben uns ausgemalt, wie die Beerdigung abgelaufen ist. Wir haben entschieden, wir würden ihn einäschern lassen, damit nichts von ihm übrig bleibt. Nach vier Wochen ist Marek aufgewacht. Als er wieder ein bisschen sprechen konnte, haben wir ihm gesagt, Bernd ist bei dem Unfall gestorben. Er hat alles geglaubt.

Schweigen.

Doris Verstehst du? Bernd lebt.

Bartels Das stimmt alles? Das hast du dir nicht ausgedacht?

Doris Ich habe mir nichts ausgedacht.

Schweigen.

Doris Bernd muss zu Svantje Kontakt aufgenommen haben, ohne dass ich es gemerkt habe. Vielleicht auch umgekehrt. Ich habe ihn seitdem weder gesehen, noch gesprochen. Vielleicht weiß Marlies, wo er ist. Aber ich habe nie mit ihr darüber gesprochen. Svantje wollte ihn einfach wiedersehen. Deswegen hat sie nichts gesagt.

Bartels Du hast mich zwei Jahre lang angelogen.

Doris Ich habe jeden angelogen, den ich kenne. Zu allen, die die Wahrheit wussten, habe ich den Kontakt abgebrochen. Bis auf Marlies.

Bartels Du hast mich angelogen.

Nele lauscht. Sie hat die grüne Bluse an.

Doris Ich habe Marek angelogen. Ich habe alle angelogen.

Bartels Liebst du ihn noch?

Doris Ich habe meine ganze Unschuld für dich zusammengekratzt. Ist nicht viel geworden.

Bartels Du liebst ihn noch.

Doris Die Flecken kriegt keiner mehr raus. Aber ich habe mich für dich entschieden, für dich.

Sie umarmt ihn, er ist aus Stein.

Bartels Wann wirst du Marek sagen, dass Bernd lebt?

Nele horcht auf.

Doris Wenn Svantje wiederkommt, werde ich mit ihr darüber reden.

Bartels *Wenn* sie wiederkommt.

Doris Sie kommt wieder.

Bartels Vielleicht hat sie ihren Vater so vermisst, dass sie jetzt bei ihm bleibt und sich erst in ein paar Jahren wieder bei euch meldet.

Nele kapiert offenen Mundes.

Doris Mach mir keine Angst.

Bartels Drama steht euch doch.

Doris Du bist grausam.

Bartels Grausamkeit wiederum steht uns.

Doris Sag es Nele bitte nicht, bevor ich es Marek gesagt habe.

Bartels Natürlich.

Nele zieht sich zurück.

(4) Marek liebt Nele – still.
Marek sitzt verloren in Svantjes Zimmer. Nele kommt rein. Sie betrachtet Marek die ganze Zeit mit schamloser Neugier, die er für Offenheit hält.

Nele Ich hab gar nichts an unter der Bluse.

Marek Was?

Nele Guck.

Marek O.

Nele Keinen Vater zu haben, wie ist das?

Marek Hm. Doof.

Nele Ich stell mir das vor, wie bei der Fremdenlegion zu sein.

Fremdenlegion
➔ Seite 284

Marek Fremdenlegion?

Nele Die Einsamkeit, die was mit Wüste zu tun hat.

Marek Aha. Vielleicht.

Nele Willst du mich küssen?

Marek Äh, ja.

Kuss.

Nele Immerhin ist es kein Inzest.

Inzest
Geschlechtsverkehr zwischen Blutsverwandten

Marek Nein.

Gelächter. Kuss.

Nele Wie war das, als sie dir gesagt haben, dass dein Vater bei dem Unfall gestorben ist?

Marek Da konnte ich gerade wenige Wörter.

Nele Wenige Wörter, aber?

Marek Farben.

Nele Welche?
Marek Weiß ich nicht mehr.
Nele Streng dich an, welche Farben?
Marek Kein Grün.
Nele Sondern?
Marek Kein Grün.
Nele Willst du mich noch mal küssen?
Kuss.
Nele Deine Mutter hat einen ziemlichen Schaden, oder?
Marek Und dein Vater ist eine ziemliche Niete, oder?
Nele Die benutzt dich nur.
Marek Du benutzt den nur.
Gelächter. Kuss. Nele zieht ein winziges Paket aus der Hosentasche
Marek Was ist das?
Nele Für dich.
Marek öffnet das Geschenk vorsichtig. Es ist ein Puzzlestück.
Marek Das fehlende Puzzlestück.
Nele Das hatte ich geklaut. Wollte Behindi ein bisschen quälen.
Marek Ich habe das überall gesucht.
Nele Na, dann hat das mit dem Quälen ja geklappt. Kannst du dir vorstellen, zur Fremdenlegion zu gehen?
Marek Nein.
Nele Ich ja.
Marek Und was machst du da?
Nele Da ist keiner, der was von dir will. In meiner Legion gibt es nur Frauen. Die ganz viele Kinder kriegen, aber ohne Männer und nur Töchter. Und die nicht viel reden, aber viel verstehen. So wie du.
Marek In der Fremdenlegion geht es doch um Krieg?
Nele Hast du keine Fantasie?

Marek Fantasie hat was mit Zwergen zu tun.

Nele Zwergen?

Marek Fremdenlegion, Wüste, das ist nichts für mich. Ich bin für Wald.

Nele Ich stell mir immer vor, was für hässliche Tiere deine Mutter sein könnte, und du?

Marek Ich stelle mir immer vor, welche blöden Berufe dein Vater haben könnte.

Nele Das ist ja langweilig.

Marek Und was ist das gemeinste Tier, das du dir ausgedacht hast?

Nele Aus aktuellem Anlass tendiere ich zu Krähe. Aber eigentlich ist es Bandwurm. Der frisst alles, was eigentlich für dich ist, und du verhungerst.

Marek Eins zu null für dich.

Nele Und was ist der mieseste Beruf, der dir eingefallen ist?

Marek Da waren natürlich so Sachen wie Toilettentieftaucher und Leichenfriseur, aber um ehrlich zu sein, kann man Bahnangestellter nicht überbieten. Das passt schon so, wie es ist. Das ist so langweilig.

Nele Dann steht es wohl unentschieden.

Gelächter. Neles Schamlosigkeit ist verschwunden, sie will es wirklich wissen.

Nele Wie war das genau mit dem Unfall?

Marek Das ist eine lange Geschichte.

Nele Ich habe Zeit.

(5) Ein neues Dach für das Puppenhaus.
Nele ist mit dem Kopf auf Mareks Schoß eingeschlafen. Als erzählte er ihr eine Gute-Nacht-Geschichte:

Marek Erst, als ich aufgewacht bin, wusste ich, da waren Träume. Zwerge haben gegen einen Drachen gekämpft, der wollte ihre Pilzwälder verbrennen. Mamas Stimme im Gebet. Ich wache auf und Svantje sieht mich mit großen Augen an. Lacht und heult und schreit: »Mama!« Die rennt ins Zimmer rein und möchte mich am liebsten umarmen, an sich drücken, ihre Augen schmelzen. Aber sie steht nur vor mir und streicht mir ganz vorsichtig über den Kopf, die Stirn runter bis zur Nase. Die Sonne scheint rein, ich sehe, das ist ein Krankenhaus. Ich weiß, das sind Mama und Svantje, aber ich kann gar nichts sagen. Tut alles so weh und die Welt hat keine Wörter. Weiß keine Wörter. Mama streichelt und redet, Svantje hält meine Hand. Mama erzählt, was passiert ist, erklärt die ganze Welt. Ich hatte Glück, Riesenglück, sagen die Ärzte, sagt Mama. HR – KS – 22. Das ist das Erste, was ich sage. Mama und Svantje sind ganz verwirrt. Papa, mir wäre lieber, der Geländewagen hätte uns beide umbracht. Nach und nach kommen die Wörter. Svantje bringt mir jeden Tag eine Wundertüte und je nachdem, was da so drin ist, üben wir Wörter. Nach zwei Wochen ist das wieder mein Kopf, kein Drache mehr. Als der Katheter endlich weg ist, ich wusste schon, was Katheter heißt, bevor ich wusste, was Puzzle heißt, als ich wieder alleine pinkeln soll, kommt nichts raus. Tut schon weh, aber kommt nichts raus. Eine Schwester ist nett, sie macht mir nachts manchmal eine heiße Tasse Milch mit Honig. Nachts weine ich. Der Arzt ist nicht so nett, wir nennen ihn »Nachtwächter«. Der Nachtwächter sagt, der Oberschenkelknochen ist vollkommen verheilt. Der Nachtwächter sagt, das Handgelenk macht sich prima. Er benutzt ständig lateinische Wörter, die kein Mensch versteht. Ich werde ein Lexikon schreiben, mit vernünftigen Wörtern drin, damit ihn mal ein Mensch verstehen kann. Er erklärt auch, warum alles weh tun muss.

Katheter
→ Seite 285

Schlucken, lachen, räkeln, tut alles weh. Beim ersten Versuch zu gehen bin ich bewusstlos geworden. Das Bad im Krankenhaus ist schrecklich gekachelt. Eine Schwester nennt mein Zimmer die Präsidentensuite. Wir lassen im Krankenhauspark Drachen steigen, ich sitze im Rollstuhl. Auf meinem Drachen ist ein Adler. Svantje liest mir aus einem Buch vor, in dem es um Zwerge geht, aber das ist wohl Zufall. Ich kaue Nägel. An einem Dienstag frage ich, auf welchem Friedhof Papa liegt. Mama wird ganz bleich. Svantje sagt leise, er wurde eingeäschert. Wenn ich aus dem Krankenhaus komme, will sie mir die Stelle zeigen, wo die Asche weggeweht ist. Ich nicke Tränen. Ich darf nach Hause. Zwei Krücken, dann nur noch eine für rechts. Papa, ich höre jetzt immer Klassikradio. Letztens lief unser Stück. *Marek setzt das fehlende Puzzlestück ein und wechselt den Tag.*

Freitag. Fremdeln.

(1) Nichtort. Nichtzeit.

Bartels Erinnerst du dich an die Sendung, die wir gesehen haben? Da haben die gesagt, die kleinsten Teilchen, aus denen alles besteht, sind in Wirklichkeit nur Schwingung. Alles, was fest aussieht, ist im Grunde vollkommen durchlässig. Es ist nur unglaublich unwahrscheinlich, dass man beim Lesen mit der Hand im Buch einsinkt, nicht unmöglich. Nur unwahrscheinlich, dass einem beim Duschen ein Wassertropfen durch den Kopf fällt, nicht unmöglich. Alle Gegenstände um dich herum machen eine unhörbare Musik, pulsieren in verborgenem Takt.

Der Mann, der ein Stockwerk über dir gerade Staub wischt, kann, wenn der gewaltige Fall eintritt und alle Teilchen in seinem Körper und in der Wand genau in der richtigen Anordnung sind, durch die Decke fallen und neben dir landen. Einmal pro Leben durch die Wand gehen, das fände ich in Ordnung. Weißt du, nur einmal, damit man weiß, dass es geht. Und vielleicht ist das ja passiert, Doris. Du bist auf mich zugegangen und wolltest mich umarmen, ich auf dich zu, wollte dich küssen. Jeder ist durch den anderen hindurchgegangen. Und anstatt uns umzudrehen, gehen wir weiter. Weil wir nicht fassen können, dass so was passiert. Wir müssten uns nur umdrehen. Das passiert nicht zweimal, viel zu unwahrscheinlich. Aber wir gehen weiter.

Doris Ich kann nur die alten Filme sehen. Ich weiß, das ist ein kleiner Kreis, in dem ist nicht viel Platz für mich. Aber es gibt nichts Schöneres als einen Film, den du schon kennst, mit dem geliebten Menschen noch einmal zu sehen, verstehst du? Sich die Vergangenheit einverleiben. Die Vergangenheit auflösen. Ein neues Haus bauen mit diesen alten Steinen. Beides Kennen fällt in eins: Den Film zu kennen, bedeutet, ihn zu kennen. Ich erinnere mich dann an all die Momente, in denen ich mit all den Menschen an all den Orten war. Das kriegt dann alles sein Gesicht, Marek. Er war die ganze Zeit dabei, hat mit mir die ganze Reise gemacht. Bis hierher. Er kennt die ganze Geschichte. Er war immer dabei.

Marek Er hat sich nie rasiert. Fast nie. Sein Bart, der kratzt und kitzelt und bunt ist. Die ersten grauen Haare zwischen den braunen und schwarzen und den wenigen roten. Nur wenn was wirklich Wichtiges anlag, hat er ihn abrasiert. Dann hat er das Bad zugeschlossen. Sonst war es immer offen, aber beim Rasieren hat er abgeschlossen.

Er hat gesagt, die Frauen schließen auch ab, wenn sie ihre Tage haben. Nele, einmal durfte ich zusehen. Ich saß auf dem hohen wackligen Regal und habe mir fast den Kopf gestoßen an der Decke. Er hat alle Bewegungen ganz langsam gemacht, das heimliche Ritual. Er hat gegrinst und mit Rasierschaum geworfen. Ich konnte gar nicht ausweichen da oben. Ich liebe seinen Bart.

Nele Liebe Svantje, ich habe die letzten vier Folgen für dich aufgenommen. Das war die letzte Kassette, aber ich habe welche nachgekauft. Die Folge heute war besonders gut. Sie drehen schon an einer neuen Staffel. Angeblich gibt es Umbesetzungen. Welche, steht aber noch nicht fest. Liebe Svantje, ich hatte auch schon alles gepackt, aber ich wusste gar nicht, wohin. Ich wäre zu dir gekommen, wenn ich nur wüsste, wo du bist. Und, liebe Svantje, was wäre das für eine Serie, ohne Hauptfigur? Ich habe eine höhere Gage verlangt, die haben sie mir sogar gegeben, wieder kein Anlass zu gehen. War deine Gage auch zu niedrig? Ich habe mich schlecht benommen, aber sie haben mir alles nachgesehen. Haben Sie dir auch alles nachgesehen? Wieder kein Grund zu gehen, alles kein Grund zu gehen. Dabei gibt es so viele Serien, die besser sind. Oder ein Film, ja, wie wäre es zur Abwechslung mit einem Film?

Staffel **mehrere neue Folgen**
Umbesetzung **im Theater oder Film: Auswechseln eines Darstellers**

Doris Alle suchen nach einer neuen Geschichte.

Marek Zu meinem zehnten Geburtstag hat er mir ein rotes Rennrad mit Zwanziggangschaltung geschenkt.

Doris Ich will keine neue Geschichte.

Bartels In der Sendung haben sie auch gesagt, dass sich alle Gegenstände anziehen. Je größer, desto mehr.

Doris Das Zeitungsrascheln in den Bussen, auf der Suche nach einer neuen.

Bartels Gravitation heißt das. Die Sonnen ziehen die Planeten an und die Planeten alles, was auf ihnen ist.

Marek Naja, er hat es mir zusammen mit Mama geschenkt, aber eigentlich war's nur von ihm. Er wusste, wie sehr mir der Vergleich mit dem Bausparvertrag gefallen hat.

Doris Die geschrienen Fragen bei der Einfahrt der U-Bahn, wie heißt du, auf der Suche nach einer, selbst das Schweigen in der Bibliothek, die heimlichen Buchdeckel, alle sind auf der Suche nach einer neuen Geschichte.

Keanu Reeves kanadischer Schauspieler und Musiker, geb. 1964

Nele Liebe Svantje, ich habe den Film mit Keanu Reeves für dich aufgenommen, den du noch nicht kennst.

Bartels Die Meere, die Wüsten und die Wälder, alles würde durchs All treiben ohne diese Kraft.

Nele Keanu Reeves spielt den behinderten Bruder einer wunderschönen Frau. Eine Frau, in die sich alle verlieben.

Marek Ich liebe das Fahrrad.

Doris Ich will keine neue Geschichte, Marek, ich will die alte.

Bartels Du springst hoch und bist wütend, dass du wieder runterkommst. Du springst, so hoch du kannst, aber du kommst immer wieder runter.

Doris Ich will, dass alles wieder so ist, wie es war.

Bartels Aber wenn du einen Ball wirfst, kommt er nicht zu dir zurück. Er fällt nur auf die Erde.

Nele Sie zerstreut sich zwischen ihren zahllosen Verehrern, kommt aber jeden Abend nach Hause, um ihren Bruder zu pflegen. Liebe Svantje, natürlich ein Liebesdrama.

Doris Ich werde mich in den Zeittunnel ducken. Ich werde die Arme und Beine anwinkeln. Ich werde springen.

Marek Nele, das Fahrrad steht im Keller und verstaubt. Das steht da schon so lange.

Nele Denn es kommt raus, dass Keanu Reeves gar nicht ihr Bruder ist. Sie sind noch nicht mal verwandt.

Bartels Auch die kleinen Sachen ziehen einander an, nur viel schwächer. Das war nicht stark genug zwischen uns, Doris.

Doris Ich will da wieder hin. Ich laufe den Kreis und grüße alle alten Bekannten.

Bartels Zwei Steine am Strand und ein Meter Kies dazwischen. Keiner konnte zum anderen.

Marek Aber irgendwann werde ich wieder darauf fahren, und es wird noch nicht zu klein sein.

Nele Und sie begreift, dass sie in Wahrheit die ganze Zeit nur ihn geliebt hat. Sie küssen sich und sie kriegt Zwillinge.

Bartels Der Tritt eines Passanten hat uns nebeneinandergeschossen. Und ein anderer hat uns wieder getrennt.

Doris Ich laufe den Kreis.

Nele Marek hat mich geküsst.

Marek Hörst du, noch nicht zu klein.

Bartels Ein Meter Kies dazwischen.

(2) Die Luft draußen.
Bartels packt seine Sachen in eine Tasche. Eine andere, fertig gepackte Tasche steht neben ihm. Nele, Marek und Doris sehen hilflos zu.

Bartels Jetzt habe ich das Rollo gar nicht mehr angedübelt.

Marek Wir können es ja zusammen andübeln.

Bartels Deine Mutter hilft dir dabei.

Nele Wo willst du hin?

Bartels Wir schlafen bei Jürgen.

Doris Wir?

Nele Wir können doch den Film gucken, den du Marek geschenkt hast.

Bartels Heute nicht mehr.

Marek Ich möchte den schon sehen.

Die Tasche ist voll.

Doris Bleib.

Bartels Lässt du den Vogel fliegen und er kommt zu dir zurück, gehört er für immer dir. Wie bei Svantje.

Bartels küsst Doris.

Bartels Kein Wunder, dass sie gegangen ist, wir haben alle an ihr gezogen. Komm Nele, wir gehen.

Nele Wir?

Bartels Ja, was dachtest du denn?

Nele Ich will nicht gehen.

Bartels Dann bleib. Ich gehe.

Marek Fremdenlegion.

Bartels küsst Nele auf die Stirn.

Nele Du kannst nicht schon wieder weglaufen. Du kannst nicht vor allem weglaufen.

Bartels Wir hätten nicht zusammenziehen sollen.

Marek Bleib.

Bartels nimmt seine Tasche, sieht Marek an.

Bartels Wann wirst du es ihm sagen?

Doris Holger!

Marek Was sagen?

Bartels Hier ist kein Platz für mich.

Nele Papa!

Marek Was wirst du mir sagen?

Nele hält Bartels fest, er macht sich los.

Bartels Komm nach, wenn du willst. Du weißt ja, wo ich bin.

Nele Papa!

Bartels verlässt die Wohnung. Nele ist wie gelähmt.

(3) Draußen im Leben.

Marek Was hat er gemeint?

Doris Keine Ahnung. Ich glaube, er meint eine Überraschung zu deinem Geburtstag.

Marek Das ist doch erst in einem halben Jahr.

Nele Ihr könnt ihn doch nicht gehen lassen!

Doris Wollen wir uns jetzt den Film ansehen?

Nele Was?

Doris Hast du gerade selbst vorgeschlagen. Ich finde, wir sollten uns den endlich mal ansehen.

Nele *(schreit)* Mein Vater ist gerade verschwunden und du willst Filme gucken?

Doris Wir können auch puzzeln.

Nele Puzzeln?

Marek läuft in sein Zimmer und greift sich so viele zusammenhängende Puzzleteile, wie er kann, demonstriert sie Doris und reißt sie auseinander, wirft sie durch die Gegend.

Doris Marek.

Marek Ich hole ihn zurück.

Marek geht zur Wohnungstür. Doris will ihn aufhalten, er macht sich los.

Doris Du kannst doch nicht raus. Die Autos. Draußen.

Marek Ich hole ihn zurück.

Doris Marek.

Marek verlässt die Wohnung. Doris ist wie gelähmt.

(4) Die Luft draußen im Leben.
Doris weint.

Doris Alle gehen weg.

Nele Marek holt ihn zurück. Die kommen beide zurück.

Doris Ich bin allein. Alle gehen weg.

Nele Ich bin ja da.

Doris Du? Du hasst mich.

Nele Nö.

Doris Du sagst, ich bin ekelhaft, ich bin krank.

Nele Da muss ich übertrieben haben. Du hast Probleme. Aber wer hat die nicht.

Doris Du. Du hast keine Probleme. Du bist frech, schlau und gesund.

Nele Ich hab das Problem, dass ich das weiß.

Ein gemeinsames Lächeln.

Nele Wollen wir ein bisschen mit deinen Feuerlöschern rumsauen?

Doris Was?

Nele Alles einsprühen, und der Versicherung verkaufst du das als Therapie.

Ein gemeinsames Lachen.

Nele Aber vorher muss ich noch den Brief an Svantje zu Ende schreiben.

Doris Brief?

Nele Keine Angst, ich habe keine Adresse, die ich dir nicht gesagt habe. Sie kriegt den, wenn sie wieder da ist.

Doris Aha.

Nele Hol schon mal die Feuerlöscher. Ich bin gleich fertig.

Doris Ja.

Nele geht in ihr Zimmer und setzt sich an den Schreibtisch.

(4) Die Luft draußen im Leben ist großartig.

Doris steht. Stolz und wild. Sie will einen Feuerlöscher holen. Steht regungslos. Sie gibt sich einen Ruck und holt einen Feuerlöscher. Holt einen zweiten. Sie steht regungslos. Blickt stolz und wild, einen Feuerlöscher in der Linken, einen in der Rechten. Die Wohnungstür öffnet sich. Doris blickt zur Tür. Sie erstarrt.

Doris Svantje! Bernd!

Nick Wood

Traum weißer Pferde ———————— 2004

Übersetzt von Anja Tuckermann und Guntram Weber

Personen:
Paul Saunders – will klettern wie sein Vater. 15.
Stevie Pitts – sie kennt Paul, seit sie beide klein waren. 15.
Martin McCormack – ist gerade von Schottland hergezogen. 15.
Rick Saunders – Pauls Vater. Er kam vor zwei Jahren beim Klettern um.

Das Stück lässt sich überall aufführen. Drinnen. Draußen. Im Kletterzentrum. Im Theater. Die Schauspieler sollten so gut wie nur irgend möglich klettern können. Egal in welchem Stil. Die Bewegungen zwischen den Szenen sollten so schnell wie möglich geschehen, selbst bei einem Geschwindigkeitswechsel. Zum Beispiel sollten wir zwischen der ersten und zweiten Szene staunen, dass Paul sich so schnell von einer Stelle zur anderen bewegen konnte.

1. Dunkel.
Klettergeräusche. Pauls Stimme.

Paul Tritt und Griff. Tritt und Griff. Im Fluss bleiben. Konzentrieren. Konzentrieren. Füße auf die Simse, Hände an die Rohre. Die Haltegriffe sind alle da, bis ganz oben. Finger fangen an zu rutschen. Nicht schlimm genug um anzuhalten. Weiter. In Bewegung bleiben. In Bewegung bleiben. In Bewegung bleiben … Ja!
Musik sehr laut. Scheinwerfer auf Paul, der mit beiden Händen an der Oberkante eines Gebäudes hängt, er nimmt aus seinem Klettergurt eine Sprühdose und taggt den oberen Teil des Gebäudes. Er zieht sich hoch und über die Kante und veschwindet. Nur um wie der Blitz unten wieder zu erscheinen.

Sims **waagerechter (Wand-)Vorsprung**

taggen **markieren (engl. to tag)** **→ Seite 285**

2. Pauls Zimmer.
Dunkel. Musik hört auf, als Paul, der vor einem CD-Spieler kniet, im Licht erscheint. Er legt eine CD ein und sucht in einem Stück – Mr. Tambourine Man – bis er die 4. Strophe findet. »Yes, to dance beneath the diamond sky with one hand waving free / Silhouetted by the sea …« Er fährt zurück bis zu – »Yes, to dance …« – spielt das Stück wieder. Hält an. Fährt wieder zurück. Lässt das Lied ein paar Worte weiter laufen – nicht weiter als »circus sands« – und hält es an. Er nimmt den Kletterführer, schlägt ihn an einer oft gelesenen Stelle auf und beginnt zu lesen. Da erscheint Rick.

Mr. Tambourine Man **→ Seite 285**

3. Auf den Klippen über dem Meer.
Wellen auf den Felsen am Fuß der Klippen. Möwen schreien. Rick seilt sich ab und hängt in seinem Klettergurt vor dem

Fels. Während er spricht, seilt er sich weiter ab, schwingt auf den Fels zu und pendelt zur Seite, bis er am Ende seines Monologs die Felskante erreicht und verschwindet.

Standplatz → Seite 285
Fuß Maßeinheit: 30,48 cm
Riss Felsspalte, die sich zum Klettern eignet
Kamin → Seite 285
Untergriff → Seite 285

Rick Krieche um den Zacken und lass dich bis etwa hundertfünfzig Fuß über dem Meer hinunter. Die Furche hinunter bis zu einem abschüssigen Standplatz. Zwanzig Fuß. Quere die Platte. Vierzig Fuß. Nach links und hoch. Zwanzig Fuß. Steige den Riss zu einem Absatz hoch. Neunzig Fuß. Weiter nach links mit einem schwierigen Übertritt zu einem Kamin. Schlechter Fels. Fünfzig Fuß. Unter dem Überhang an Untergriffen nach links zu einem offenen Spreizkamin. Hundertzwanzig Fuß. Nach links queren über lose, grasbewachsene Felsen bis nach oben. Dieser Aufstieg ist technisch nicht sehr schwer, doch es könnte, wenn die nötige Sicherung fehlt, in der letzten Seillänge Schwierigkeiten geben.
Rick klickt sich los. Verschwindet. Das Seil wird nach oben und außer Sicht gezogen. Paul – Kletterführer in der Hand.

Paul Traum weißer Pferde.
Musik laut.

4. Die Kletterwand.

Stevie macht Hocksprünge auf einen kleinen Vorsprung und erhebt sich, ohne die Hände zu benützen.
Paul kommt und beginnt neben ihr Klimmzüge zu machen.
Musik blendet aus.

Stevie Paul …
Paul Stevie?
Stevie Du kotzt mich manchmal wirklich an, weißt du das?

Pause.

Stevie Warum darf ich nicht?

Paul Ehm … Weil?

Stevie Ich gehe allein.

Paul Dann geh doch.

Stevie Du kannst mich nicht abhalten.

Paul Ich werd's auch nicht versuchen.

Stevie Ich sag's deiner Mutter.

Paul Und ich sag's deiner.

Stevie Lass mich mitkommen und ich sage kein Wort.

Paul Auf keinen …

Stevie springt zu Paul hinüber und tritt ihm auf die Finger.

Stevie Lass mich mit.

Paul Nein.

Stevie Lass mich.

Paul Nein!

Sie gibt seine Hand frei.

Stevie Lässt du mich?

Paul Na gut.

Stevie Ja!

Musik laut. Stevie springt auf einen Vorsprung hinauf, gefolgt von Paul.

5. Auf dem Dach.

Nacht. Unten Verkehr.

Paul Alles klar?

Stevie Ja.

Pause.

Stevie Wie kommen wir runter?

Paul Angst?

Stevie Nee.

Paul Wir können nicht genauso zurück.

Stevie Das sehe ich selber.

Paul Nach rechts rüber, um die Seite rum, und die Feuertreppe runter.

Stevie Die ist am Physik-Gebäude.

Paul Es ist nur ein Schritt.

Stevie Ein Sprung.

Paul Wenn du meinst.

Stevie Wollen wir's taggen?.

Paul Hab ich schon gemacht.

Stevie Wo?

Blitzding Blitzableiter

Paul Am Turm. Neben dem Blitzding.

Stevie Da oben?

Paul Geh und guck nach, wenn du mir nicht glaubst.

Stevie Mach ich.

Sie klettert vom Sims und nach oben ins Dunkel, verschwindet. Stille.

Rick erscheint.

Rick Bist du sicher, dass sie das kann?

Paul Du kennst doch Stevie.

Rick Ja, und du kennst auch ihre Mutter.

Paul Ich kann sie nicht bremsen. Sie macht immer, was sie will.

Pause.

Paul Also gut. Ich versuche sie zurückzuholen.
Stevie … Stevie!
Wenn du runterfällst, sind wir beide tot.

Stevie kommt zurück, aber von der anderen Seite. Rick schaut zu. Er ist beeindruckt.

Stevie Du hast es getaggt.

Sie pustet sich auf die Finger und schüttelt sie.

Stevie Jetzt hab ich keine Haut mehr auf den Fingern.

Pause.

Paul Wie bist du runtergekommen?

Stevie Hab die Bolzen am Blitzableiter genommen.

Paul Ah so.

Stevie Wie hast du's gemacht?

Paul Ich hatte ein Seil. Hab 'ne Schlinge um die Wetterfahne gemacht und mich abgeseilt.

Stevie Aber das war wie ein erster Aufstieg und du hast nicht gewusst, was da oben ist.

Paul Ja.

Pause.

Rick verschwindet.

Stevie Was machen wir jetzt? Die Aussicht genießen?

Paul Wenn du willst.

Stevie Es ist eine schöne Aussicht.

Paul Ja. Manchmal, wenn die Nacht warm ist, bleibe ich bis zum Sonnenaufgang draußen.

Stevie Und deine Mutter hat dich nie erwischt?

Paul Hat sie. Beinah.

Stevie Was heißt beinah?

Paul Ich geh immer durch die Vordertür rein. Und einmal hat sie mich gesehen und da hab ich gesagt, ich war laufen.

Stevie Trifft sie sich immer noch mit diesem Schwanz?

Paul *(macht die Stimme seiner Mutter nach und wiederholt, was sie ihm sagte)* Er ist nur ein Freund. Ich rede keinen Scheiß über deine Freunde, also warum redest du Scheiß über meine?

Stevie Sie hat nicht »Scheiß« gesagt.

Paul Nein.

Stevie Glaubst du, sie hat ihn rangelassen?

Paul Nein.

Stevie Weißt du doch nicht.

Paul Ich bleibe immer auf, bis er abhaut. Auch wenn ich völlig fertig bin.

Stevie Er kommt jetzt schon fast drei Jahre, vielleicht will sie mal.

Paul Ich glaube nicht.

Stevie So alt ist sie noch nicht.

Paul Ich glaube, sie hat's mit meinem Vater nicht so oft gemacht.

Pause.

Paul Willst du los?

Stevie Weiß nicht.

Pause.

Stevie Ich kann mein Haus sehen, aber deins nicht.

6. Schule.

Morgen. Lärm. Glocken. Martin steht allein da. Der neue Junge vor dem Sekretariat. Paul geht hinein. Stellt sich neben ihn.

Martin Biste auch neu?

Paul Was?

Martin Biste auch neu?

Paul Nein.

Pause.

Martin Haben sie dich gekriegt?

Paul Nein.

Pause.

Hab'n Eintrag.

Martin Wieso?

Paul Weil ich zu spät war.

Sie stellen sich gerade hin.

Martin Martin McCormack, Frau Lehrerin. Kleines c, großes C. Kein A. im Mc. Ja, Frau Lehrerin, heute früh. Soll ich hier warten? O.k.

Martin folgt der Lehrerin.

Martin Frau Lehrerin, der Junge da, ich weiß nicht, wie er heißt, aber er kam nicht zu spät, er hat mir bloß den Weg gezeigt. Genau. Danke, Frau Lehrerin.

Martin geht zu Paul zurück.

Martin Alles klar.

Paul Was?

Martin Du kriegst keinen Eintrag, du musst nicht zu ihr.

Paul geht hinaus, nicht ganz sicher, ob er Martin glauben kann.

7. Mittagspause.

Stevie sitzt allein. Schreibt eine SMS.
Martin nähert sich ihr.

Stevie Was ist?

Martin Ich hab dich gestern Abend gesehen.

Stevie Was für ein Glückspilz.

Martin Ich fand dich fantastisch.

Stevie Ja, weiß ich, sagen sie alle.

Martin Nein, echt. Ich hab dich durch mein Fernrohr gesehen.

Stevie Oh Gott, ein Perverser.

Martin Wie du geklettert bist. Auf dem Dach. Ich habe grade meine Sternwarte aufgebaut, da hab ich dich gesehn. Ich habe euch beide gesehn.

Stevie Was aufgebaut?

pervers **krankhafte Abweichung vom Normalen, besonders in sexueller Hinsicht**

Martin Eigentlich ist es mein Zimmer. Ich habe dich zufällig gesehen, du bist grade am Turm hochgeklettert. Ich dachte, ich gucke lieber weiter, falls du runterfällst.

Stevie Ich falle nicht runter.

Martin Sehe ich.

Stevie Du beobachtest gern Leute, ja?

Martin Ich beobachte keine Leute. Ich beobachte Sterne.

Stevie Und sagst du's weiter?

Martin Nein.

Stevie Würde ich dir auch nicht raten.

Martin Ich hab aufgehört zu gucken, als du ins Bett bist. War er deshalb heute früh verspätet? Dein Kumpel?

Stevie Ich wüsste nicht, was dich das angeht.

Paul kommt.

Paul Danke für die Hilfe.

Martin Schon gut.

Stevie Nicht mit ihm reden, der ist eklig.

Paul Bist du eklig?

Martin Nein, ich bin Martin.

Paul Er ist nicht eklig.

Stevie Er beobachtet Leute durch ein Fernrohr.

Paul Ey, cool. Siehst du da was Krasses?

Stevie Lauter Perverse.

Stevie schreibt eine SMS an Paul.

Martin Manchmal, aber ich kann's nicht immer machen, weil es am Fenster ist und man es sehen kann. Aber im alten Haus war es gut.

Paul Ja?

Martin Ja.

Stevie Perverse.

Stevie ab.

Martin Was hat sie denn?

Paul Lass mal, sie kriegt sich schon ein.

Martin Kommst du mit?

Paul *(liest die Botschaft. Sie ist nicht nett.)* Kommst du?

Paul Ja. Warum eigentlich nicht?

Martin Es sind wirklich nur Sterne. Fast nur.

Paul O.k. Nur Sterne.

Es klingelt. Beide ab.

8. Pauls Zimmer.

Er lässt die CD laufen. Dieselbe Strophe – dasselbe Lied – dieselbe Routine. Rick erscheint.

Rick Mach mal Pause, ja?

Paul Ich denke, es gefällt dir?

Rick Immer wieder? Verschon mich.

Paul hält die Musik an.

Rick Schon besser. Stevie war spitze letzte Nacht.

Paul Ja.

Pause.

Paul Guck mich nicht so an. Ich kann ihr nichts vorschreiben. Was soll ich ihr denn sagen?

Wir hören wieder die Stimme seiner Mutter, die denselben Streit wiederholt, den er schon hundert Mal von seinem Zimmer aus gehört hat.

Paul Es darf sich nicht mehr alles nur um dich drehen, jetzt geht's um deine Familie. Das Risiko ist zu groß.

Rick Ich wusste nicht, dass du uns gehört hast.

Paul Was blieb mir denn übrig?

Rick Das war echt nicht gut. Tut mir leid. Wie geht's deiner Mutter?

Paul Ganz gut.

Rick Lass sie mit Max zusammen sein.

Paul Ich halte sie nicht zurück.

Rick Du weißt, was ich meine.

Paul Du hast immer gesagt, er ist ein Ochse.

Rick Er ist mir manchmal auf die Nerven gegangen. Aber er ist o.k. Er wird ihr gut tun.

Paul Dem geht's nur um das Eine.

Rick Vielleicht will sie das auch?

Paul Vater.

Rick Und bloß, weil sie deine Mutter ist, soll sie es nicht tun?

Paul Jetzt werd bloß nicht so verständnisvoll und mitleidig, nur weil du tot bist. Dafür ist es zu spät.

Rick Ich mein ja nur …

Paul Lass es lieber. Ich tu nur so, als ob es dich gibt. Du bist nur deshalb in meinem Kopf, weil ich dich reingelassen habe. In dem Augenblick, in dem ich aufhöre, an dich zu denken, bist du geliefert.

Rick O.k.

Paul Jetzt verstehen wir uns.

Rick Richtig.

Paul nimmt die CD aus dem Spieler und legt sie weg. Er legt eine andere ein. Musik laut. Rick ab. Dunkel.

9. Martins Zimmer.

Hoch oben. Martin mit dem Fernrohr. Baut es auf.
Paul erscheint.

Martin Also gut, was willst du dir ansehen? Dumme Frage. Ich kann dir aber nicht versprechen, dass wir was finden, ich wohne hier noch nicht lange genug um zu wissen, wo ich suchen muss. Hier scharf stellen und es so bewegen. Nicht ruckeln, sonst kriegst du nicht mit, was du dir da gerade anguckst.

Paul stellt sich an das Fernrohr. Er bewegt es hin und her.

Martin Hast du was?

Paul Zwei Katzen.

Er blickt seitlich am Fernrohr vorbei und dann wieder durch das Objektiv.

Paul Oh Gott, das hätt ich nicht gedacht. Was du da siehst, ist so weit weg. Jetzt seh ich Stevies Haus. Aber man wüsste das gar nicht, wenn man es nicht schon kennen würde, man sieht nämlich nur den Küchenanbau. He, jetzt seh ich mein Haus.

Paul beobachtet sein Haus ein paar Sekunden, dann, nicht zufrieden mit dem, was er sieht, schiebt er das Fernrohr von sich.

Pause.

Martin Ich zeig dir den Mond, wenn du willst.

Paul Ja, mach schon und zeig mir den Mond.

Martin Ist alles in Ordnung?

Paul Ja, großartig.

Martin stellt das Fernrohr ein.

Martin Also. Da. Das Meer der Stille. Da sind sie gelandet.

Paul Wer?

Martin Wer …? Ignorant. Guck's dir an.

Paul sieht durch das Fernrohr.

Stille.

Paul Verflucht noch mal.

Martin Ist gut, oder?

Paul Unglaublich.

Paul bewegt das Fernrohr. Guckt immer noch.

Paul Und du weißt, was all das Zeug ist?

Martin Längst nicht alles.

Paul Wieso ist es ein Meer, wenn da kein Wasser ist?

Martin Vor langer Zeit war da mal welches, aber Lunar Prospector hat am Südpol Eis gefunden, da wo immer

Ignorant **abwertend: unwissender Mensch**

Lunar Prospector **US-Raumsonde, erforschte von 1998/99 den Mond**

Schatten ist. Das Spannende ist – was werden die wohl damit machen?

Paul Aha. Ich hab gedacht, da sind bloß Krater?

Martin Massenhaft. Der eine, den man nicht sehen kann, weil er auf der anderen Seite ist, am Südpol – Aitken, der ist 2.250 km breit und 12 km tief. Damit ist er der größte Einschlagskrater im ganzen Sonnensystem. Willst du die Plejaden? Die Nacht ist heute richtig klar.

Plejaden Siebengestirn, eine Sterngruppe

Paul Gleich.

Martin Ich finde die Namen toll. Meer der Stille. Maramara. Vaporium. Mare Procellarum. Auf der Rückseite sind die meisten Gegenden nach Russen benannt, Korolev, Gagarin, Tschaplygin – immerhin haben sie die ersten Fotos gemacht.

Korolev, Gagarin, Tschaplygin → Seite 285 f.

Paul Kletterrouten haben auch gute Namen. Vember, Ardus, Die Schlange, Connies Ritz.

Martin Du spinnst.

Paul Die ist auf den Crafnant-Klippen oben in den Carnedds. 160 Fuß lang. Dickbauchkamin. Windheber. Grabesecke. Massenhaft gute Namen.

Carnedds Bergmassiv in Wales

Martin Welcher gefällt dir am besten?

Paul Traum weißer Pferde.

Pause.

Paul Das ist die Route, wo mein Vater runterfiel. Aber den Namen fand ich immer schön.

Martin War er tot?

Paul Ja. So vor zwei Jahren.

Martin Da ist mein Vater auch gegangen.

Paul Auch tot?

Martin Nein, er ist nur weggegangen. Der ist damals viel geklettert, dein Vater, ja?

Paul Immer. Er hat mich manchmal mitgenommen, aber nur leichte Sachen.

Martin Neulich abends, das sah nicht so leicht aus.

Paul Stevie hat erzählt, dass du es gesehen hast. Pipileicht.

Martin Mich kriegt man nicht mal 'ne Leiter hoch.

Paul Mein Vater hat damit sein Geld verdient.

Martin Ich hab nicht gewusst, dass das geht.

Paul Doch.

Martin Dann muss man es gut können.

Paul Er konnte es gut.

Martin Wie verdient man sich damit sein Geld – mit dem Klettern?

Paul Sponsoren. Reklame. Artikel. Vorträge. Alles Mögliche. Er hatte seine eigene Kletterausrüstung entwickelt. Aber eigentlich war sie nicht so gut.

Martin Kleidung und so?

Paul Nein, die Ausrüstung. Aber die Konkurrenz, Friends, hatte das schon in der Tasche, und er hatte Schwierigkeiten mit den ersten Gussstücken oder sowas. Und als er damit rauskam, haben die Leute schon gedacht – ob das gut geht. Mutter hatte am Ende lauter Schulden. Das ist jetzt geklärt, glaube ich.

Martin Eines Morgens hat mich mein Vater zur Schule mitgenommen, wir haben tschüss gesagt, ich ging auf den Spielplatz, er fuhr weg. Genau wie jeden Tag. Aber da haben wir ihn das letzte Mal gesehen.

Paul Mein Gott.

Martin Wir dachten, er hat einen Unfall gehabt. Dann dachten wir, er hat sein Gedächtnis verloren. Dann dachten wir, er muss tot sein.

Paul Und was denkst du jetzt?

Martin Dass er sich verpisst hat und uns verlassen hat. Wir mussten ausziehen und alles.

Paul Wir sind auch umgezogen. Aber nur hier in der Gegend.

Martin Das ist vielleicht ein Scheiß, wenn einer verschwindet und man kann nicht beweisen, dass er tot ist.

Pause.

Paul Zeig mir diese Player oder wie die heißen.

Martin stellt das Fernrohr ein. Paul schaut hindurch.

Paul Manchmal rede ich mit meinem Vater. In meinem Kopf. Ich stelle ihn mir vor und wir unterhalten uns. Das ist o.k., außer wenn er mich sauer macht.

Martin Wie schafft er das, wenn du ihn dir nur vorstellst?

Paul Weiß ich nicht. Kann Stevie das mal sehen, das würde ihr richtig gefallen.

Martin Ja, von mir aus.

Paul Stellst du dir deinen Vater vor?

Martin Niemals.

Paul hat das Fernrohr auf die Erde gerichtet.

Paul He ... wir haben Glück!

Martin Was meinst du?

Paul Titten!

Musik.

10. Schule.

Stevie holt ihr Handy aus der Tasche. Sie hat eine SMS. Paul kommt.

Stevie Warum schreibst du mir, wenn du gleich mit mir sprichst?

Paul Hab ich doch nicht gewusst. Aber du bist heute Nacht doch dabei? Machen wir die Bibliothek?

Stevie Die ist so mickrig.

Paul Muss aber sein.

Stevie O.k.

Paul Gut. Hast du Martin gesehen?

Stevie Nee.

Paul War's gut gestern Nacht?

Stevie In Ordnung.

Paul Ja, ja, in Ordnung, ich wette, du hast nie in deinem Leben sowas gesehen.

Stevie Hab ich wohl, auf Fotos.

Paul Warum magst du ihn nicht?

Stevie Hab nicht gesagt, dass ich ihn nicht mag.

Paul Du benimmst dich so, als ob du ihn nicht magst.

Stevie Ihr seid echt jämmerlich. Ihr habt es beide gemacht, und du warst schlimmer als er. Ich habe dich gesehen. Immer wenn du gedacht hast, ich gucke nicht, hast du dieses blöde Fernrohr hin und her geschwenkt. Eklig. Ich weiß schon, was du gesucht hast.

Paul Hab ich nicht.

Stevie Was hast du nicht?

Paul Ich hab nicht gemacht, was du denkst.

Stevie Spanner.

Paul Bin ich nicht.

Stevie Jungs und Titten. Jämmerlich.

Paul Das erste Mal bei Martin habe ich meine Mutter gesehen. Durch das Fernrohr.

Stevie Ach so?

Paul Sie ging ins Haus.

Stevie Und?

Paul Mit dem Schwanz.

Stevie Sonst nichts?

Paul Nee.

Stevie Also spionierst du deiner Mutter nach?

Paul Nein.

Stevie Irgendwann lassen sie vielleicht den Vorhang auf und du erwischst sie dabei. Und was machst du dann? Zugucken?

Spanner
jemand, der andere heimlich beobachtet, vor allem in intimen Situationen

Paul sieht aus, als wolle er sie schlagen.

Stevie Mach doch!

Paul ab.

Stevie Paul!

Musik.

11. Stevie und Paul auf einem Gebäude.

Er hat ein Seil dabei.

Stille.

Er holt eine Sprühdose aus der Tasche und taggt das Gebäude.

Stille.

Paul Weißt du, ich habe das immer sehr gern alleine gemacht. Du musst nicht hier sein.

Stevie Ich habe gesagt, ich komme mit.

Paul Oh, jetzt redest du mit mir? Hab gedacht, du sprichst nicht mit Perversen.

Stille.

Stevie Ich denke nicht mal daran, wie meine Mutter und mein Vater es machen, das ist grauenhaft. Ich finde, die sollten keinen Sex machen dürfen, wenn sie über vierzig sind.

Stille.

Stevie Kann ich jetzt meinen machen?

Paul Hast du einen?

Stevie Ja. Ich hab ihn in der Schule entworfen.

Paul Du willst deinen Namen schreiben, ja?

Stevie Nein.

Stille.

Paul Dann mach.

Er gibt ihr die Sprühdose. Stevies Tagg ist viel größer als Pauls.

Paul Nicht so groß.

Stevie Wieso nicht?

Paul Die Leute werden es sehen.

Stevie Sollen sie ja auch.

Paul Dann kriegen sie raus, wer wir sind, und wir sind dran.

Stevie Niemals! Guck dir das an! Los, jetzt gehen wir.

Paul Du hast es ja eilig.

Stevie Wir haben noch massig Zeit. Ich will noch das Hochhaus hinter der Marktstraße machen.

Paul Wir haben es noch nicht ausgecheckt.

Stevie Ich hab's ausgecheckt. Ist einfach.

Sie hebt das Seil auf. Richtet die Abseile ein. Wirft das Seil auf der Rückseite des Gebäudes nach unten.

Stevie Komm.

Stevie verschwindet. Musik.

12. Pauls Zimmer.

Paul und Martin. Aus einem Rucksack fällt Kletterausrüstung.

Martin Was ist das?

Paul Sticht-Sicherung. Seil doppelt nehmen, hier durchstecken, die Schlinge in einen Karabiner stecken, felsenfest. Da dran hältst du jeden mit nur einer Hand. Genau wie beim Abseilachter. Sieh, hier. Durch-und drüberschlingen, sicher wie ein Haus. Das nimmt man für's Abseilen.

Martin Nicht ich. Ich wäre erst gar nicht da oben. Die sind gut.

Martin spielt mit den Friends.

Paul Friends.

Karabiner **Verschlusshaken zum Einhängen des Seils und der Schlingen in die Sicherungen**

Abseilachter **Gerät in Form einer Acht zum Sichern und Abseilen**

Martin Was?

Paul Heißen die, die Firma, die sie macht.

Martin Die gefallen mir.

Klemmkeil Sicherungsmittel, das in Risse gelegt wird

Schlinge genähte Bandschlinge zum Sichern

Paul Wenn du die hast, brauchst du keine Klemmkeile mehr.

Martin Wenn du es sagst.

Paul Dann gibt's noch Schlingen, Karabiner, Schraubkarabiner, alle möglichen Arten.

Martin Das hat alles deinem Vater gehört?

Paul Ja.

Martin Aber von dem Zeug nimmst du nichts für die Gebäude?

Paul Nein.

Martin Du bist verrückt.

Paul Wir steigen nirgendwo rauf, wo wir runterfallen.

Martin Gut. Aber dein Vater hatte all das Zeug, wie ist er dann runtergefallen?

Paul Es war nachts. Er war allein.

Martin nimmt den Kletterführer.

Martin Klettern in Wales. Ich hab einen Onkel in Wales. In den Winterferien soll ich mit meiner Mutter da hochfahren. »Traum weißer Pferde«. So heißt der doch, oder?

Paul Ja.

Aus dem Buch fällt ein Stück Papier.

Martin Was ist das? Ein Gedicht? Ist das von dir?

Paul Es ist ein Lied.

Martin To dance beneath the diamond sky with one hand waving free?

Dylan Bob Dylan (geb. 1941), US-amerikanischer Folk- und Rockmusiker

Paul Er sang das immer, wenn er sich beim Klettern wohl fühlte. Er hat das eigentlich immer gesungen, er hat es nicht mal gemerkt. Willst du es hören? Ich hab es auf CD.

Martin Wer singt es?

Paul Dylan.

Martin Nein, muss nicht sein.

Pause.

Martin Du fürchtest dich bestimmt manchmal.

Paul Hab nichts anderes behauptet. Aber früher mehr als jetzt. Wenn ich daran dachte.

Martin Hast du jemals richtig Angst gehabt? Da oben?

Paul Ja. Und man sagt: Hat's dich gepackt, nicht: Angst gehabt.

Martin Also, hat's dich mal so … gepackt, dass du dich nicht mehr bewegen kannst? Wie ist das?

Paul Es ist eigentlich nicht so schlimm. Deine Waden zittern, und weil du dich so sehr festhältst, fühlt es sich an, als ob du jeden Moment runterfällst. Manchmal fängt dein Kopf an, sich ein bisschen zu drehen.

Martin Was machst du dann?

Paul Du machst dein Hirn so klein wie eine Murmel, du konzentrierst dich und guckst nichts an und denkst an nichts außer den Fels und versuchst dich zu entspannen. Dann kannst du dir überlegen, was zu tun ist.

Martin Was machst du, wenn das mit der kleinen Murmel nicht funktioniert?

Paul Keine Ahnung.

Pause.

Martin Du kennst doch Stevie?

Paul Ja.

Martin Sie findet dich gut.

Paul Lass mich.

Martin Deshalb ist sie sauer auf mich.

Paul Sei doch nicht doof.

Martin Aber findest du sie gut? Ich finde sie in Ordnung. Auch wenn sie mich jeden zweiten Tag wie ein Stück Scheiße behandelt.

Paul Ich kenne sie, seit wir fünf waren.

Martin Heißt nicht, dass du sie nicht gut finden kannst.

Pause.

Paul Sie ist jetzt richtig übergeschnappt, weißt du. Wir haben Sonntagnacht die Bibliothek und das Hochhaus gemacht. Montag haben wir das Krematorium ausgecheckt und am Dienstag gemacht.

Martin Ihr habt das Krematorium getaggt?

Krematorium Einäscherungs-, Verbrennungsanstalt

Paul Nein. Aber sie macht jetzt ihre eigenen Taggs. Verdammt riesig.

Martin Ich weiß, hab sie gesehen.

Paul Und nicht nur du. Bald gibt's nicht mehr viel zu machen.

Martin Sie kam letzte Nacht zu uns.

Paul Stevie?

Martin Brachte ihren kleinen Bruder mit. Wollte durch das Fernrohr sehen.

Paul Kleiner Scheißer.

Martin Und den Mond.

Paul Hast du ihn gelassen?

Martin Ja.

Paul Was hat sie gemacht?

Martin Hat in der Küche mit meiner Mutter geredet.

Pause.

Paul Sie ist nicht hochgekommen?

Martin Du magst sie also doch.

Paul Hab ich 'nen Sprung in der Schüssel?

Martin Na, halt dich ran, sonst macht's ein anderer.

Paul Du?

Martin Ich? Nee. Sie ist nicht mein Typ.

Paul Und wer ist dein Typ?

Martin Mir gefällt Frau Hunt.

Paul Das ist krank.

Martin Wieso?

Paul Die ist bestimmt schon dreißig.

Martin Ich weiß.

Paul Sag schon, ernsthaft, wer gefällt dir?

Martin Ernsthaft, mir gefällt Suzanne Moore.

Paul Ach, mir auch. Sehr ernsthaft. Suzanne Moore.

Pause.

Martin Das ist nichts für mich. Wechsel mal das Thema.

Paul Morgen haben wir Physik.

Martin Daneben. Versuch's noch mal.

Paul Stevie und ich machen den Turm an der Brücke, kommst du mit?

Martin Seid ihr verrückt! Oh, Volltreffer, hat funktioniert. Man kann nicht an Suzanne Moore denken, wenn man sich gleich in die Hose macht.

Paul Ich meine es ernst.

Martin Ich meine es auch ernst.

Paul Das ist so ziemlich das Einzige hier, das wir noch nicht gemacht haben.

Martin Ihr kriegt mich da nicht rauf.

Paul Du musst nicht klettern, Hornochse, du kannst die Treppe hochgehen.

Martin Ein Glück.

Paul Ich hab ihn ausgecheckt. Er ist bis fünf offen, also gehst du rein, versteckst dich und wartest auf uns, und dann machst du die Tür auf, damit wir runterkönnen.

Martin Alarmanlage?

Paul Nein.

Martin Und wann wollt ihr hoch?

Paul Um eins, nehme ich an.

Martin Also ich soll da oben sechs Stunden rumsitzen. Ich denk nicht dran.

Paul Wie du willst.

Martin Aber wenn ich nicht da bin, wie kommt ihr dann runter?

Paul Abseilen.

Pause.

Paul Ich bin nicht sicher, aber vielleicht kannst du ja von deinem Fenster aus Suzanne Moores Haus sehen.

Pause.

Und sie sind weg wie der Blitz. Musik.

13. Paul eilt die Mauer hoch.

Rick erscheint. Springt hinter ihm her. Während sie sprechen, jagen sie auf der Mauer hintereinander her. Musik. Sie bewegen sich ins Licht hinein und aus dem Licht heraus.

Rick Du kannst es nicht.

Paul Wieso nicht?

Rick Du bist noch nicht so weit.

Paul Doch, bin ich.

Rick Ich will das nicht.

Paul Meinst du, ich falle?

Rick Nimm sie nicht mit.

Paul Sie kommt aber mit.

Rick Warum muss sie unbedingt mit?

Paul Ich brauche einen Helfer.

Rick Frag Max.

Paul Ich will es mit Stevie machen.

Die Musik spielt weiter, bis Rick verschwunden ist und Paul auf der Spitze des Turms am Ende der Brücke sitzt.

14. Paul auf der Turmspitze, Stevie noch nicht in Sicht.
Paul hat ein Seil an seiner Seite.

Paul Immer weiter herum. Ja, genau so.
Stevie Ich finde das gar nicht toll. Die ganze Vogelscheiße macht es total rutschig.
Paul Du hast es fast geschafft.
Stevie kommt in Sicht.
Sie steigt zu Paul hoch, der die Hand ausstreckt und ihr hinaufhilft. Sie ist erschöpft.
Paul War interessant, ja?
Stevie Könnte man so sagen.
Pause.
Stevie Ich dachte, du hast das ausgecheckt.
Paul Hab ich ja. Ein bisschen.
Stevie Ein bisschen.
Paul Das meiste war in Ordnung.
Stevie Das meiste hat mich auch nicht genervt.
Paul Ganz oben war es ein bisschen glitschig. Tschuldigung.
Stevie Schon gut. Jetzt sind wir oben.
Pause.
Paul Glaub nicht, dass jetzt noch viel zu machen ist, oder?
Stevie Denke nicht.
Paul Würde uns nicht schaden, ein bisschen zu schlafen.
Stevie Nee.
Paul Muss mir bald mal was anderes einfallen lassen.
Stevie Zum Beispiel?
Paul Weiß nicht … irgendwas.
Stevie Ja.
Stille.
Paul Hör mal …
Stevie Ja?
Paul Ich hab gedacht …

Stevie Was?

Paul Hast du Lust, ähm … du weißt schon, ein paar richtige Touren zu machen?

Stevie Was meinst du?

Paul Ne Tagesroute. Auf Fels.

Stevie In der Gegend hier gibt's keine Felsen.

Paul Wir könnten nach Wales.

Wales **Land und Teil von Großbritannien, Hauptstadt Cardiff**

Stevie Das ist ewig weit.
Du und ich?
Nach Wales abhauen?
Stille.

Stevie Das erlaubt uns keiner.

Paul Vielleicht doch.

Stevie Nee.

Paul Aber wenn doch, würdest du?
Pause.

Stevie Ja.

Paul Toll. Martins Onkel wohnt nämlich in Wales und er hat eine Scheune, die er vermietet, und Martin fährt in den Winterferien mit seiner Mutter da hoch, und ich glaube, er bearbeitet sie, dass wir mitfahren dürfen.

Stevie Du und ich, und Martin, und seine Mutter und sein Onkel?

Paul Ja. Und da gibt es Steinbrüche und so. Was meinst du? Kommst du mit?

Stevie Ist es ziemlich sicher?

Paul Ich glaube schon.

Stevie Dann soll seine Mutter meine Mutter anrufen.

Paul Großartig. Dann gehen wir mit der Ausrüstung ins Zentrum, damit du dich dran gewöhnen kannst. Das ist toll, Stevie. Ja.
Pause.

Stevie Und das machen wir alles, damit du die Route von deinem Vater machen kannst, ja?

Paul Die ist in Anglesey. Martins Onkel wohnt auf dem Festland.

Anglesey **Insel vor der Nordwestküste von Wales**

Stevie Du willst aber trotzdem, dass wir das machen, stimmt's?

Paul Ja.

Stevie O.k.

Paul Das ist alles?

Stevie Du hast es doch schon geplant? Dir alles überlegt?

Paul Ja, hab ich.

Stevie Also dann, warum nicht?

Paul Stevie …

Pause.

In der Ferne das leise Geräusch eines Hubschraubers. Es ist lauter geworden.

Stevie Was ist das für ein Geräusch?

Paul Klingt wie ein Hubschrauber. Hast du dein Handy dabei?

Stevie Ja.

Paul Ich rufe Martin an.

Stevie Warum?

Paul Ich weiß nicht, nur so ein komisches Gefühl.

Stevie Hier.

Paul Danke. Wie macht man es an?

Stevie Gib her. Er wird schon im Bett sein.

Paul Nein. Wahrscheinlich beobachtet er uns.

Das Geräusch wird lauter.

Er wählt die Nummer.

Paul Was? Wir sind …?

(zu Stevie) Wir sind in der Abendzeitung.

Stevie Wir?

Paul Nicht wir, der Tagg. Mit Fotos, sagt er.

Er kann uns sehen.
Ja, ich höre.
Was? Oh, Scheißdreck. Genau. O.k. Danke, Kumpel. Bis bald.
Der Krach ist ein Hubschrauber. Er fliegt über die Dächer.
Martin meint, der sucht uns.
Der Scheinwerfer vom Hubschrauber gleitet über die Bühne. Noch erfasst er sie nicht.

Stevie Du hast das mit den Zeitungen doch gewusst?

Paul Irgendwie schon.

Stevie Ich komm nicht mit nach Wales, wenn du so 'ne Scheiße machst.

Paul Später, Stevie, wir müssen jetzt hier runter.

Stevie Was sollte das werden? Mal sehen, ob sie uns kriegen?

Paul Nein. Komm.

Stevie Wenn wir heute entwischen, machen wir die Weißen Pferde, wenn sie uns schnappen, fahren wir nicht?

Paul So in der Art.

Stevie Wenn ich mitmache, dann machen wir es richtig. Wir klettern zusammen, wir kommen zusammen nach Hause. Ich werde nicht mitfahren, wenn du Dummheiten machst.

Paul Ich weiß nicht, was du meinst.

Stevie Paul?

Paul Ja.

Stevie Versprochen?

Paul Versprochen.

Stevie Also, was jetzt? Wir können uns nicht verstecken, und wenn wir uns abseilen, dann sehen sie uns.

Paul Schon geklärt. Bevor sie geschlossen haben, ist Martin hochgekommen und hat was in die Tür geklemmt. Er versucht mich seit einer Stunde zuhause zu erreichen, um es uns zu sagen.

Der Scheinwerfer schwenkt näher.

Stevie Komm schon.

Sie hechten über die Kante.

Paul Das Seil.

Er beugt sich vor und reißt es in dem Augenblick weg, als der Lärm zu einem Crescendo wird und der Scheinwerfer die Stelle erfasst, an der sie waren. Er steht dort einen Moment still.

Crescendo Musik: laut anschwellend

Dunkel.

15. Die Kletterwand.

Stevie ordnet die Ausrüstung. Martin hilft ihr. Sie legt einen Klettergurt an und bindet sich an das Seil.

Martin Er kommt zu spät.

Stevie Du bist gut genug, solange er noch nicht da ist.

Martin Danke.

Stevie Klick die Schlinge da ein als Sicherung. Genau so. Jetzt die Sticht-Sicherung. Die da.

Martin Ich weiß, wie's geht. Ich hab oft genug zugesehen.

Er macht die Sicherung fertig.

Martin O.k., von mir aus kannst du loslegen.

Stevie Sag: Fang an, wenn du so weit bist.

Martin Du bist ja so weit.

Stevie Sag es.

Martin Fang an, wenn du so weit bist.

Stevie Ich fange an.

Pause.

Martin Mach schon.

Stevie Bevor ich anfange, musst du sagen: O.k.

Martin Warum? Ich seh doch, dass du bereit bist. Du bist genau vor mir.

Stevie Und wenn ich nicht zu sehen bin? Was dann? Du musst die Signale genau beachten, Martin.

Martin O.k. Damit stimme ich dir zu und habe das Signal beachtet.

Stevie beginnt zu klettern. Das Seil schwingt hinter ihr hinab, während sie den Fels überquert.

Stevie Einholen.

Martin Tschuldigung.

Stevie Nicht so viel. O.k. Ich bin oben.

Sie hat auf halbem Weg angehalten.

Sie beginnt eine Sicherung anzubringen.

Martin Nein, bist du nicht.

Stevie Wir machen hier jetzt einen Zweier-Aufstieg. Zur Übung.

Martin Was heißt das?

Stevie Du kommst auch hoch.

Martin Niemals.

Stevie Martin, sei nicht so ein Feigling und leg dir den Gurt an.

Er tut wie befohlen, aber langsam.

Stevie Beeil dich.

Martin Wenn ich mir Zeit nehme, kommt inzwischen vielleicht Paul, und dann kann er es machen.

Stevie Du machst es, verstanden? Hole ein. *(Sagt ihm vor:)* Ich bin dran.

Martin Ich bin dran.

Stevie Fang an, wenn du so weit bist.

Martin Ich fange an.

Stevie O.k.

Nichts geschieht.

Stevie Bewegung, du Klotz.

Martin Ist das ein Signal? Da bin ich aber nicht scharf drauf.

Stevie zieht am Seil und er beginnt zu klettern. Er ist kein geborener Kletterer.

Stevie Du machst das großartig.

Martin Ich will gar nicht runtergucken.

Stevie Du bist grade mal über dem Boden.

Martin Es fühlt sich aber nicht so an.

Stevie Und nicht den Fels umarmen, lehn dich raus.

Martin Wenn ich ihn umarmen will, umarme ich ihn.

Stevie Es ist leichter, wenn du es nicht tust.

Er kommt auf dem Standplatz an.

Martin War's das? Kann ich jetzt runter?

Stevie Jetzt kommt der Teil, wo ich mein Leben in deine Hände gebe und die Route zu Ende klettere. Keine Sorge, ich werde nicht runterfallen.

Stevie macht Martin richtig fest.

Martin Er hat mir von seinem Vater erzählt, Paul, wie er war und so. Und ich weiß, es war schon dunkel, als er dieses Weiße Pferde-Ding gemacht hat, und er war allein, aber er war doch richtig gut, oder? Und er hatte die Route anscheinend schon x-mal gemacht …

Stevie Meinst du … ist er gesprungen?

Martin Irgendwie …

Stevie Paul weiß es nicht genau. Niemand weiß es.

Martin Aber …?

Stevie Vielleicht hat er es getan, ja. Sag ihm nicht, dass ich das gesagt habe, klar?

Martin Nein. Man muss aber daran denken, was vielleicht passiert ist.

Stevie Wie mit deinem Vater?

Martin Nach einer Weile versuchst du, nicht mehr daran zu denken.

Stevie Ich glaube nicht, dass er gesprungen ist.

Martin Du vertraust ihm, stimmt's? Paul.

Stevie Ich würde ihm nicht so weit trauen, dass er nicht meine Hausaufgaben abschreibt und als seine abgibt, aber wenn wir klettern – ja, dann vertraue ich ihm. Und er muss mir auch vertrauen.

Martin Es wird bestimmt nichts passieren, oder? Dir und Paul. Da oben.

Stevie Nein. Es wird nichts passieren. Komm, machen wir weiter.

Martin Oh, Scheiße.

Stevie Was?

Martin Ich hatte vergessen, wo wir sind. Kann ich jetzt runter?

Stevie Nein.

Ritual ein Vorgehen nach festgelegter Ordnung; Zeremoniell

Paul kommt an, während sie das Ritual ausführen und Stevie den Standplatz verlässt. Er beobachtet die beiden. Stevie kommt oben an, befestigt schnell die Sicherung.

Stevie O.k.

Martin verlässt den Standplatz mit großem Widerstreben.

Paul Ich hätte nie gedacht, dass ich das mal sehe.

Martin Ich auch nicht.

Paul Nicht umarm …

Martin Sie hat's mir schon gesagt.

Paul Er will nicht hören, stimmt's?

Martin wird langsamer und kommt zum Stillstand.

Martin Hör mal, ich mach hier keinen Quatsch, ich glaube, ich kann nicht weiter. Weder rauf noch runter. Mir zittern die Beine.

Paul Komm schon, du schaffst es.

Martin Ich schaff's nicht. Ehrlich, ich schaff's nicht.

Paul ist in ein paar Slipper geschlüpft. Er klettert zu Martin hoch.

Paul O.k., Stevie hat dich am Seil, du kannst nicht fallen.

Martin Ich will runter.

Paul Es ist leichter hochzusteigen als runter.

Martin Nein, ist es nicht.

Paul Komm jetzt. Nimm dein Bein hoch, dann hältst du dich fest …

Paul leitet und unterstützt, kommandiert und überredet Martin, bis er oben ist. Dort lässt er sich erschöpft fallen. Wenig später richtet er sich auf. Stevie und Paul ordnen die Ausrüstung.

Stevie Gut gemacht.

Martin Gut gemacht? Ich hab mir eingekackt.

Paul Du hast es geschafft.

Martin Aber von jetzt an schau ich zu, ja?

Stevie O.k.

Martin Ich hab Anglesey geklärt. Wir brauchen nicht allein hinzufahren.

Paul Wie das?

Martin Meine Mutter bringt uns hin. Ich nehme mein Fernrohr und meine Kamera mit, das ist also in Ordnung. Ich will zu den Klippen wegen der Vögel und so.

Stevie Du beobachtest Vögel?

Martin Und?

Stevie Nichts.

Paul Und wir?

Martin Ihr wollt die Klippen unten erforschen und die Höhlen ansehen. Ihr kriegt dann den Vortrag, dass man sich nicht von der Flut erwischen lässt, aber das war's dann. Sie denkt nicht im Traum daran, dass ihr bis nach oben klettern wollt.

Paul Wir brauchen zwei Tage. Wir müssen das auschecken. Wir brauchen dein Fernrohr.

Martin Keine Sorge, ich krieg das hin.

Paul Super. Hast du Lust auf die Endwand, Stevie?

Stevie Klar. Willst du führen?

Martin Ich auf keinen Fall.

Paul Nein, du nicht, es ist eine 6b.

6b (hoher) Schwierigkeitsgrad einer Kletterroute

Martin Ah so. Also was war denn die hier?

Stevie Die hat keinen richtigen Schwierigkeitsgrad, Martin.

Martin Wieso nicht?

Paul Sie ist ein bisschen zu leicht.

Sie beginnen hinabzuklettern. In wenigen Sekunden sind sie auf dem Boden.

Martin Verzeihung.

Paul Ja?

Martin Wie komm ich jetzt runter?

Musik. Dunkel.

16. Pauls Zimmer

Rick sitzt da.

Paul sortiert und packt Ausrüstung.

Rick Bist du bereit?

Paul Ja.

Rick Mutter weiß es?

Paul Sie weiß, dass ich die Ausrüstung mitnehme. Dass wir klettern werden.

Rick Aber sie weiß nicht wo?

Paul Nein.

Rick Glaubst du, sie ahnt es? Solltest du es ihr sagen?

Paul Nein. Wir schaffen es. Wir haben die Ausrüstung, wir haben die Erfahrung.

Rick Im Fels?

Paul Ja, nicht im Fels, aber wir schaffen es.

Rick Du bist sicher mit Stevie?

Paul Oh ja. Hundert Prozent. Komm schon, Vater, das ist ein leichtes Teil.

Rick Das ist kein leichtes Teil, das ist ein Klassiker.

Paul Wir machen das.

Rick O.k.

Pause.

Paul Du hast nichts dagegen?

Rick Nein.

Paul Es ist deine Route.

Rick Es ist eine Route für jeden.

Paul Als du … wo genau ist es passiert?

Rick Willst du das wirklich wissen?

Paul Nein.

Paul geht zu seiner Ausrüstung zurück.

Rick Vergiss nicht, wenn man sich gut fühlt, darf man singen.

Pause.

Paul Vater?

Paul dreht sich um, aber sein Vater ist weg. Er packt seinen Rucksack. Geht. Dunkel. Musik.

17. Am Strand.

Paul, Stevie und Martin.

Laufen über den Strand.

Stevie ist barfuß, trägt ihre Turnschuhe. Sie kommen an die Stelle, wo der Aufstieg in Sicht kommt, und blicken hoch.

Stevie Das ist er?

Paul Das ist er.

Martin Der ist viel zu groß. Da könnt ihr nicht hoch.

Stevie Können wir von hier den Anfang sehen?

Paul Beinahe, er ist hinter der Nase da versteckt.

Martin Welche Nase?

Paul Guck da. Ungefähr ein Drittel über dem Boden. Siehst du, wir müssen nicht die ganze Strecke klettern.

Martin Aber wie kommt ihr da hoch?

Paul Wir kommen von dem großen Zacken runter und arbeiten uns rüber.

Martin Aber das heißt, bevor ihr anfangt, müsst ihr fast so weit runter klettern wie hoch. Ach du Schande.

Stevie Martin. Halt die Klappe.

Martin Tschuldigung.

Stevie Hängt davon ab, wie lange es dauert. Lohnt es sich, hochzuklettern und sich umzusehen?

Paul Wir haben keine Zeit, ganz rauf und rüber zu klettern, und ich weiß nicht, wie viel da überhaupt zu sehen ist. Ich schätze, wir erkennen von hier unten mehr.

Martin Wo werde ich denn sein?

Stevie Sonnst du dich am Strand?

Martin Ich will Fotos machen.

Paul Wir haben ein Extraseil, du könntest dich von oben abseilen. Ein paar richtig gute Nahaufnahmen machen.

Martin Bestimmt nicht. Ich hab sowieso ein Teleobjektiv.

Stevie Hast du ein Glück.

Paul Wie wär's mit da oben?

Martin Auf dem großen Klumpen da? Ist der fest?

Stevie Wie ein Fels.

Paul Da ist ein Pfad und so'n Aussichtspunktding. Da bist du sicher.

Martin Ich wusste nicht, dass du schon mal hier warst.

Stevie Ich auch nicht.

Paul Mutter und ich sind mal alleine hergekommen. Wir waren aber nicht hier unten, es war gerade Flut.
Dann hol mal dein Fernrohr raus.
Martin baut das Fernrohr auf.

Paul beobachtet ihn.
Stevie paddelt im Wasser.

Martin Da bitte.

Paul sieht durch das Fernrohr.

Paul Stevie?

Stevie kommt, um auch hindurchzusehen.

Paul Hast du's?

Stevie Ja.

Sie studiert die Route, Paul neben ihr. Martin hat seine Kamera hervorgeholt. Er macht ein Foto von ihr.

Stevie Es ist alles noch da, oder?

Paul Hm.

Stevie Na, das ist die Hauptsache.

Martin ist weggegangen, konzentriert sich auf die Kamera.

Stevie Es ist ziemlich genau so, wie ich es mir vorgestellt habe. Der Überhang könnte interessant werden. Besonders wenn wir müde sind.

Paul Was meinst du?

Stevie Ist in Ordnung.

Paul Bist du sicher?

Stevie Ich bin sicher.

Paul Gut.

Stevie geht zur Seite, um Paul wieder gucken zu lassen. Sie setzt sich in den Sand. Martin macht Fotos von den Klippen. Er dreht sich um, sieht sie, geht rüber zu ihr. Sie lächelt und posiert für ihn. Er setzt sich neben sie, sucht in seiner Tasche nach einer Objektivdose, findet, was er sucht, steht auf.

Martin Ich bin dann da hinten.

Stevie O.k.

Martin ab.
Paul studiert immer noch die Route.

Stevie steht auf und setzt sich zu ihm.

Paul Wir schaffen das.

Stevie Klar schaffen wir das.

Paul Wechselnde Führung. O.k.?

Stevie O.k.

Paul Angst?

Stevie Ich? Nee. Solche Sachen mach ich jeden Tag vor dem Frühstück.

Paul Wir müssen es nicht tun.

Stevie Wir tun nur, was wir tun wollen.

Paul Und das gilt für uns beide. Kein Klagen, kein Jammern, wenn einer von uns nicht will, blasen wir es ab.

Stevie Bisher hat es immer geklappt.

Paul Wenn ich daran denke, sehe ich uns schon ganz oben.

Stevie Ja. Ich auch.

Paul Wo ist er hin?

Stevie Da hinten irgendwo.

Paul Möchtest du rübergehen und den Fels mal anfassen oder sowas?

Stevie Nein. Hierbleiben, oder?

Paul Ja.

Stevie steht auf. Paul auch. Sie will ihre Turnschuhe anziehen, aber ihre Füße sind voller Sand. Sie hält sich mit einer Hand an Pauls Schulter fest, während sie ihre Füße abwischt. Beim zweiten Turnschuh verliert sie ein wenig das Gleichgewicht und Paul streckt den Arm aus, um sie zu stützen. Als sie die Schuhe an hat, stehen sie nahe beieinander. Sie berühren sich noch. Sie schauen zur Route hoch.

Stevie Gehen wir mal lieber.

Paul Ist wohl besser.

Stevie Haben wir genug gesehen?

Paul Von hier unten alles.

Stevie Dann hängt es jetzt von morgen ab.

Paul Es könnte regnen. Wir könnten das Seil vergessen. Alles Mögliche könnte zwischen heute und morgen passieren. Mein Vater fuhr einmal mit Max die ganze Strecke bis nach Cornwall und keiner von ihnen merkte, dass sie kein Seil dabeihatten, bis sie am Fuß der Klippen standen.

Cornwall **Grafschaft in Südwestengland**

Stevie Es wird nicht regnen und wir werden das Seil nicht vergessen. Ich gehe das Vogeljunge einsammeln.

Sie geht ab.

Paul fängt an, das Fernrohr und die anderen Sachen wegzupacken.

Paul Vater?

Er macht weiter. Dann hält er inne und sieht sich um.

Paul Vater?

Pause.

Paul Typisch.

Musik. Dunkel.

18. Martins Standplatz.

Hoch oben.

Paul, Stevie und Martin. Sie haben die Tasche mit seinen Kameras und seinem Fernrohr bei sich. Sie sind spät dran.

Martin Es ist nicht meine Schuld. Hätten wir meiner Mutter erzählt, dass wir hier hoch kommen wollen, wäre sie misstrauisch geworden.

Stevie Drei Meilen müssen wir dieses Zeug schon schleppen.

Paul Nicht so schlimm. Machen wir die Route noch?

Stevie Ja.

Paul Dann konzentrieren wir uns jetzt darauf, ja?

Sie lassen Martins Sachen fallen.

Paul Also: alles klar?

Martin Ich komme schon zurecht.

Paul Das Ende ist da drüben, also, wenn du dich traust, kannst du rüberkommen und uns in Empfang nehmen.

Martin Ich glaube, ich werde euch von hier winken.

Paul O.k. Wir gehen jetzt zurück und holen unser Zeug, und wenn du uns das nächste Mal siehst, müssten wir irgendwo da unten sein.

Martin Habt ihr eure Handys?

Paul Ja, aber wir schalten sie aus.

Martin Wir sehen uns dann.

Paul Bis dahin.

Stevie Tschüss.

Martin Viel Glück.

Sie gehen ab. Martin wartet, bis sie außer Sicht sind, dann nimmt er das Seil, das sie ihm gegeben haben, und verschwindet. Er kommt wieder. Das Seil ist um seine Taille gebunden und schleift hinter ihm her. Es ist nicht lang genug, dass er seine Ausrüstung erreichen kann, also muss er zurückgehen und es anders festmachen. Er sucht sich die Sachen aus, die er braucht, und lässt sich so nahe an der Kante nieder, wie er sich traut.

19. Beim Aufstieg.

Unterhalb von Martin.
Stevie und Paul auf dem Standplatz.

Stevie Wie lange klettern wir schon?

Paul So zwei Stunden.

Stevie Das ist im Rahmen, oder?

Paul Es ist knapp, aber wir kommen gut voran. Macht's Spaß?

Stevie Und wie. Dir auch?

Paul Ja.

Stevie Bin ich jetzt dran? Da hoch und rüber?

Paul Genau.

Stevie Ich klettere.

Paul Ich hab dich.

Stevie fängt an zu klettern.

20. Martins Standplatz.

Er schaut durch das Fernrohr.

Martin Und nach einer kurzen Pause auf dem Standplatz führt Stevie Pitts. Die beiden Kletterer haben absolutes Vertrauen zueinander. Und sie legen auf dieser schwierigsten aller Routen eine ausgezeichnete Zeit vor.

Er tritt vom Fernrohr zurück und schaut auf die Uhr.

Martin Genau gesagt, stimmt das nicht. Eine ziemlich gute Zeit, aber nicht ausgezeichnet.

Er schaut wieder durchs Fernrohr.

Martin So fließend sind ihre Bewegungen, so leicht sieht es bei ihr aus, es ist, als seien sie und der Fels eins.

Stevie fällt.

Martin Scheiße!

21. Stevie hängt ein paar Fuß unter ihrer Sicherung am Seil.

Paul Stevie! Stevie!

Stevie Nix kaputt. Ich danke dir.

Paul Ich hab dich.

Stevie Danke, dass du aufgepasst hast.

Paul Was ist passiert?

Stevie Eigentlich nichts. Ich bin nur unvorsichtig geworden, glaube ich. Ich hatte einen Klemmkeil eingelegt und er fühlte sich bombensicher an. Aber er war's wohl nicht.

Paul Lass dir Zeit.

Stevie Ja, mach ich.

Pause.

Paul Möchtest du tauschen und ich mach weiter? Dass du dich ausruhen kannst?

Stevie Nein, mir geht's gut. Bin nur sauer auf mich selber. O.k., ich bin wieder dran.

Paul Ich hab dich.

Stevie klettert zum Standplatz hoch und macht die Sicherung fertig.

Stevie Bin da.

22. Martins Standplatz.

Er hat etwas zu trinken in der Hand und schiebt sich einen Schokoriegel rein.

Martin Oh Gott. Wenn das andauernd passiert, kann ich nicht mehr zugucken.

Er nimmt die Kamera und versucht, sie scharf zu stellen. Er legt sie weg.

Martin Mir zittern die Hände.

Er streckt die Hände aus, die Finger gespreizt, besieht sie sich genau. Als nächstes befühlt er seine Stirn. Dann versucht er seinen Puls zu fühlen. Er findet ihn weder am Hals noch am Handgelenk, also sucht er ihn am Brustkorb. Kontrolliert ihn mit der Uhr.

Martin Dabei gucke ich nur zu.

Er geht zum Fernrohr zurück.

Martin Kommt schon, hängt nicht rum, wir wollen nicht, dass es dunkel wird.

23. Beim Aufstieg.

Auf dem Standplatz.
Paul holt Schokolade und eine Feldflasche raus.

Paul Hier.

Stevie Wir sollten weiter.

Paul Wir liegen gut in der Zeit. Nimm dir was.
Sie reichen einander die Flasche, dann machen sie sich an die Schokolade.

Stevie Tut mir leid.

Paul Macht nichts, es war nur ein Ausrutscher. Dafür ist ja dieses ganze Zeug da. Wenigstens wissen wir jetzt, dass es funktioniert.

Stevie Ich fühle mich bescheuert.

Paul Sollst du nicht, es ist meine Schuld, ich habe angefangen zu hetzen. Und genau dann passiert was. Wir machen jetzt langsamer. Genießen es. Dann kommen wir genau so schnell an.

Stevie O.k.
Paul steckt die Flasche weg.

Paul Aber mach's trotzdem nicht noch mal, deinetwegen ist Martin wahrscheinlich sowieso schon das Herz stehengeblieben.

Stevie Sollen wir winken oder sowas?

Paul Nein, mach das bloß nicht, er versteht es noch falsch und alarmiert die Rettungsmannschaft.

Stevie Stimmt.
Pause.

Stevie Bist du jetzt bereit?

Paul Du auch?
Stevie Ja, lass uns los.
Paul Aber langsam und vorsichtig.
Stevie Langsam und vorsichtig.
Paul Ich fang an.
Stevie O.k.
Paul beginnt zu klettern.

24. Martins Standplatz

Martin Sie könnten ja wenigstens mal winken oder sowas. Jämmerliche Scheißer. Wenigstens klettern sie wieder.
Sein Handy klingelt. Er sucht danach, schnappt es sich.
Martin Ja! Ach, Mutter. Nein, wunderbar. Nein, nichts, ich hab gedacht, du bist jemand anders. Einfach jemand anders, nicht du. Ich bin nicht geheimnisvoll. Was willst du denn? Wir sollen dich am Bahnhof treffen, nicht am Strand? Kein Problem, wir sind dann da. Ich? Guck mir die Aussicht an. Ach, die treiben sich auf den Felsen rum. *(ruft)* Meine Mutter am Telefon! *(wieder ins Handy)* Sie winken. *(Er beginnt Knistergeräusche zu machen.)* Du wirst immer leiser, ich kann dich nicht hören.
Er macht ein letztes Knistergeräusch und schaltet das Handy ab. Er geht an das Fernrohr zurück.
Martin Was machen sie jetzt?
Er isst beim Zuschauen ein Sandwich.
Martin Oh, verdammt, ich glaube, er ist steckengeblieben.
Martin rückwärts ab.

25. Beim Aufstieg.

Stevie sichert. Paul ist außerhalb ihres Gesichtsfeldes. Er rührt sich nicht, schon eine ganze Weile. Der Nachmittag neigt sich dem Ende zu. Noch nicht dunkel, aber weniger Licht, gerade genug, dass Paul schärfer hervortritt.

Stevie Paul?

Paul Ja?

Stevie Wie ist es?

Paul Nur mal durchatmen.

Stevie Nimm dir so viel Zeit, wie du brauchst.

Paul rührt sich nicht.

Stevie holt Schokolade heraus, ohne das Sicherungsseil loszulassen.

Stevie Ist es ein bisschen schwierig?

Paul Ein bisschen. Muss mich nur konzentrieren.

Stevie O.k., ich halt die Klappe.

Sie sieht sich die Aussicht an. Ihre Finger bereit für jede Bewegung des Seils.

Paul versucht nach oben zu klettern, sie reagiert, aber er hat nicht genug Vertrauen, die Bewegung durchzuführen und setzt zurück. Sie reagiert. Sie hat sich seit ihrem Sturz entspannt und ist sicher, dass er die Schwierigkeit überwinden wird, und ist bereit zu warten, bis er so weit ist. Paul kommt nicht voran. Er weiß es. Er steckt fest und hat nicht genug Vertrauen, loszulassen und die entscheidende Bewegung zu machen. Wir hören Ricks Stimme.

Rick To dance between the diamond sky, with one hand waving free …

Paul Ich tanze nicht, Vater, ich stecke fest.

Rick erscheint und klettert zu ihm hinunter.

Rick Du siehst aus, als hätte es dich ein bisschen gepackt.

Paul Ich kann's nicht, Vater. Vor zehn Minuten konnte ich's noch, aber jetzt kann ich's nicht.

Rick Du musst loslassen und deinen Füßen vertrauen.

Paul Ich weiß, was ich tun muss, aber wie schaffe ich es?

Rick prüft die Sicherung.

Rick Hier bist du felsenfest. Stevie lässt dich nicht fallen.

Paul Ich will nicht fallen.

Rick Na ja, nichts ist so schlimm, wie es aussieht. Komm schon, ich hab dich schon ganz andere Sachen machen sehen.

Paul Ich weiß. Aber ich kann nicht.

Rick Also gut dann. Schau her. Lass mit einer Hand los und schüttel den Arm aus. Das kannst du.

Paul tut wie geheißen.

Rick Jetzt den anderen. Genau so. Jetzt ein Bein nach dem anderen, wenn du kannst, entspanne dich dabei. Und atme richtig, hör auf zu japsen.

Paul scheint sich ein wenig zu entspannen.

Paul Ich kann mich immer noch nicht bewegen.

Rick Das macht nichts, du hast es nicht eilig. Wie geht's deiner Mutter? Wann zieht Max ein?

Paul Was!

Rick Hab gedacht, das Thema zu wechseln, könnte helfen.

Paul Das tut es nicht. Und hör auf, mich vollzulabern. Ich stecke hier oben fest, nicht du, du kannst jederzeit, wann immer du willst, einfach in den leeren Raum hinaustreten und es wird dir nichts passieren, weil's schon passiert ist.

Rick Es ist nichts Besonderes, tot zu sein, ich würde dir nicht empfehlen, es früher auszuprobieren als unbedingt nötig. Aber wenn du's mal getan hast – na, du wirst schon sehen, was ich meine.

Paul Also, das wird mir jetzt passieren?

Rick Sei nicht kindisch, wie kann es denn passieren? Ihr beide könnt da die ganze Nacht hängen und am Morgen holt euch die Rettungsmannschaft. Wenn du dir unbedingt wehtun willst, musst du dich losbinden und springen.

Paul Wenigstens würde ich hier nicht vor Angst feststecken.

Rick Du musst nur loslassen, aufstehen, herumgreifen und schon bist du weiter.

Paul Ich kann nicht!

Rick Hast du's versucht?

Pause.

Paul Du bist gesprungen, stimmt's? Wegen Mutter, dem Geld, wegen allem?

Rick Ich?

Paul Ja. Du hast den Mut verloren, genau wie ich.

Rick Du hast recht mit dem Geld. Und Mutter. Und du hast dir wahrscheinlich auch schon gedacht, dass das Klettern dem Ende entgegenging. Das hatte keine Zukunft. Aber ich bin nicht gesprungen.

Paul Wirklich nicht?

Rick Wirklich. Das hier war meine Lieblingsroute. Es machte mir auch nichts aus, dass Ed Drummond sie vor mir abgesteckt hat. Es war eine schöne Nacht. Die See war ruhig, der Vollmond schien auf das Wasser, hell wie der Tag. Ich kam hier hoch, um mich zu verabschieden. Ich wollte alles hinschmeißen. Ich hatte diese alte Scheune gesehen. Wir hatten das Geld dafür. Ich wollte dich und deine Mutter überreden, das Haus zu verkaufen, hier hochzuziehen und die Scheune für Bergsteiger und Wanderer auszubauen. Aber gemütlich und preiswert sollte sie werden. Ich war meiner Zeit voraus.

Paul Also was ist passiert?

Ed Drummond **Bergsteiger, dessen Autobiografie den Titel »A Dream of White Horses« trägt**

Autopilot automatische Steuerungsanlage

Rick Hab's zu leicht genommen. An andere Sachen gedacht. Ich hatte den Autopiloten an, kletterte richtig gut, spielte in meinem Kopf die ganzen Sachen durch, die ich euch beiden sagen würde, wie ihr reagieren würdet, wie die Zukunft aussehen würde. Ich erinnere mich, dass ich tatsächlich über irgendwas vor mich hineingekichert habe und den Halt verlor.

Paul Aber das ist nicht gerecht.

Rick Lektion Nummer eins: Wer sagt, dass es gerecht sein muss? Trotzdem, macht nichts, jemand anders hat die Scheune gekauft. Er hat sie schön rausgeputzt, nicht wahr?

Paul Martins Onkel?

Rick Genau der. Komm jetzt, du bist schon lang genug hier. *Er beugt sich vom Fels weg zu Paul hinunter, ergreift Pauls Hände, nimmt sie vom Fels weg und führt sie an die richtige Stelle. Er richtet sich auf und weicht zur Seite aus, um Paul vorbeizulassen.*

Rick Na, siehst du, den Rest kannst du alleine. Jetzt ist es gut.

Paul Danke, Vater.

Rick Und pass auf's Ende auf, das ist ein bisschen tückisch – glitschig und brüchig.

Rick verschwindet und Paul klettert weiter.

Stevie gibt Seil nach. Unbekümmert hat er das Problem gelöst.

Paul kommt oben an. Steht da. Schaut sich um, dann verschwindet er, um eine Sicherung anzubringen. Als er sich festgemacht hat, ruft er Stevie.

Paul Stevie!

Stevie Ja!

Paul Hab's gepackt!

Stevie Großartig.

Paul Bist du bereit?

Stevie Ja.

Paul Ich hole ein.

Stevie Ich bin dran.

Paul Ich hab dich gesichert.

Stevie Ich fang an.

Hinter ihm ist ein Stöhnen zu hören. Martin kriecht auf die Höhe, klammert sich dabei an sein Seil.

Martin Du hast es geschafft.

Paul Was machst du denn hier?

Martin Ich dachte, du bist stecken geblieben.

Paul Es hat mich ein bisschen gepackt, das war alles. Nur mal aus reiner Neugier, wenn ich richtig festgesteckt hätte, was hättest du da gemacht?

Martin Ich habe keine Ahnung.

Stevie erscheint.

Stevie Was machst du denn hier oben?

Martin Frag nicht.

Stevie Gut gemacht, Paul. Dachte einen Moment lang, das könnte eine unendliche Geschichte werden.

Paul Ja. Dachte ich auch. Komm, lass uns abhauen, bevor Martins Mutter im Dreieck springt. *Sie packen und gehen. Sie stützen Martin, der nicht einmal über die Kante blicken will.*

26. Auf dem Physik-Gebäude.

Schulgeräusche von unten. Martin prüft den Inhalt eines der weißen Kästen, die Wettermessgeräte etc. enthalten. Stevie und Paul betrachten die Aussicht.

Stevie Das hab ich gemacht und das und das.

Paul Den Feuerwehrturm hätten wir machen sollen.

Martin Oh, was für eine tolle Idee.

Stevie Hast du Lust?

Paul Nein. Was machst du denn heute Abend, Martin?

Martin Ich?

Stevie Ja, du.

Martin Willst du es wirklich wissen?

Paul Nein.

Stevie Aber ich. Sag's mir.

Martin Ich geh ins Kino und dann vielleicht in einen Club.

Stevie Mit?

Martin Suzanne Moore.

Stevie blickt Paul an, ob er eine Reaktion zeigt. Tut er nicht. Gerade mal so.

Paul Hoffe, du hast einen schönen Abend.

Martin Hoffe ich auch. Genau gesagt, wollen Suzanne und ich uns in der Mittagspause treffen, sobald sie mit ihrem Aerobic fertig ist. Also, ich muss jetzt los. Wir sehen uns später.

Aerobic Fitnesstraining mit tänzerischen und gymnastischen Übungen

Martin ab.

Paul Was machen wir dann heute Abend?

Pause.

Stevie Kommst du vorbei?

Paul Ja. Gute Idee.

Während sie gehen, erscheint Rick.

Rick Doch es könnte, wenn die nötige Sicherung fehlt, in der letzten Seillänge Schwierigkeiten geben …

Paul Verpiss dich, Vater.

Stevie Was hast du gesagt?

Paul Nichts.

Sie gehen, Rick beobachtet sie.

Dunkel.

Musik.

Licht.

Rick, Stevie und Paul seilen auf die Bühne ab. Sie sehen sich nach Martin um und er kommt wie eine Rakete vom allerhöchsten Punkt herunter. Zu »Heroes« von Bowie ausblenden.

Bowie **David Bowie (geb. 1947), britischer Musiker**

Ende

Sozialkritisch
Sozial-drama

Lutz Hübner

Ehrensache — 2005

Schauspiel

Personen

Cem 19 Jahre, Lehrling
Sinan 17 Jahre, Schüler
Ellena 16 Jahre, Schülerin
Ulli 15 Jahre, Schülerin
Kobert 30 Jahre, Polizeipsychologe

Bühne

Die Bühne ist in drei Ebenen unterteilt.

1 Die Gespräche zwischen Cem bez. Sinan mit Kobert
2 Die Erzählebene von Ulli
3 Die Rückblenden

Die Elemente müssen so unterteilt sein, dass in der Schlusssequenz die Ebenen ineinander übergehen können. Die Bühne so spartanisch wie möglich, nur wenige Requisiten, um die verschiedenen Spielorte der Rückblenden anzudeuten.

Zeit

Verhandlung vor Beginn des Prozesses und Rückblenden zum Ablauf des Tages der Tat.

1. Szene
Kobert, Cem

Kobert Ich heiße Kobert.
Cem nickt.
Kobert Ich möchte mich mit dir unterhalten. Willst du, dass ich dich sieze?
Cem schüttelt den Kopf.
Cem Unterhalten.
Kobert Ich werde dir ein paar Fragen stellen. Du musst nicht antworten. Das ist dir überlassen. Du kannst auch von dir aus erzählen.
Cem Und was soll das?
Kobert Ich werde ein Gutachten über dich schreiben. Für das Gericht.

Gutachten fachmännisches Urteil

Cem Ein Zeugnis oder was?
Kobert Nein, ein Gutachten.
Cem Damit ich verurteilt werden kann?
Kobert Es soll dem Gericht helfen, eine Entscheidung zu fällen.
Cem nickt.
Cem Also wenn du sagst, ich bin verrückt, dann komme ich zu den Bekloppten oder was?
Kobert So ein Gutachten soll helfen zu verstehen, was passiert ist.
Cem Ja, ist schon klar, das habe ich kapiert.
Kobert Schön, also fangen wir an.
Cem Was ist denn, wenn du denen sagst, ich ticke nicht richtig? Was ist denn dann?
Kobert Das ist keine Kategorie.
Cem Was?

Kategorie Gruppe, in die jemand oder etwas eingeordnet wird; Klasse, Gattung

Kobert Ich schreibe nicht, dass jemand verrückt ist, ich versuche zu beschreiben, wie ich jemand erlebe und wie ich ihn einschätze.

Cem Und jetzt?

Kobert Was jetzt?

Cem Denkst du jetzt, der ist irgendwie aggressiv? Der hat Wut oder was, klar, dass der das Mädchen umgebracht hat, so wie der sich aufführt, merkt man doch. Der ist nicht freundlich, der ist so ein Scheißkerl, das merkt man sofort.

Kobert Ich denke noch gar nichts und ich bin nicht gegen dich, ich werte nicht, ich weiß nichts, oder? Dafür müssen wir uns kennen lernen.

Cem nickt.

Cem Jetzt kommen Fragen nach meiner Kindheit, oder?

Kobert Ach ja?

Cem Das ist immer so, in den Filmen. Die erzählen dann, wie sie so kleine Hosenscheißer waren. Die liegen auf einem Sofa und irgendwann flennen sie los.

Kobert Würdest du dich gerne hinlegen?

Cem Ich sage ja nur, dass das in den Filmen so ist. Ich weiß doch nicht, ob man das wirklich so macht. Ich war noch nie bei einem … was bist du?

Kobert Gutachter.

Cem Das ist ein Beruf? Gutachter? Du bist doch Polizist, oder?

Kobert Ich bin Psychologe.

Cem nickt.

Kobert Willst du denn über deine Kindheit sprechen? Oder über deine Familie?

Cem Ich habe gesagt, dass das in den Filmen so ist. Hörst du mir nicht zu? Das ist kein Film, oder?

Kobert Nein.

Cem Und meine Familie ist korrekt. Okay? Alle. Die haben da nichts mit zu tun. Gar nichts.

Kobert Du hast drei Brüder?

Cem Ja, habe ich. Und?

Kobert Nichts, ich frage ja nur.

Cem Und meine Kindheit war schön. Darum geht es nicht.

Kobert Okay.

Cem Guck mal, meine Haare.

Kobert Was ist mit deinen Haaren?

Cem Die fallen mir aus. Wenn ich mich kämme, habe ich immer so ein Büschel in der Bürste. Ich gehe einmal mit der Hand durch. So. Siehst du? Wieder.

Kobert Ja, ich sehe es.

Cem Was ist das denn? Du bist doch Arzt. Wieso fallen mir die Haare aus?

Kobert Das kann vorkommen. Die Belastung, das hört auch wieder auf. Das ist ein psychosomatisches Belastungssymptom.

Cem nickt.

psychosomatisches Belastungssymptom
→ Seite 286

Cem So heißt das.

Kobert Ja. Hast du sonst noch Beschwerden?

Cem Beschwerden. Du weißt, dass ich drei Brüder habe, also weißt du auch, warum ich hier bin, oder?

Kobert Ja.

Cem Und warum?

Kobert Du wirst verdächtigt, ein Mädchen getötet zu haben. Und ein zweites Mädchen hat nur schwer verletzt überlebt.

Cem fährt sich durch die Haare.

Cem Siehst du? Schon wieder. Das macht mich verrückt, total verrückt.

Stille

Cem Und? Was hast du jetzt rausgekriegt? Dass ich Haarausfall habe. Mehr nicht.

Kobert Ein bisschen mehr schon.

Cem Waren da jetzt irgendwelche Tricks dabei?

Kobert Nein, ich rede mit dir, habe ich dir doch gesagt.

Cem nickt.

Kobert Genug für heute.

Cem Jetzt warte doch mal.

Kobert Was ist?

Cem Das war's jetzt oder was?

Kobert Ich komme morgen wieder.

Cem Das war doch jetzt nicht Reden, oder?

Kobert Willst du noch irgendwas sagen?

Cem winkt ab.

Kobert Bis dann.

2. Szene

Ulli

Elektroschock → Seite 286

Ulli Ich dachte, das sind Elektroschocks. So wie diese Dinger, diese Schocker, die man so in der Hand … diese Scherzartikel. Solche Schläge waren das. Ich habe ja nichts gesehen, ich lag auf dem Bauch und im Rücken waren diese Schläge. Ich habe nicht gewusst, dass das Stiche sind. Messerstiche. Immer nur Schock, Schock, Schock. Das tut auch weh, aber … wie Elektroschocks. In den Rücken. Ellena hatte die Stiche vorne, die hat gewusst, das sind Messerstiche. Aber vielleicht spürt man das ja auch nur wie Elektroschocks, nicht wie Stiche. Wie ich denke, dass sich Stiche anfühlen. Dachte. Jetzt weiß ich es ja. Wenn sie von hinten kommen. Aber wenn es von vorne auch so ist, dann war es ja vielleicht nicht so

schlimm für sie. Die Schmerzen, meine ich. Dass sie das Messer gesehen hat, die Stiche, aber nur Elektroschocks gespürt hat. Dass es nicht so wehgetan hat zu sterben. Sie war ja schnell tot. Ich weiß nicht.
Ich weiß so vieles nicht mehr. Ich spüre die Stiche noch, aber ich weiß so vieles nicht. Jetzt sind es Stiche. Die Wunden sind Messerwunden, ich spüre sie, wenn ich mich bewege, und wenn ich mich bewege, denke ich daran. Denke an etwas, was ich nicht genau weiß. Denke an Ellena. Das habe ich ihr geschrieben. Ich denke jede Minute an dich. Wenn ich eine Bewegung mache, ist Ellena da. Wenn ich mich bewege, um ihr einen Brief zu schreiben, ist sie da. Sie ist immer da. Und ich denke an sie, an diesen Tag, und kriege das alles nicht zusammen. Das ist auch wie Elektroschocks, im Kopf.

3. Szene
Sinan, Kobert

Sinan Man kennt sich vom Sehen, man weiß ja, wer wer ist, auch wenn man noch nicht miteinander geredet hat, eben so: kennst du den? Das ist doch der und der, alles klar, und so eben, das ist Cem, alles klar, der arbeitet jetzt bei Lubecca und so, was man so weiß, und dass er drei Brüder hat. Der eine ist noch klein, gerade mal zehn oder so, aber die Großen, die kannte man und Cem war eben mit, die großen Brüder waren eben Männer und Cem war so ein Ruhiger, der kleine Bruder. Der Kleine, der gilt nicht so, wegen der Großen, auch wenn der zwei Jahre älter ist als ich. Wenn du zwei große Brüder hast, bist du der Kleine, auch wenn der Dritte noch kleiner ist, aber der zählt ja nicht, also Cem war mit, wenn man so unterwegs war, und wenn er alleine da war, kam gleich die Frage, wo sind Hassan und Gülem? Das waren die drei, verstehst du? Aber das war vor Lubecca, da hat er ja gearbeitet, bei Lubecca, der Firma. Da hatte er dann Geld und hat sich auch gleich den BMW gekauft und war dann alleine auf Piste. Hassan und Gülem sind dann auch nicht mehr unterwegs gewesen, weil die dann ihr Ding gemacht haben, und in der ersten Zeit war Cem immer auf Tour, unterwegs mit dem Wagen und so, die Karre ausfahren, hat die Leute nach Hause gefahren. Mich auch, ich wohne ja in Brökel draußen, da geht der letzte Bus um zehn, da hat er mich gebracht, wenn es spät war. Um zehn kann man ja noch nicht nach Hause und dann konnte ich noch mit, ins Traxx und so, oder nur rumfahren, was läuft, was geht ab und man trifft sich dann immer wieder und dann wird man ein Team, dann geht das so los.

Kobert Was?

Sinan Dass man Freunde wird, verstehst du?

Kobert Weil er ein Auto hat?

Sinan Nein, weil es okay war. Ich kannte die Leute, wo man so hingeht, und dann zieht man los, hey und morgen, alles klar, da und da, das kommt dann so, wie das halt so läuft.

Kobert Eine Freundschaft.

Sinan Ja, so, ja.

Kobert Was ist Freundschaft für dich?

Sinan Habe ich doch gerade gesagt.

Kobert Ist Cem dein bester Freund?

Sinan Weißt du, ich habe jetzt gesagt, wie ich den kennen gelernt habe und was wir so gemacht haben.

Kobert Aber welche Bedeutung hat das dich?

Sinan Ich find das gut.

Kobert Ja, das verstehe ich. Aber warum ist Cem dein Freund geworden?

Sinan Weißt du, auf der Schule, das sind welche, mit denen kannst du nicht reden, die sind assi, die kapieren nichts, gar nichts, also bis auf einen oder zwei vielleicht. Die sind echt hohl im Kopf. Oder so Proleten, so ganz Dumme, weißt du, Hauptschule eben, die können keinen Satz sagen, kriegen die nicht hin, und ich glaube, die Türken da, die können noch nicht mal Türkisch, okay? Die gehen nach Hause, Computer an und spielen, bis das Hirn weich ist, die gehen nicht raus, die machen nichts, die können auch über nichts anderes reden, nur so: hey Alter, kennst du das Spiel, oder zweitausendachthundert Punkte, Level vier … die sind kaputt, verstehst du? Ich geh lieber raus, Leute treffen, auf Piste sein, ich will was machen, verstehst du?

assi
Schimpfwort; abgeleitet von »asozial« (gegen die Interessen der Gemeinschaft gerichtet)
Prolet
→ Seite 286

Kobert Ja.

Sinan Und Cem auch, der achtet auf sich, der will was machen, der ist nicht blöd, der denkt nach, der weiß, was läuft, die Brüder auch, zu Hause bei denen, das ist echt super, die Mutter total nett, der Vater auch, streng, aber total nett, das ist nicht so mit vor der Glotze hängen auf dem Sofa und so, da ist kein Gegröle und Sprüche und so, nichts. Alles total korrekt. Mit so Leuten will ich was zu tun haben, ich achte auf mich, und wenn du mit Leuten zu tun hast, die nichts drauf haben, kriegst du selber nichts hin, dann wirst du so, da kenne ich viele, und in der Schule, ich hab's dir gesagt, da sag ich nein, läuft nichts, mit denen habe ich nichts zu tun, das ist Dreck, ich bin nicht arrogant oder so, aber die sind … verstehst du?

Kobert Ja, verstehe ich. Aber mit Cem kann man was machen?

Bruder - religiös
= starke Verbindung

Sinan Die können so sein, habe ich nichts gegen.

Kobert Ist klar.

Sinan Nicht dass du jetzt denkst, ich will was Besseres sein, echt nicht.

Kobert Es ist okay, Sinan.

Sinan Willst du so was überhaupt hören?

Kobert Ja, natürlich.

Stille

Sinan Also, der war mein Freund.

Kobert War?

Sinan Ist. Aber ich war nicht immer mit. An dem Abend, wo er Ellena angequatscht hat, war ich nicht mit. Da musste ich zu Hause sein, weil klar war, dass wir am nächsten Tag auf Piste sind. Da war ich nicht dabei. Im Traxx. Das hat er klar gemacht.

Kobert Als er Ellena das erste Mal getroffen hat?

Sinan War ich zu Hause.

Kobert Kanntest du Ellena vorher?

Sinan Von der Schule, klar, da kannte die jeder.

Kobert Warum?

Sinan Naja, die war … oh Mann.

Lichtwechsel, laute Musik setzt ein.

4. Szene

Ellena, Cem

Discobeleuchtung, Ellena tanzt, Cem steht an der Tanzfläche und beobachtet sie. Ellena hört auf zu tanzen und geht ein Stück zur Seite. Cem kommt mit zwei Flaschen Cola.

Cem Willst du was trinken?

Ellena Warum?

Cem Du hast lange getanzt, du musst Durst haben.

Ellena Und jetzt rennst du rum und bringst allen Mädchen, die schwitzen, was zu trinken?

Cem Ich bringe dir was zu trinken.

Ellena Dann heule ich jetzt mal vor Glück.

Cem Solltest du tun.

Ellena Und wie soll ich wissen, dass du da nicht irgendwas rein getan hast?

Cem trinkt.

Ellena Du glaubst doch nicht, dass ich deine angelullte Cola nehme.

Cem Dann nimm meine, habe ich noch nicht angerührt.

Ellena nimmt die Cola, trinkt, sieht Cem an, Cem trinkt ebenfalls.

Ellena Und jetzt?

Cem Was jetzt?

Ellena Was kommt jetzt? Willst du meinen Namen wissen und dann sagen, dass das ein schöner Name ist?

Cem Ellena ist ein schöner Name.

Ellena Und woher weißt du den?

Cem Von Sinan, der ist bei dir auf der Schule.

Ellena Kenn ich nicht.

Cem Der kennt aber dich.

Ellena Das macht mich richtig stolz. Also Sinan kennt mich. Und Sinan hat gesagt, kauf der mal ’ne Cola.

Cem Sinan ist nicht da. Ich bin alleine da.

Ellena Jetzt kennst du ja mich.

Cem Eben, das wollte ich.

Ellena Hast du auch einen Namen? Weißt du den schon auswendig?

Cem Cem.

Ellena Türken, wo man hintritt.

Cem Dein Vater ist doch auch Türke.

Ellena Aber meine Mutter nicht.

Stille

Ellena Dann hätten wir das ja, oder? Alles klar, Cem.

Cem Ich mache morgen eine Tour nach Köln.

Ellena Super für dich.

Cem Sinan kommt mit, also habe ich noch zwei Plätze frei in meinem BMW. Morgens hin, abends zurück.

Ellena Ja und?

Cem Ist 'ne schöne Stadt. Läden, Cafés, Kirmes und so.

Ellena Ich kenne Köln.

Cem Willst du mit?

Ellena Was soll ich denn da mit euch?

Cem Einen schönen Tag machen.

Ellena Ich fahre doch nicht mit zwei wildfremden Typen nach Köln.

Cem Kannst ja jemanden mitbringen.

Ellena Dann bring ich meinen Freund mit.

Cem Hast du nicht.

Ellena Hat dein Sinan auch rausgekriegt, welche Farbe mein Slip hat?

Cem Nimm deine Freundin mit. Wir können zusammen was machen oder ihr macht euer Ding und wir treffen uns zur Rückfahrt wieder. Ich fahr sowieso hin, ich hab da was zu erledigen. Was ist?

Ellena Ich denk drüber nach.

Cem Mal einen Tag einen draufmachen, raus aus dem Scheiß hier.

Ellena Ich denke drüber nach.

Cem Sag mir in einer halben Stunde Bescheid, okay?

Ellena Hetz mich nicht.

Cem Ich ruf dich morgen an, gib mir deine Nummer.

Ellena Du sagst mir, wann ihr losfahrt und ich bin da oder nicht.

Cem Oder du rufst mich an.

Ellena Hallo? Hörst du schwer?

Cem Also um elf Essotankstelle an der B 12.

Ellena Wenn ich bis Viertel nach nicht da bin, komme ich nicht mehr. Und dann will ich auch kein Gemotze hören, wenn wir uns hier mal wieder über den Weg laufen, okay?

Cem Ist nur ein Angebot.

Ellena Danke für die Cola.

Ellena geht, Lichtwechsel.

5. Szene

Ulli

Ulli Sie kam von draußen und lachte, weil wieder irgend so ein Typ sie angequatscht hatte, Tour nach Köln machen, Cola spendiert. Das ist dauernd vorgekommen. Manchmal haben auch mich welche angesprochen, ich wäre doch die Freundin von Ellena und so. Man hat die schnell erkannt, die lungerten so um einen rum und irgendwann kamen sie dann, was trinken und alles klar, und wir haben uns einladen lassen und dann muss man sehen, wie man wegkommt. Manchmal hat Ellena einen Streit angefangen, wegen nichts, sie war plötzlich beleidigt wegen irgendwas und dann hat sie gesagt: los, wir gehen, blöde Wichser. Danach haben wir uns totgelacht über die. War das falsch? Ich frage mich, ob das falsch war. Sie hat keine Typen angemacht, auch wenn das alle jetzt erzählen. Sie war nicht so. Nicht so, wie die alle gedacht haben. Die alle, die dachten, Ellena, mit der, klar, die ganzen Geschichten, wie sie ist, was sie macht. Was haben die sich denn gedacht? Ich sage nicht, dass sie ein Engel war. Es war ihr nur egal, und wenn es ihr egal war,

war es mir auch egal. Ich weiß, dass sie ausrasten konnte, ziemlich heftig. Ich habe das erlebt. Wegen Kleinigkeiten. Sie war nicht freundlich zu denen, die hat die nie ermutigt, die waren einfach da. Aber wenn jetzt alle so tun, als ob sie … alle … das stimmt einfach nicht. Wie die Bären um den Honigtopf habe ich mal gesagt und sie meinte, nein, wie die Fliegen um die Scheiße. Die halten mich für die Scheiße.

6. Szene

Kobert, Cem

Kobert Frauen?

Cem Da willst du jetzt drüber reden?

Kobert Willst du es?

Cem Klar, reden wir über Frauen. Was willst du wissen, Doktor?

Kobert Wie stehst du zu Frauen?

Cem Wenn es gute Frauen sind: so.

Cem macht eine Faust und winkelt einen Arm an, lacht.

Kobert Du bist ein Frauentyp?

Cem Du meinst, ob Frauen mich gut finden?

Kobert Tun sie das?

Cem Ich kann das so sagen: ich habe einen Job, also ich hab Geld, ja, ich habe ein Auto, einen Dreier BMW, ich weiß, wie man mit Frauen redet, ich pflege mich, also ich lauf nicht so rum mit Hosen, die am Arsch hängen und mit Pickeln und so, Turnschuhe und schlampig mit fettigen Haaren. Ich pass auf, dass ich gepflegt bin, wir alle, nicht so dreckskanakermäßig. Das kann keiner sagen, dass ich ein Prolet bin und so. Ich habe eine gute Familie und ich bin wer. Und das man reden kann, nicht so nur rumprollen.

dreckskanakermäßig **→ Seite 286**
rumprollen **sich aufführen wie ein Prolet** **(s. S. 117)**

Kobert Wie redet man denn mit Frauen?

Cem Man muss freundlich sein, höflich, Frauen muss man ehren, das kapieren viele nicht, die machen Sprüche und belästigen die Frauen, haben eine große Fresse. Frauen muss man ehren. Korrekt?

Kobert Ja, völlig richtig.

Cem Das habe ich so gelernt, das muss so sein.

Kobert Und hast du öfters mal Frauen angesprochen?

Cem Ich bin ein Mann, oder?

Kobert Schon mal richtig verliebt gewesen?

Cem Die Frau, die ich mal heirate, werde ich lieben.

Kobert Ist es egal, ob deine Frauen deutsch oder türkisch sind?

Cem Ich will schöne Frauen, verstehst du? Oder stehst du auf hässliche Frauen?

Kobert Und deshalb hast du Ellena angesprochen? Du hast sie gesehen und gedacht, die spreche ich an?

Cem Worüber willst du jetzt reden? Du hast mich gefragt, wie ich über Frauen denke, oder?

Kobert Ja. Und du ehrst die Frauen.

Cem Und jetzt fragst du mich nach Ellena.

Kobert Gibt es da einen Unterschied?

Cem Natürlich gibt es Unterschiede.

Kobert Und welche?

Cem Die war eine Schlampe. Wenn du über Frauen reden willst, dann reden wir über Frauen, die Ehre haben, die deine Freundin sein können, Frauen, die man heiraten kann, das ist was völlig anderes. Das muss ein sauberes Mädchen sein. Wenn ich heirate, dann muss das ein Mädchen sein, das nicht mit allen im Bett war. Ich will kein benutztes Mädchen, das ist was völlig anderes. Ellena war eine Schlampe.

Kobert Die muss man nicht ehren?

Cem Da geht es um was völlig anderes, die will ja auch was völlig anderes. Das kann man nicht vergleichen. Ich meine, warum ist die denn alleine unterwegs, oder? Und wenn die mir frech kommt, wenn ich die was frage, dann weiß ich, wo das herkommt, die sind so.

Kobert Die?

Cem Die so sind.

Kobert Wie sind die?

Cem Du weißt doch, was ich meine, oder? Man weiß doch, mit wem man es zu tun hat, das checkt man doch, oder? Wo was geht und wo nichts geht. Oder was die Leute sagen. Über die. Oder dann über einen selbst.

Kobert Die Leute?

Cem Mit wem du zu Hause auftauchst, oder bei Freunden, oder? Das ist doch nicht alles eins und egal und so. Das verstehst du doch, oder?

Kobert Wer entscheidet das?

Cem Kapierst du das nicht? Bist du schwul oder was?

Kobert Ich will es nur erklärt haben. Du hast von Sinan gewusst, wer Ellena ist.

Cem Ja.

Kobert Und du hast sie eingeladen, mit dir einen Ausflug zu machen.

Cem Sie für mich, und ihre Freundin, wenn sie mitkommt, für Sinan. Das ist doch eine klare Sache, oder?

Kobert Was wäre denn, wenn sie was mit Sinan angefangen hätte?

Cem Für Sinan war die Freundin.

Kobert Aber es hätte ja sein können.

Cem Ich habe die angequatscht. Das war alles korrekt.

Kobert Aber das Mädchen kann doch auch entscheiden.

Cem Du kapierst das nicht, echt nicht.

Kobert Schlampen dürfen nicht entscheiden?

Cem Ich habe die angesprochen. Ich habe die eingeladen. Die sind gekommen. Ich habe die nicht gezwungen, oder?

Kobert Warum regst du dich auf? Ich kapiere nur den Unterschied zwischen Schlampen und Frauen nicht.

Cem Dann kennst du vielleicht nur Schlampen.

7. Szene

Ulli

Ulli Sie wollte nicht mit, ich auch nicht. Sie hat das nur gesagt, um den los zu werden, und weil sie Spaß daran hatte, sich vorzustellen, dass er und sein Kumpel sich morgen mit geölten Haaren an der Esso die Beine in den Bauch stehen. Das fand sie lustig.

Wir sind dann gleich gegangen, damit der nicht noch mal ankommt und sind noch ins Alcazar. Ich bin früher los und Ellena blieb noch. Eine Stunde später klopft es an meinem Fenster, Ellena war da, sie hatte zu Hause tierischen Ärger bekommen, weil sie zu spät kam, und sie ist gleich wieder abgehauen und zu mir. Sie war stinksauer und sagte, wir fahren nach Köln, die sollen sich Sorgen machen, ich will einen Tag weg sein.

Meine Eltern sind am nächsten Tag früh los, weil sie zum Wildwesttreffen nach Dorsten wollten und ich habe ihnen gesagt, ich mache was mit Ellena. Von den Typen habe ich nichts erzählt.

War das falsch? Ich weiß nicht, Ellena hatte das doch im Griff, die wusste doch was läuft und was nicht. Und ich kannte Sinan und dachte, das ist doch ein Clown, mit dem kann nichts passieren, das ist so ein Faxenmacher, da hat man doch auch Vertrauen, dass das alles okay läuft, wenn wir da mitfahren. Das ist doch Ehrensache, oder?

8. Szene

Cem, Sinan

Sinan Viertel nach, die kommen nicht mehr.

Cem Jetzt mach dich mal locker.

Sinan Weißt du, was ich glaube? Soll ich es dir sagen?

Cem Findest du das gut? Das Shirt da?

Sinan Findest du das nicht gut? Ich find das voll gut. Hugo Boss Shirt.

Hugo Boss **Bekleidungshersteller; bekannte deutsche Modemarke**

Cem Hast du extra angezogen, oder? Damit du gut aussiehst, wenn die kommen, oder?

Sinan Das sieht gut aus, ja.

Cem Also hast du es angezogen, weil du denkst, die kommen, oder?

Sinan Ja. Wenn die kommen, klar.

Cem Also.

Sinan Weißt du, was ich glaube?

Cem Was denn?

Sinan Die hat das gesagt, um dich los zu werden, so Motto, klar, warte du mal, Handynummer ist nicht, mach mal, Viertel nach, dann ab dafür.

Cem Du stehst da mit deinem verkackten Hugo Shirt, pisst dich ein vor Aufregung und sagst mir, die kommen nicht?

Sinan Ich sage ja nur, was ich glaube, ja?

Cem Glaubst du, ich habe die blöd angemacht, sodass die denkt, lass den warten, was will ich von dem? Glaubst du, ich habe das nicht gepackt, so mit der zu reden, dass die kommt? Glaubst du, ich habe da eine Arschlochtour gefahren? Glaubst du das? Hältst du mich für so bescheuert?

Sinan Nein, nicht wegen dir.

Cem Ist hier noch einer?

Sinan Wegen ihr. Weil die so ist, weil die heftig drauf ist.

Cem Die ist, wie sie ist, okay? Weiß ich auch. Okay. Heftig. Okay. Juckt mich nicht. Ich weiß, was ich will. Ich war da, ich habe mit ihr geredet. Das läuft alles nach Plan. Wer soll denn kommen? Du? Hast du das drauf?

Sinan Nein, sage ich ja nicht.

Cem Ich habe das Auto, ich habe den Ausflug geplant, ich war nett zu ihr, ich habe gesagt, sie kann ihre Freundin mitbringen, und die ist für dich. Wir machen es denen richtig nett, wir haben Spaß, wir machen ein gutes Programm, die werden einen schönen Tag haben und wir auch, okay?

Sinan Klar.

Cem Kennst du ihre Freundin?

Sinan Ja, vom Sehen. Ist nicht so doll.

Cem Motz jetzt nicht rum. Wenn was geht, ist doch egal, oder?

Sinan Klar.

Cem Und darum geht es, oder? Geht es dir darum? Wir wollen einen schönen Tag, mit allem, was geht. Perfekt. Ein perfekter Tag.

Sinan *(singt)* Was geht, was geht,
komm sag's mir ganz konkret

Cem lacht.

Sinan Klär du dein Ding und ich meins, okay? Und lass hier keine Sprüche ab, was da Sache ist und was nicht. Klär einfach dein Ding und steh mir nicht in der Sonne. Steh mir heute einfach nicht in der Sonne, okay?

Sinan lacht. Cem gibt Sinan Geld.

Cem Dann hol uns mal Chips, Cola und so Scheiß.

Sinan Sollen wir nicht damit warten?

Cem Komm, mach. Wenn du in fünf Minuten nicht zurück bist, fahren wir ohne dich.

Sinan Okay.

Sinan geht, Cem zündet sich eine Zigarette an, Ellena und Ulli kommen.

Ellena Es ist fast halb, du bist ja immer noch da.

Cem Frauen sind nie pünktlich.

Ellena Frauenkenner, was?

Cem Merkt man das nicht?

Ellena Woran soll man das denn merken?

Cem Ich habe Sonne bestellt und ein paar Wolken, damit es im Auto nicht so heiß wird. Denkt nicht jeder dran. Macht einen Ausflug mit schönen Frauen und es pisst in einer Tour. Ist doch Scheiße. Könnte mir nicht passieren. Muss man vorher dran denken. Sonne und ein paar Wolken. Ist nicht billig, lohnt sich aber. Oder? Soll doch schön werden.

Ulli Sonst wären wir nicht hier.

Cem Wie heißt du?

Ulli Ulli. Wo ist Sinan?

Cem Kauft ein, Fahrtverpflegung, alles, was Frauen brauchen.

Ellena Und das weißt du?

Cem Denk schon. Oder was meinst du?

Ellena Kann sein?

Ulli Ich habe auch was eingepackt.

Cem Brauchst du nicht. Ihr sagt, was ihr wollt, ich bringe es euch.

Ellena Dann bring uns nach Köln, wir wollen was erleben.

Cem Sinan! Du Arschnase! Beeil dich, wir wollen los!

Die Mädchen lachen.

9. Szene
Sinan, Kobert

Sinan Das war schon arschcool, echt. Das war so ein Moment, perfekt irgendwie. Du gehst da raus aus der Tanke, da steht Cem mit den beiden Weibern neben dem BMW, Samstagmorgen, Sonne, Ausflug machen, und Ulli sah irgendwie auch geil aus, und die war für mich. Superfrauen. Ellena sowieso, die zwei und wir, den ganzen Tag Zeit und alles war klar. Ich war stolz, verstehst du?

Kobert Worauf?

Sinan Dass das alles nach Plan lief, dass mal alles so ist, wie es sein soll. Das ist doch krass, oder?

Kobert Wieso, die kannten dich doch von der Schule. Warum sollten die nicht mitkommen?

Sinan Die kannten mich nicht, nur so wie man mich halt kennt, mich kennen doch alle, aber nur so: hey, der Spinner und so.

Kobert Du kennst viele Leute?

Sinan Ich kenne alle, ich kann mir Leute gut merken, einmal gesehen, dann sind die gespeichert.

Kobert Und viele kennen dich.

Sinan Ich rede halt gerne, was läuft, was ist Sache, was machst du …

Kobert Und was glaubst du, wie du eingeschätzt wirst?

Sinan Was die Leute denken meinst du?

Kobert Ja.

Sinan Scheiße, der Laberkopf, rette sich, wer kann.
Sinan lacht.

Sinan Ich mache halt gerne Jokes, Party, Sachen klar machen.

Kobert Kennst du viele Mädchen?

Sinan Ich sag doch, ich kenne alle, aber Freundin und so, nee.

Kobert Und warum nicht?

Sinan Das musst du die Weiber fragen. Die spinnen. Ich bin doch ein Supertyp. Oder?

Sinan lacht.

Sinan Die stehen halt nicht auf rumquatschen und so. Weißt du, wenn du Kohle hast, Karre, Job und so, oder dicke Muskeln, gute Klamotten, dann …

Aber das ist mir egal, weißt du? Ich mach meine Lehre, dann einen eigenen Laden, dann gehe ich zurück in die Türkei, mit Mercedes, Haus, alles, dann mache ich die Sache klar, dann lasse ich mir die Frauen kommen und suche mir eine aus. Oder zwei.

Eine für die Familie, Kinder und das Haus und so und eine fürs Bett, so eine die richtig für die harten wilden Sachen ist, eine die immer geil ist. Zwei Frauen, machen viele, musste dich nur umhören.

Kobert Mit der eigenen Frau geht das nicht?

Sinan Klar muss die auch gut im Bett sein, und hübsch, aber das ist ja was anderes. Da geht es ja auch um andere Sachen, das muss ja laufen.

Kobert Was?

Sinan Das Leben und was man ist, ich bin ja dann ein angesehener Mann, dann bin ich ja Chef, da muss die mich doch achten können, oder? Und ich schaffe das auch, ich bin ja nicht blöd im Kopf, oder? Hauptschule, okay, aber was brauche ich denn da?

Kobert In der Türkei?

Sinan Das läuft ganz anders als hier.

Kobert Woher weißt du das?

Sinan Kannste jeden fragen. Ich sage auch immer zu meinem Vater: komm, wir gehen zurück, da sind wir die Kings.

Aber der will das nicht, der macht sich hier fertig, glaubt das nicht, der ist echt irgendwie fertig, und dann meine Mutter und meine Schwester, weil die hier einen Job haben und was sollen wir da, ich meine, wir sind doch Türken, oder? Ist doch scheißegal, dass wir hier geboren sind und dann: mein Job und so. Das ist doch bescheuert, oder? Da arbeitet dann mein Vater wieder, was müssen die sich da krumm machen, du kannst da der King sein. Immer nein nein, das geht nicht … Das geht, wenn man will. Das ging ja auch, dass ich da rauskomme mit der Cola und den Chips und die Schlampen waren da. Wenn man will, geht das, man muss halt was bieten, muss ranklotzen.

Kobert Glaubst du wirklich, dass Frauen auf Geld, Auto und so etwas bei einem Mann sehen?

Sinan Ich meine, die sind gekommen? Oder? Die sind gekommen, weil Cem das klargemacht hat. Da geht es nicht um Liebe und so, das ist nur in den Filmen so. Deshalb geht man ja ins Kino.

Kobert Aber es ist nicht gelaufen, wie es sollte, oder?

Sinan Nein, natürlich nicht. Lag aber nicht an mir. Ich habe mein Ding gemacht.

Kobert Was ist dein Ding?

Sinan Jokes. Ich habe das gemacht.

Sinan fängt an zu singen, Lichtwechsel.

10. Szene

Cem, Sinan, Ulli, Ellena. Sinan singt.
(an dieser Stelle ein deutscher Text)

Sinan Self protection is the name of the game
cops taking bribes

take you for a ride
government drinks wine
what's yours will be mine
he kills she kills
in cities in hills
murders on the street
blood is a bitch on heat
some are killers some are killed, no one is the same
self protection is the name, the name of the game.

Sinan hört auf zu singen, Ellena und Ulli klatschen.

Sido, Azad, Kool Savas → Seite 286
Aggro Plattenlabel

Sinan Na? Ist das geil? Sido, Azad, Kool Savas, die ganzen Aggro Wichser können alle einpacken, ich bin Nummer eins, ich bin besser, oder? Oder? Oder? Bin ich besser? Ich frage euch. Bin ich besser? Ich will ein Ja hören. Leute, ich hör nichts. Sido, gib dir die Kugel. Ich bin da.

Ulli Mann, du brauchst auch so eine Maske.

Ellena Oder zieh dir die Chipstüte drüber.

Die Mädchen versuchen, Sinan die Chipstüte über den Kopf zu ziehen. Er rangelt mit Ulli.

Sinan Findest du mich nicht schön? Findest du, ich sehe Scheiße aus? Tschüss, ich suche mir einen Laster, Kopfsprung und weg. Ich will sterben!

Cem Du siehst doch jetzt schon aus, als wäre ein Laster über dich drüber.

Sinan setzt sich wieder neben Ulli, die Cola und die Chips kursieren.

kursieren die Runde machen; im Umlauf sein

Ulli Kannste noch was singen? Mach doch noch was.

Sinan Alter, hörst du? Der sing ich jetzt ein Liebeslied, dann reißt die sich die Klamotten runter, die wird total ausrasten. Ich singe, Ulli, wart's ab, ich mach das, ich habe dich gewarnt.

Ulli Mach doch, mach doch.

Ellena Ist noch Cola da?

Cem Willst du noch was? Soll ich dir was holen?

Ellena Nein, ist nicht so dringend.

Sinan Okay, Porno-Hiphop, total abgefahren, versaut. Volles Rohr, sing ich dir ins Ohr … hör mal, komm ran.

Sinan beugt sich zu Ulli, singt ihr leise ins Ohr, Ulli kichert.

Ellena Was starrst du mich so an?

Cem Ich wollte was sagen.

Ellena Was denn?

Cem Vergessen. Aber wenn ich dich ansehe, fällt es mir vielleicht wieder ein.

Ellena Dann denk mal schön nach. Sollen wir weiter?

Cem zeigt auf seine Zigarette.

Cem Drei Züge.

Ellena Rauch doch im Auto.

Cem Ich will nicht, dass die Karre stinkt.

Ellena Wie lange brauchen wir noch?

Cem Zwanzig Minuten, wenn wir gut durchkommen.

Ellena Wo fahrt ihr hin in Köln?

Cem Wo wollt ihr hin?

Ellena Du hast doch irgendwo was zu erledigen, oder?

Cem Habe ich das?

Ellena Deswegen seid ihr doch unterwegs.

Cem Ist schon erledigt, der Tag gehört euch.

Ellena sieht ihn an.

Ellena Ganz Schlauer, was? Und wenn wir nicht gekommen wären?

Cem Ihr seid aber da.

Ellena Wir fahren nur mit, wir haben unser eigenes Programm. Oder, Ulli? Lass doch mal den Quatschkopf. Was machen wir?

Ulli Was du willst.

Ellena Shoppen gehen, Kaffeetrinken, Leute gucken. Wann fahrt ihr zurück? Wann treffen wir uns?

Cem Hast du überhaupt Kohle zum Shoppen?

Ellena Nicht dein Problem. Also wann?

Cem Weiß nicht.

Ellena Okay, dann bleiben wir in Köln.

Cem Wie soll das gehen?

Ulli Eine Tante von mir wohnt da.

Ellena Na? Was sagste jetzt, Oberschlauer? Haste nicht doch was zu erledigen?

Cem Wir machen euch ein Superprogramm, alles, was ihr wollt.

Ellena Lass mal hören.

Kirmes Jahrmarkt

Cem Auf die Kirmes in Deutz.

Ellena Weiter?

Cem Lecker was essen.

Ellena Weiter?

Cem Shoppen in der City.

Ellena Weiter?

Cem Nichts weiter.

Stille

Ulli Ich find das gut. Und du, Ellena?

Ellena sieht Cem an, der etwas irritiert wirkt.

Ellena Machen wir.

Cem Zusammen?

Ellena Wenn ihr euch benehmt.

Cem Okay.

Ellena Schiss gekriegt?

Cem Wieso?

Ellena Also los. Gib mir mal 'ne Zigarette, ich will im Auto eine rauchen.

Cem gibt ihr eine Zigarette und Feuer, sie gehen.

11. Szene

Ulli

Ulli Einmal sind wir in der großen Pause zu der Mauer gekommen, wo wir immer rauchen, und da saßen welche aus der Siebten. Ellena sagte nur: weg da. Aber die quatschten einfach weiter. Ich weiß nicht, ob sie es nicht gehört haben oder nicht hören wollten. Ich wollte schon gehen, mir ist es eigentlich egal, aber Ellena packte die eine und zog sie mit einem Ruck von der Mauer, sie fiel hin, Ellena hat ihr sofort eine rein getreten und hatte schon die nächste am Wickel, verpasste ihr eine Ohrfeige, dass sie nach hinten in den Busch fiel. Dann rappelte die sich auf und rannte los, die andere wollte hochkommen, aber Ellena hat ihr sofort noch eine reingereicht. Dann hat Ellena sich hingesetzt, sich eine Zigarette angezündet und mir auch eine gegeben. Dann kam die Pausenaufsicht mit der einen, Leute standen schon um uns rum, große Aufregung. Ellena war ganz ruhig. Der Lehrer hat sie angemacht, was das soll. Sie hat gesagt: das ist unser Platz. Mehr nicht. Der fing an mit: der Schulhof ist für alle da, und sie hat nur gesagt: dieser Platz nicht. Der Rest ja, aber nicht diese Mauer. Das gab dann später noch Riesenärger, sie musste zum Direktor, die eine hatte richtig was abgekriegt, aber das war Ellena egal. Ich hätte auch woanders rauchen können, ich scheiß auf diese Mauer. Aber da hat sie nicht nachgegeben, sie konnte das nicht haben, wenn ihr einer blöd kam oder wenn ihr einer was ansagen wollte. Das lief nicht. Lieber hat sie den schlimmsten Ärger bekommen, aber sie hat nicht nachgegeben. Nie. Habe ich nie erlebt. Auf der Mauer ist nie mehr jemand gesessen, wenn wir kamen.

12. Szene

Cem, Ellena, Sinan, Ulli.

Kirmes, an einer Schießbude, Sinan mit einem Gewehr, Ulli kommt mit Zuckerwatte für sich und Ellena, sie gibt Cem Restgeld zurück.

Sinan Ist die geladen?

Sinan sieht in den Lauf des Gewehrs.

Sinan Hallo? Ist da wer?

Ulli Lass das doch, das ist gefährlich.

Sinan Hast du Angst um mich? Liebst du mich? Ist da jemand drin?

Ellena Du nervst, lass den Scheiß.

Sinan Cem, hörst du? Beide lieben mich, sie wollen nicht, dass ich sterbe

Cem Quatsch nicht rum. Schieß endlich.

Sinan Schießen, ich werde schießen. Wen soll ich erschießen? Ich mach sie alle nieder. Möge die Kraft mit dir sein. Da, da hinten, die Luftballons. Sie sind überall, Scheiße. Überall Luftballons!

Ulli Jetzt komm mal runter.

Sinan Ich komm runter. Holst du mir einen runter, ich meine mich, wie heißt das, mich oder mir? Ich bin Türke, ich nix wissen.

Ellena Du nervst!!!

Sinan Okay, okay. Drei Treffer sind ein Bär. Willst du einen Bären?

Ulli Hauptsache, du schießt endlich.

Sinan Okay, ich schieße, für dich, ich tue es für dich, Baby.

Sinan dreht sich um und schießt aufdie Luftballons, er hat drei Treffer. Kurzes Erstaunen.

Ulli Booah, nicht schlecht.

Sinan Habe ich doch gesagt.

Sinan nimmt einen Plüschteddy von der Wand.

Sinan Was kriege ich?

Ulli gibt ihm einen Kuß auf die Wange.

Ellena Du hast es drauf. Okay, weiter?

Cem Ich bin dran.

Sinan Komm, wir fahren Scooter, da ist Cem unschlagbar, was, Alter?

Cem Welchen willst du, Ellena? Such dir einen aus.

Ellena Den kleinen Dino.

Cem legt an, schießt, trifft nicht.

Ellena Scheiß drauf.

Cem Ich habe mich nur warm geschossen. Jetzt richtig.

Sinan Hau rein, Alter.

Cem schießt wieder, trifft nur einmal.

Cem Der Lauf ist schief, das Teil ist Schrott.

Ellena lacht, wuschelt Cem kurz durch die Haare.

Ellena Krampf dich nicht ein, ich brauche das Teil nicht.

Cem Hört doch mal auf, rumzulabern, ich muss mich konzentrieren.

Ellena Wegen mir brauchst du hier keine Show abzuziehen.

Ulli Das nervt hier langsam, sollen wir schon mal los?

Sinan Der kriegt das noch, echt.

Cem schießt wieder, trifft nicht.

Cem Sinan, du Fotze, quatsch nicht rum, habe ich gesagt.

Sinan Aber ich sage doch, du schaffst das.

Cem Dazu brauche ich deine Sprüche nicht. Bloß weil du an deinem Computer rumballerst, musste hier nicht das Maul aufreißen.

Sinan Das war nur Zufall, dass ich getroffen habe.

Ellena Mach dich nicht klein, das war supergut geschossen.

Ulli Können wir dann mal weiter?

Cem Jetzt haltet doch mal alle die Fresse.

Ellena Was ist? Heute noch?

Cem Du willst doch den Dino von mir.

Ellena Ich will gar nichts von dir.

Cem zielt mit dem Gewehr auf Ellena.

Cem Du kriegst das Teil, das will ich so.

Cem zielt, schießt, trifft zweimal, reißt den Dino von der Wand und drückt ihn Ellena in die Hand.

Cem Den wolltest du. Jetzt hast du ihn. Wenn ich was will, dann kriege ich das auch. So bin ich.

Cem nimmt Ellenas Kopf und küsst sie auf den Mund, sie macht sich los.

Cem Alles klar. Scooter, Alter?

Sinan Es kann nur einen geben, Alter.

Cem Also los.

Cem zeigt auf den Dino in Ellenas Hand.

Cem Süßes Ding.

Ellena Der kann sogar fliegen.

Ellena wirft den Dino in hohem Bogen weg, Cem geht los, Sinan folgt ihm.

13. Szene

Cem, Kobert

Cem Die wollten mich fertig machen, ganz klar. Da lief irgendwas, aber ich habe das gecheckt. Ich lasse mich nicht verarschen.

Kobert Aber es war doch deine Entscheidung.

Cem Die haben mich da reingetrieben, alle drei.

Kobert Sinan auch?

Cem Der weiß, dass ich auf dem linken Auge kurzsichtig bin.

Kobert Der wollte doch zu den Scootern mit dir.

Cem Nur Verarsche. Lächerlich machen. Die Schlampe auch. So hat sie gemacht.

Cem wuschelt Kobert durch die Haare.

Cem Alles klar, oder?

Kobert Das kann doch nett gemeint sein.

Cem Als ob ich ein Kind wäre, oder ein Köter. Nicht bei mir.

Kobert Wie hätte sie dich denn anfassen sollen?

Cem Ich fass die Frau an, nicht die mich.

Kobert So wie du sie geküsst hast?

Cem Die wollten mich bloßstellen, alle, ich musste zeigen, dass ich der Boss bin. Kapierst du das nicht? Kennst du dich nicht aus? Das kapiert doch jeder Idiot.

Kobert Beruhige dich.

Cem Scheiße, so was macht mich wütend, mit dir kann man doch nicht reden, du checkst ja nichts. Schluss, echt.

checkst **verstehst, kapierst**

Kobert Bist du jähzornig?

Stille

Cem Jetzt willst du mich kriegen, was?

Kobert Warum solltest du nicht wütend sein, wenn du drei Leute gegen dich hast?

Cem War nur so eine Idee.

Kobert Du hast mit dem Gewehr auf sie gezielt. Warst du wütend?

Cem War nur ein Joke, mehr nicht. Ich denke nie, dass ich jemanden töten könnte.

Joke **engl. Scherz, Spaß**

Kobert Ich denke das manchmal schon.

Cem Ach ja?

Kobert Jeder Mensch.

Cem Ach ja?

Kobert Ich würde töten können, wenn jemand meiner Familie was antut. Kannst du dir das vorstellen?

Cem Ja, klar, man muss seine Familie verteidigen.

Kobert Also, die haben dich provoziert …

Cem Hör mir mal zu. Die haben meine Ehre beleidigt, die wollten mich fertig machen, und das ist so schlimm, als wenn sie mich angegriffen hätten. Aber da gehe ich nicht hin und beschließe, jemanden zu töten, klar? Ich bin kein Mörder, ist das klar?

Kobert Klar, wenn du das sagst.

Cem Ich bin kein Mörder. Mord ist was anderes. Und du wirst nicht mehr versuchen, mir irgendwelche Sachen unterzuschieben, du sollst mich nicht ankumpeln, du hast keine Ahnung, du hast Familie und so, du bist bei der Polizei und du erzählst mir, dass du töten könntest. Wir reden hier nicht von Mann zu Mann, klar? Du weißt nicht, worum es in meinem Leben geht, du hast doch nichts zu verteidigen, dich pisst keiner an, klar? Und wenn du jetzt schreibst, dass ich gewalttätig bin oder einer, der ausrastet, dann …

Kobert Dann? Was ist dann?

Cem Willst du mir drohen?

Kobert Du drohst mir.

Cem Warum soll ich dir drohen, ich will dir was erklären. Ich bin hier im Knast, du kannst mich fertig machen, aber du darfst mich nicht wie ein Arschloch behandeln.

Kobert Das tue ich nicht.

Cem Ich bin nicht jähzornig.

Kobert Sage ich auch nicht.

Cem Ich sage nur, dass das nicht gut gelaufen ist, mehr nicht. Alles, was gelaufen ist, kam von denen, nicht von mir. Alles, kapierst du? Alles!

14. Szene

Ulli

Ulli Ich dachte, das ist gelaufen. Ich weiß nicht, warum Ellena mit ist. Normalerweise wäre sie nach so einer Nummer abgehauen oder hätte durchgezogen. Sie war scheißwütend, das weiß ich, aber sie hat gesagt: los, shoppen gehen. Dabei war doch klar, dass dieser Cem ein Macker ist. Sinan hat versucht, die Sache rauszuhauen, hat gute Stimmung gemacht, der tat mir richtig leid, hat sich abgezappelt. Cem ist hinterhergeschlichen, Ellena hat Schaufenster geguckt, hat sich nichts anmerken lassen, und irgendwann dachte ich, okay, vielleicht bin ich empfindlich, vielleicht war es einfach nur eine blöde Nummer. Wenn Ellena das wegpackt, dann ist es vielleicht auch nicht wichtig. Und ich mochte Sinan, er ist ein Spinner, aber er war lustig. Also sind wir in die Ehrenstraße in einen Klamottenladen.
Musik setzt ein, Lichtwechsel.

15. Szene

Cem, Sinan, Ulli, Ellena.
Ulli hält sich ein Kleid vor.

Ulli Findest du das gut?
Sinan Weiß nicht, was meinst du, Cem?
Cem Weiß nicht.
Sinan Ich auch nicht.
Ulli Das musste dir mit anderen Schuhen denken.
Sinan Was haben denn die Schuhe damit zu tun?
Ulli Keine Ahnung von nichts, echt.

Ellena kommt aus der Kabine, sie trägt ein leichtes Sommerkleid, hohe Schuhe, trägt die Haare offen. Sie geht wie ein Model einige Schritte durch den Raum, bleibt kurz vor Cem stehen, sieht ihn kurz an, geht dann weiter zu Sinan.

Ellena Mach den Mund zu, Milchtüte, es zieht.

Sie geht weiter zu Ulli.

Ellena Was meinst du? Steht mir das? Findest du das gut?

Ulli Vielleicht ein bisschen zu durchsichtig.

Ellena sieht an sich herunter.

Ellena Wenn man braun ist, sieht das bestimmt geil aus. *(zu Sinan und Cem)* Na? Langweilig? So ist es, wenn Weiber shoppen gehen. Wollt ihr draußen warten? Holt euch doch 'nen Döner solange.

Cem Ist schon okay.

Ellena Ist doch noch ein Supertag geworden, oder? Ihr macht ein Spitzenprogramm, Jungs. Aber du musst mir das Kleid nicht kaufen, Cem, lass stecken. Wenn ich was brauche, kriege ich das.

Cem Soll ich dir das Kleid kaufen?

Ellena Musst du nicht, lass stecken.

Ellena geht zurück in die Kabine.

16. Szene

Sinan, Kobert

Sinan Sie hat ihn total angemacht, sie hatte ein Kleid an, in dem man alles gesehen hat, den Slip, die Titten, die war nackt in dem Kleid, ist zu Cem gegangen und hat ihn geil gemacht. So war die drauf, richtig pornomäßig war die drauf. Die ist auf Cem abgefahren, das war echt deutlich.

Kobert Ich dachte, die Stimmung war mies?

Sinan Wer sagt so was?

Kobert Nach dem Rummel. Dem Schießen.

Sinan Da war nichts, das war alles okay.

Stille

Sinan Glaubste mir nicht? Was soll denn gewesen sein? Nur weil Cem nicht sofort getroffen hat? Das war egal, die hat ihn sogar da schon angefasst, so durch die Haare. Das ging alles von ihr aus.

Kobert Cem war nicht sauer?

Sinan Wir waren gut drauf.

Kobert Ihr habt ihn nicht dazu getrieben zu schießen?

Sinan Wie? Wir?

Kobert Ist gut.

Sinan Hat Cem das gesagt?

Kobert Also sie hat ihn provoziert?

Sinan Was sagt denn Cem? Hat der was gegen mich gesagt?

Kobert Nein.

Sinan So genau weiß ich das alles auch nicht mehr.

Kobert Cem war gut drauf?

Sinan Was hat er denn gesagt?

Kobert Nichts, er hat das wohl anders erlebt.

17. Szene

Ulli

Ulli Wir hatten mal einen Referendar, der Ellena gleich in der ersten Stunde angemacht hat, weil sie zu spät gekommen ist, so ein richtiges Arschloch. Ellena hat nichts gesagt, hat ihn toben lassen. Ab der nächsten Stunde kam sie mit den schärfsten Klamotten, die sie hat, Rock knapp unterm Arsch, die Brüste hingen fast raus. Saß so da in seinen Stunden und hat ihn angesehen. Der wurde richtig rot, hat kaum zu ihr hinsehen können, aber sie hat ihn angestarrt, die ganze Zeit, ist dicht an ihm vorbeigelaufen, wenn sie raus ging. Der hat nie mehr was gesagt zu ihr, der war mit den Nerven runter, das spürte man. Sie hat das eiskalt durchgezogen, egal, wie die anderen sich wieder das Maul zerrissen haben. Wenn sie sich schön gemacht hat, war sie unbesiegbar. Ich möchte sie in diesem Kleid in Erinnerung behalten, unverwundbar.

Parallel Kleid

Macht durch Auftreten.

18. Szene
Cem, Kobert

Kobert Du willst heute nichts erzählen?
Cem schüttelt den Kopf.
Kobert Ich will dich zu nichts zwingen.
Cem Das bringt doch alles nichts. Alles, was ich erzählt habe, war anders.
Kobert Und wie war es?
Cem Weiß nicht mehr.
Kobert Bist du müde?
Cem Ja.
Stille
Cem Was ist los mit mir? Du bist doch der Seelendoktor. Was ist los mit mir?
Kobert Ich weiß nicht, erzähle mir etwas.
Cem Ich träume irgendwelchen Blödsinn.
Kobert Was?
Cem Ich träume von ganz hellen Räumen. Neonlicht, wie in der Lagerhalle, dicke Neonröhren, und ich bin klein, ganz klein, ich komme kaum noch an die Klinke, komme nicht mehr raus.

kurze Sätze Stress

Kobert Bist du alleine in deinen Träumen?

Cem Das Mädchen ist da, riesig groß. Sie steht vor mir und sieht runter auf mich.

Kobert Sagt sie etwas?

Cem Sieht mich nur an.

Kobert Und wie wirkt sie auf dich? Wütend? Freundlich?

Cem Kann ich nicht erkennen, ist zu weit weg, ich bin viel zu klein, sie ist irgendwo da oben. Sie grinst mich so verächtlich an und sagt, dass sie nichts von mir braucht, dass sie alleine klarkommt, ganz prima sogar.

Stille

Cem Ich bin doch wer, oder? Kobert?

Stille

Cem Warum sagste denn nichts?

Kobert Weil ich dir nicht glaube.

Cem Mir geht es echt Scheiße.

Kobert Kann sein.

Cem sieht Kobert an.

Cem Glaubste nicht?

Kobert Nein, glaube ich nicht.

Stille

Cem So blöd bist du gar nicht.

Kobert Nein, komischerweise nicht.

Cem Dafür haste dir aber schon eine Menge Scheiße angehört.

Kobert Das ist mein Job.

Cem Scheißjob, oder?

Kobert Nein, irgendwas ist immer dabei, was stimmt.

Cem Bei mir nicht. Von wegen auf der Kirmes fertig gemacht werden, Blödsinn, ob die Schlampe in dem Laden eine dicke Lippe hat, egal, das war mir alles egal. Glaubste, ich habe die ernst genommen? Keine Minute.

Die wollte mich zappeln lassen, das wusste ich von Anfang an.

Kobert Also war alles in Ordnung?

Cem Ja.

Kobert Alles super?

Cem Ja.

Kobert steht auf, geht ein paar Schritte.

Cem Hast du ein Problem?

Kobert Ich werde einen anderen Gutachter beauftragen, ich werde darum bitten, von diesem Job entbunden zu werden, ich habe keine Lust mehr, meine Zeit mit dir zu vergeuden, deine Spielchen gehen mir auf die Nerven, ich ertrage das nicht mehr.

Cem Musst du aber.

Kobert Muss ich nicht.

Cem Das ist dein Job.

Kobert Man wird dir mitteilen, wann der neue Gutachter kommt. Tschüss.

Cem Jetzt warte doch.

Kobert Und? Willst du mir noch erzählen, dass Ellena mit dreißig Messerstichen Selbstmord begangen hat? Und dass Ulli sich in einem Messer gewälzt hat, weil sie auch eine Schlampe ist?

Cem Verdammte Scheiße, ich weiß doch auch nicht, wie das alles passieren konnte, ich habe doch keine Ahnung. Das war Notwehr.

Kobert Ich höre mir das nicht mehr an!

Cem Ich wollte das doch nicht!

Kobert Tschüss.

Cem Du kannst doch nicht abhauen.

Kobert Ich höre mir seit Tagen Geschichten von einem flotten Ausflug an und kriege das nicht ganz zusammen mit der Tatsache, dass ein Mädchen tot ist und ein anderes knapp überlebt hat.

Cem Ich kriege das auch nicht zusammen!

Kobert Aber du hast sie getötet, oder?

Cem Ja, aber was hätte ich denn sonst machen sollen?

19. Szene

Cem, Sinan, Ellena, Ulli

Ellena Okay, wohin?

Sinan Wollt ihr noch weiter gucken?

Ellena Ich habe alles, was ich brauche. Braucht ihr was?

Cem Nein.

Ellena Brauchst du was, Ulli?

Ulli Ich habe nichts gefunden.

Ellena Probiere das mal.

Ellena holt ein T-Shirt aus ihrer Tasche und gibt es Ulli.

Sinan Cool.

Ulli hält sich das T-Shirt vor.

Ellena Mein Kleid war geil. Mochtest du das?

Cem Es war okay.

Ellena Es war nicht okay, es war super.

Cem Okay, es war super.

Ellena Ich sollte das unbedingt haben.

Cem Wenn du das meinst?

Ellena Das Kleid wollte zu mir, ist mir direkt in die Tasche gesprungen, und da wollten die Schuhe auch nicht alleine bleiben.

Ellena holt das Sommerkleid und die Pumps aus ihrer Tasche.

Ellena Nur kein Neid. Für dich ist auch was dabei.

Sie holt eine Boxershorts aus ihrer Tasche und gibt sie Cem.

Ellena Passt da alles rein?

Cem reagiert nicht.

Ellena Komm, jetzt krampf dich nicht ein, das ist nur ein kleines Geschenk. Es sind keine Strapse, es ist eine Männerunterhose, okay?

Sinan Mensch Cem, das ist doch nett.

Cem Ich habe genug Unterhosen.

Ellena Kann ich ja nicht wissen.

Sie wirft Sinan die Boxershorts zu.

Ellena Hier, Sinan, für dich.

Sinan Danke. Und ihr?

Ellena Tragen wir Unterwäsche, Ulli?

Ulli Manchmal.

Ellena Haben wir genug Unterwäsche, Ulli?

Ulli Nie.

Ellena Das sollten wir aber ändern. Traut ihr euch?

Sinan Für euch zu klauen?

Ellena Traust du dich, Kleiner?

Sinan Was ist, Alter?

Cem Mach doch.

Sinan Sei doch kein Spielverderber.

Cem Ist doch Kindergarten.

Ellena Stringtanga, sechsunddreißig, was für 'ne Farbe?

Ulli Für das Kleid? Rosa.

Sinan Und du?

Ulli Achtunddreißig, schwarz, auch Tanga.

Cem holt einen Fünfzigeuroschein aus seiner Hose.

Cem Reicht das?

Sinan Das kriegen wir doch hin.

Ulli Kaufen macht keinen Spaß.

Ellena Wenn er doch will?

Sinan Wenn wir dann beim Anprobieren zugucken dürfen?

Ellena Porno-Hiphop, was? Hast du überhaupt schon Haare auf dem Sack? Cem, brauchst du eine Quittung für zu Hause?

Ulli Sei doch nicht so gemein.

Ellena Der versteht das schon.

Die Mädchen gehen.

20. Szene

Sinan, Kobert

Sinan Der soll zusammengeklappt sein?

Kobert Cem?

Sinan Ja, fertig irgendwie.

Kobert Wer sagt so was?

Sinan Hört man so, wundert mich nicht.

Kobert Warum nicht?

Sinan Passt zu ihm.

Kobert Klingt nicht sehr freundschaftlich.

Sinan Ich habe nie gesagt, dass wir Freunde sind.

Kobert Nein?

Sinan Würde mich nicht wundem, wenn er Scheiße über mich erzählt.

Kobert Warum?

Sinan Weil er es nicht im Griff hat. Alles, was gut lief, lief wegen mir gut. Alles was Scheiße lief, lief wegen ihm Scheiße. Klingt jetzt hart, ist aber so.

Kobert Also hast du bisher gelogen?

Sinan Nein, aber ich war zu freundlich. Sollte man nicht. Freunde machen nur Probleme. Ich habe echt versucht, alles rauszureißen, aber der hat nichts gerafft, nichts. Ohne den wäre das alles locker gelaufen, aber er ist halt irgendwie nur der kleine Cem, nur so einer, der nichts kapiert. Nur damit du weißt, wenn er irgendwas erzählt. Dem darfst du nicht glauben.

Kobert Aber dir soll ich glauben?

Sinan Ich habe den nicht hängen lassen, ich hätte jeden Grund gehabt.

Kobert Warum?

Sinan Er hat es nicht gebracht.

Kobert Ist das unter Freunden nicht egal?

Sinan Er ist doch nicht mein Freund.

21. Szene

Cem, Sinan

Cem Findest du das gut, was du hier abziehst? Machst dich hier zum Idioten für die Weiber. Was willst du? Was? Willst du beide ficken? Willst du mich fertig machen? Was läuft da?

Sinan Sind doch nur Jokes.

Cem Wir haben eine klare Ansage. Du kannst auch abhauen, dann sieh mal, wie du zurückkommst, und lauf mir nicht mehr über den Weg. Ich hab so einen Hals, so einen!

Sinan Was mach ich denn?!

Cem Du schleimst rum, machst dich zum Deppen für die. Ist das der Joke?

Sinan Ich verstehe dich nicht, echt nicht.

Cem Ich habe das alles hier klargemacht, das hier ist mein Spiel, nicht deines, Schlüpfer klauen, mein toller Kumpel, der bringt das noch und so. Du machst mich hier nicht zum Deppen, du nicht. Hast du das mit denen abgecheckt?

Sinan Ich mach das alles nur, damit du …

Cem Was denn? Was denn? Die behandeln mich wie den letzten Dreck. Wer bin ich? Ein Hurensohn? Bin ich nicht.

Sinan Dann schrei die an, nicht mich.

Cem Du schleimst um die rum.

Sinan Ich rede mit denen, wie man mit Schlampen redet, die sind mir doch scheißegal.

Cem Und ich weiß nicht, wie man mit Schlampen redet, oder wie?

Sinan Wir sind ein Team, das sind nur Schlampen, oder? Und ich habe dich gewarnt, die ist heftig, ich habe dir gesagt, dass die spinnt, die ist nur Dreck.

Cem Ich ficke die heute noch, dann kriegt sie einen Arschtritt, so trete ich hier nicht ab.

Sinan Klar, mach doch.

Cem Mach ich auch.

Sinan Okay.

Cem Glaubste nicht?

Sinan Ich geb dir alle Vorlagen, musst ihn nur noch reinmachen.

Cem Glaubst du, ich schaffe das nicht?

Sinan Du bist der Chef.

Cem Ich habe die gestern schon gefickt. Und jetzt spinnt die rum. Die gehört mir, klar? Jetzt tut sie, als ob nichts war.

Sinan Gratuliere.

Cem Glaubste nicht?

Sinan Warum sagste mir das denn nicht?

Cem Weil es dich nichts angeht.

Ellena und Ulli kommen angerannt, sie sind außer Atem.

Ulli Das war echt knapp.

Ellena zieht den Fünfzigeuroschein aus ihrer Tasche.

Ellena Den haben wir gar nicht gebraucht. Dafür lade ich euch jetzt ins Kino ein, okay?

Cem Okay.
Ellena Haste dich wieder eingekriegt?
Cem Alles super, Ellena. Oder, Alter? Alles super?
Sinan Alles super.
Ulli Cinemaxx, oder?
Cem Was ihr wollt.
Sie gehen ab.

22. Szene
Ulli

Ulli Ich weiß nicht, was die in der Zwischenzeit geredet haben, aber Sinan war auf einmal so still, als ob man ihm den Stecker rausgezogen hätte. Cem war freundlich, hat nicht mehr rumgemault, er war wieder charmant wie am Anfang des Ausflugs, hat uns Popcorn und Getränke geholt, alles ganz locker. Das Kino war fast leer, wir haben uns in die Loge gesetzt, ich mit Sinan und in der Reihe vor uns Ellena mit Cem. Sinan hat immer noch wenig gesagt und vor uns haben Ellena und Cem leise miteinander geredet. Dabei dachte ich, sie will ihm die Augen auskratzen, weil er sich so arschig verhalten hat, ich habe es nicht kapiert, auf einmal reden die da miteinander, und ich dachte, dass ich eigentlich keine Ahnung von der Liebe habe, wie die Liebe funktioniert und wie Leute sich finden, wie sie zusammenkommen und warum das jetzt so ist und nicht anders. Dann wurde es dunkel und noch in der Werbung sind Cem und Ellena aufgestanden, sie hat mir gesagt, dass sie uns nach dem Kino abholen, und ich saß da in Köln im Kino mit diesem Jungen, den ich gar nicht kenne und habe nichts mehr kapiert, gar nichts, und ich fühlte mich so verdammt

Loge **kleiner, abgeteilter Raum (im Theater, Kino)**

alleine, so ratlos, irgendwie wollte ich das alles ja gar nicht, und nun saß ich da, und Ellena war mit diesem Macker da draußen und machte wer weiß was, und da habe ich mich ein bisschen an Sinan gekuschelt, er war ja nett, aber irgendwie war das auch verrückt, deshalb lief auch nicht zu viel. Ich dachte nur, dass ich langsam nach Hause will, und ich dachte auch, dass ich mal ein bisschen Ruhe von Ellena brauche. Für mich war der Ausflug gelaufen, als ich aus dem Kino kam, ich habe mich richtig auf meine Eltern gefreut. Ellena und Cem waren richtig derbe drauf, da muss was ganz übel gelaufen sein, und das nervte mich, das alles, und ich habe mich dermaßen auf zu Hause gefreut, ich wollte nur, dass das alles vorbei ist.

23. Szene

Cem, Kobert

Cem Kannst du schreiben, dass ich verrückt bin?

Kobert Warum sollte ich das?

Cem Weil ich verrückt bin. Was ich gemacht habe, macht doch keiner, da muss man doch verrückt sein. Alles, alles ist völlig verrückt.

Kobert Du willst damit sagen, dass du nicht zurechnungsfähig warst, als du die Tat begangen hast?

zurechnungsfähig **fähig, sein eigenes Handeln zu beurteilen, einzuschätzen, zu verantworten**

Cem Kannst du so was schreiben?

Kobert Warum? Erwartest du eine geringere Strafe? Wenn du als psychisch krank eingestuft wirst, kämst du in eine Klinik, das ändert nichts.

Cem Ist mir egal, ich bin sowieso tot.

Kobert Was soll das jetzt?

Cem Wenn ich rauskomme, wird mich irgendeiner von denen fertig machen.

Kobert Deshalb willst du in eine Klink?

Cem Da werden sie mich auch fertig machen. Irgendwann kriegen die mich. Aber das ist egal.

Stille

Kobert Worum geht es dann?

Cem Wenn ich verrückt bin, gibt es keinen Prozess, oder?

Kobert Hast du Angst vor dem Prozess?

Cem Ich war es, basta, ab in die Klapse, Ruhe im Karton. Da muss niemand mehr rumschnüffeln.

Kobert Wovor hast du Angst?

Cem Du darfst Sinan nicht glauben, der lügt.

Kobert Und du? Lügst du auch?

Cem Jetzt nicht mehr.

Kobert Du hast Sinan erzählt, dass du mit Ellena geschlafen hast.

Cem Habe ich auch.

Kobert Im Park?

Cem Nein, am Abend vorher.

Stille

Kobert Tut mir leid, das glaube ich nicht.

Cem Ich bin denen hinterhergefahren, die sind noch ins Alcazar. Irgendwann ist Ellena nach Hause und ich bin noch rumgefahren, ich wollte noch nicht nach Hause. Dann habe ich Ellena auf der Straße gesehen, sie wollte trampen, ich habe sie mitgenommen. Sie war völlig fertig, hatte wohl Stress zu Hause, sie wollte zu ihrer Freundin, aber erst noch ein bisschen rumfahren, die Karre ausfahren, zweihundert Sachen, Musik bis zum Anschlag, Fenster auf, bis zur Talsperre, Rauchpause, in meinem Wagen wird nicht geraucht. Und da haben wir dann …

Kobert Ging das von dir aus?

Cem Danach hat sie gesagt, sie fährt vielleicht mit, mal sehen, sonst nichts, dann habe ich sie bei ihrer Freundin abgesetzt. Und dann das.

Kobert Was?

Cem Wie das so lief. Habe ich nicht kapiert.

Stille

Kobert Warst du verliebt in sie?

Cem Darum geht es nicht. Ich kannte die doch gar nicht, die mich doch auch nicht.

Kobert Warum hast du es Sinan nicht gesagt?

Cem Sinan ist ein Schwätzer. So was mache ich alleine klar, deshalb bin ich mit ihr raus in den Park.

24. Szene

Cem, Ellena

Cem Nichts ist aus, nichts.

Ellena Nein, es ist ja auch nichts.

Cem Und das gestern?

Ellena Das zählt nicht, da ging es mir nicht gut. Das ist nicht passiert. War ein Versehen. Okay?

Cem Ich bin aber kein Versehen.

Ellena Ich hätte heute nicht mitfahren sollen, war alles Quatsch, passt nicht.

Cem Jetzt bist du aber da.

Ellena Na und? Fahren wir eben wieder zurück.

Cem Mich den ganzen Tag fertig machen, dann Arschtritt und zurück, so läuft das nicht. So geht man nicht mit mir um.

Ellena Siehst du? Genau das nervt mich schon den ganzen Tag.

Cem Ich nerve, ja?

Ellena Mach dich mal locker, das passt nicht, sorry, okay?

Cem Ich habe dich gefickt, ja? Also.

Ellena Also was?

Cem Gestern so und heute so.

Ellena Jetzt nimm mal deine Pfoten weg. Wir reden, okay? Mann, ich dachte echt, du bist besser drauf, was hast du denn für ein Problem?

Cem Du hast ein Problem.

Ellena Und welches?

Cem Du benimmst dich wie eine Hure.

Ellena Mann, wieso kann man einem Kerl nicht einfach sagen, dass nichts geht.

Cem Fällt dir spät ein.

Ellena Hast du irgendwelche Rechte? Du hast mich nicht gekauft, ja?

Cem Du bist mitgefahren. Du hast mich angemacht.

Ellena Ach ja?

Cem Du kriegst noch zwanzig von mir, dann ficken wir und dann ist die Sache gelaufen.

Ellena Das haste dir vorgenommen, was? Brauchste das, damit du ein Kerl bist?

Cem holt einen Geldschein heraus, zeigt ihn ihr.

Ellena So dringend ist das?

Cem Ich habe ein Recht darauf.

Ellena sieht ihn an.

Ellena Na, dann pack ihn mal aus.

Cem öffnet seine Hose. Ellena sieht ihn an.

Cem Mach schon.

Ellena Weißte, sogar Huren haben manchmal keinen Bock. Wir müssen los, die anderen abholen.

Ellena geht.

25. Szene
Sinan, Kobert

Sinan Wir kamen aus dem Kino, die beiden warteten auf uns und die Stimmung war scheiße. Cem hat nichts gesagt und Ellena wollte sofort nach Hause, ich dachte, okay, er hat sein Ding gemacht, hat sie im Park gefickt und ihr einen Arschtritt verpasst. Ich wollte noch mal bei Ulli sehen, wie es weitergeht, aber da hat Ellena giftig reagiert und Ulli hat mich nicht mehr angesehen, und ich dachte, okay, das war es also, ich fühlte mich richtig verarscht, ich dachte, wozu habe ich den ganzen Aufriss gemacht, für das bisschen Gemache im Kino? Die haben ihr Ding gemacht, und ich kann sehen, wo ich bleibe, ich war sauer, richtig sauer, Ellena und Ulli haben ausgemacht, dass sie noch ins Traxx wollen, und von mir war nicht mehr die Rede, Cem hat nicht mit mir gesprochen, also sind wir ins Auto und haben an der Tanke gehalten, und da ging es dann los.
Cem, Ulli, Ellena.

Ellena Bringst du mir eine Cola mit?
Cem reagiert nicht.

Ellena Hallo? Bringst du mir eine Cola mit?

Cem Leck mich am Arsch.

Ellena Was?

Cem Nichts bekommst du von mir, gar nichts, einen Arschtritt könntest du haben, aber ich will mir nicht die Schuhe schmutzig machen.

Ellena Sag mal, geht's noch?

Cem Haut ab, alle beide, ich will keinen Dreck im Auto, abhauen sollt ihr, kapiert? Soll ich nachhelfen?

Ulli Komm, Ellena, wir können zu meiner Tante, hauen wir ab.

Ellena Ich gehe doch nicht, wenn dieser Idiot mich runtermacht, so weit kommt es noch.

Cem Sag mal hört ihr schwer? Ihr kommt nicht mehr in mein Auto! Dreckshuren.

Sinan Da habe ich mir gedacht, dass da was schief gelaufen ist zwischen denen. Aber das ist ja nicht mein Bier, und ich hatte meine Kiste mit Ulli noch nicht ganz abgeschrieben.

Sinan spricht hoch in die Szene zu Cem.

Sinan Was soll denn das, Alter, lass die doch mit, was war denn los?

Männer!

Cem Du hättest mal erleben sollen, wie die sich vorhin aufgeführt hat, bloß weil ich sie nicht rangelassen habe, echt, aber ich mache mir an so einer nicht die Finger schmutzig, der Tag hat mir gereicht, ich habe gemerkt, was für eine Hure das ist, und jetzt will sie frech werden, weil ich mir zu schade für die bin.

Ellena Was? Was habe ich?

Cem Halte die Schnauze, wenn Männer reden. Mit dir bin ich fertig.

Ellena Ach ja? Da wäre ich mir nicht so sicher.

Cem Wieso, was denn?

Ulli Dann hat sie angefangen, türkisch mit Cem zu reden. Ich wusste nicht, was sie gesagt hat, aber er hat die Schnauze gehalten, wir sind eingestiegen, er hat nicht mehr rumgemeckert, die hat irgendeinen Klopper gebracht, ich habe versucht, rauszukriegen, was da läuft. Sie saß vorne neben Cem, die beiden haben gestritten die ganze Zeit, sie hatte ihn bei den Eiern, das merkte man. Sinan sagte gar nichts mehr, hat sich das angehört, und ich hatte eine Scheißangst, ich habe mich nicht mal getraut, Ellena zu fragen, was los ist. Das kann doch nur wegen mir gewesen sein, dass sie plötzlich türkisch gesprochen hast, ich wusste nicht, ob sie uns gerade aus irgendwas raushaut oder reinreitet, ob sie das noch alles im Griff hat, ich habe sie so wütend noch nicht gesehen, und ich kenne sie wütend, sie war wie elektrisch, wenn ich sie angefasst hätte, hätte ich einen Schlag bekommen. So Blödsinn hatte ich im Kopf, und nur noch bitte, bitte, lass uns eine Panne haben, einen Stau, irgendetwas, egal wo wir landen, egal wie viel Ärger es zu Hause gibt, das soll nur alles vorbei sein, Cem hat geraucht, der hat gezittert, und ich dachte, wenn er in seinem Auto raucht, muss er ganz schön fertig sein, so Zeug fällt einem da auf, ich war hellwach, ich dachte, wie komme ich raus, wenn der Wagen hält, warum hat der nur zwei Türen, ist das eine Falle, immer so, immer weiter habe ich so einen Scheiß gedacht.

Kobert Was war da los?

Cem Die wollte mich fertig machen, das war ein Plan von Anfang an.

Kobert Was für ein Plan? Was meinst du, wenn du sagst, du hättest nichts anderes tun können, als sie zu töten?

Ellena Was ist denn, wenn ich schwanger bin? Was machste denn dann? Was machste denn, wenn du die Hure heiraten musst? Wie geht es dir damit? Ein Kind von einer Hure? Von einer, mit der man sich nicht sehen lässt, eine für die du zu schade bist? Der Dreck, die Hure, was denn dann? Na? Bist du jetzt immer noch der tolle Kerl? Willste weiter Lügen über mich erzählen? Was glaubst du denn, wer dann mit dem Finger auf dich zeigt? Willste mich nicht deinen Eltern vorstellen? Deinen Brüdern? Na? Schnell mal die Schlampe ficken, weil du so ein toller Kerl bist, und dann Mist erzählen über mich. Geschieht dir recht, Supertyp, dann kannst du einpacken. Also überlege dir mal, wie du mit mir sprichst, du hängst drin, und ich werde mir von dir nichts mehr anhören, nichts, ich kenne genug Typen wie dich, ich weiß, wie ihr über mich rumquatscht, und das steht mir bis hier. Jetzt ist Schluss, jetzt musst du mal Farbe bekennen, was machste denn dann?

Kobert Das hast du geglaubt?

Cem Ich hätte doch mein Gesicht verloren, ich wäre doch entehrt gewesen, wir alle, das kann ich doch meiner Familie nicht antun, die wollte mir mein ganzes Leben kaputt machen, meine Pläne, meine Zukunft, meine Ehre, kein Mann hätte mehr mit mir gesprochen, ich wäre doch von allen verachtet worden, ich hätte doch niemandem unter die Augen treten können. Die hatte schon am Abend geplant, mich in eine Falle zu locken, die wollte mich die ganze Zeit fertig machen, solchen Frauen darf man nicht trauen.

Kobert Du hast das wirklich geglaubt?

Cem Die hatte es auf mich abgesehen. Warum hätte sie das denn sonst machen sollen?

Kobert Hast du nicht daran gedacht, dass es daran liegt, wie du mit ihr umgegangen bist?

Cem Ich habe die behandelt, wie sie es verdient! Das kapierst du wieder nicht, was?

Sinan Ich wusste, dass das gelogen ist. Keine Frau weiß am nächsten Tag, dass sie schwanger ist. Aber ich dachte, da soll er ruhig mal Panik schieben, geschieht ihm recht. Er hat mir die Tour versaut, er hat genervt, soll er ruhig mal was abkriegen. Und er hat es abgekriegt, volles Rohr. Aber ich wusste ja nicht, wie weit er geht. Als er anhielt, war sie von dem Schwangertrip schon runter, sie hat ihn einfach beschimpft, voll krass beschimpft, er muss die ganz schön verletzt haben, so sauer wie die war.

Ellena Na? Jetzt hältst du die Klappe, was? Und sag nie wieder Schlampe oder Hure zu mir, kapiert? Und du wirst dich für alles entschuldigen, was du zu mir gesagt hast, du wirst alles klarstellen, was du an Scheiße über mich erzählt hast, sonst fange ich an zu erzählen und dann kannst du einpacken, klar?

Cem springt auf, zieht ein Messer und geht auf Ellena los. Er sticht auf sie ein, sie geht zu Boden, er sticht weiter auf die Liegende ein. Ulli duckt sich weg, verbirgt ihr Gesicht in ihren Händen. Cem lässt von Ellena ab, steht mit dem Messer in der Hand über ihr.

Kobert Warum hast du nicht eingegriffen?

Sinan Ging alles zu schnell.

Cem Die andere muss auch weg!

Sinan Die andere hat er auch abgestochen.

Cem Lüg nicht!

Kobert Es gibt zwei Einstichwinkel, es haben zwei zugestochen.

Sinan Ich habe einmal zugestochen, damit er denkt, sie ist tot. Ich wollte sie schützen.

Kobert Es gibt mehrere Stiche.

Sinan Vielleicht habe ich ein paar Mal zugestochen.

Kobert Warum denn? Du hattest doch nichts damit zu tun?

Sinan Darüber habe ich nicht nachgedacht.

Kobert Weil Cem dein Freund ist?

Sinan Ist er nicht.

Kobert Weil du sauer auf Ulli warst?

Sinan War ich nicht.

Kobert Hattest du Angst, dass Cem dich auch angreift?

Sinan Nein.

Kobert Es gibt nicht einen Grund, warum du auf Ulli eingestochen hast, nicht einen.

Sinan Sie war doch Zeuge.

Kobert Du doch auch.

Sinan Ich war mit Cem unterwegs. Sie war Zeuge.

Kobert Ja und?

Sinan Zeugen müssen weg.

Kobert Das hast du gedacht?

Sinan Das muss man nicht denken. Dazu war auch gar nicht die Zeit. Das war doch Ehrensache.

Cem Die andere muss auch weg!

Sinan springt auf, rennt auf die Bühne, stößt Ulli zu Boden, nimmt ein Messer und sticht auf Ulli ein. Er lässt von ihr ab, Cem sticht noch ein paar Mal zu. Stille.

Cem Los weg hier.

Sinan und Cem schnell ab.

Ulli Ich habe mich tot gestellt. Nachdem die beiden weg waren, habe ich Ellena gesucht. Die war aber schon tot. Also habe ich mich neben sie gelegt und wollte auch sterben. Aber das ging nicht. Also bin ich zur Straße gekrochen. Ich hatte solche Schmerzen. Ich dachte nur: Gott, bitte hol mich.

Ende

Felix Huby und Boris Pfeiffer

Ich knall euch ab! 2002

Nach dem gleichnamigen Roman von Morton Rhue

Personen
Ben Laskow, Schüler
Gerhard (Gerri) Siebert, Schüler
Alice Findeis, Schülerin
Roy Klante, Schüler
Sam Schmitz, Schüler
Paul Brandner, Schüler
Mascha Bechstein, Schülerin
Bettina Bender, Vertrauenslehrerin
Douglas Elling, Lehrer (Mathe und Sport)
Frau Siebert, Gerris Mutter

1. Szene/Schulhof

Alice, legt Blumen ab. Roy.

Roy Hallo, Alice.

Alice Roy!

Roy Blumen? Hier?

Alice Die sind für Ben und Gerri.

Roy Ganz schön mutig.

Alice Ich hab gedacht von wegen großer Neuanfang und so.

Auftritt Frau Bender.

Roy Muss man ja vielleicht nicht hingehen.

Bender Aber Roy! Dass wir alle heute gemeinsam zusammenkommen ist wichtig! Die Feier in der Turnhalle fängt gleich an.

Roy Als ob man so was feiern müsste.

Bender Bitte, Roy! Jetzt ist es wichtig, dass wir gemeinsam nach vorne schauen. Und dazu gehört, dass wir unser Schulgebäude nach der Renovierung gemeinsam wieder in Besitz nehmen.

Alice Irgendwie finde ich es komisch, jetzt tun zu müssen, als wäre nichts passiert.

Bender Alice, das verlangt doch keiner von dir.

Alice Und Ben und Gerri …?

Auftritt Sam an Krücken. Dazu Paul.

Sam Hallo Leute, da bin ich wieder!

Paul Ja, da ist er wieder. Hallo Krücke, ich hab ja gedacht, du wärst schon tot …

Sam Hey, Respekt, ja?! Ich heiße immer noch Sam! Und außerdem – mit den Dingern bin ich schneller als vorher!

Paul Mann, siehst du krass aus! Wie so'n Science-Fiction-Insekt.

Sam Ist auch ein komisches Gefühl am Anfang. Aber jeder gute Spieler verletzt sich ab und zu.

Paul Aber für immer!

Sam Ey, Paul, lass stecken, ja!

Paul *(kickt die Blumen an)* Was soll'n der Scheiß? Wird das ein Komposthaufen, oder was! –
He Alice – was macht die Trauer? Tag, Frau Bender!

Bender Paul, bitte! – Kommt, lasst uns jetzt reingehen. Sam, schön, dass du wieder da bist. Eure Klassenkameraden sind alle schon da. Kommt jetzt rein. Alice, komm.
Frau Bender ab.

Sam Und tschüss, Mutti Bender! Die geilste Vertrauenslehrerin, seit es Schokolade gibt!
Ey Paul, warst du mal wieder beim Spiel? Mein Vater hat mir ne Dauerkarte gekauft!

seit es Schokolade gibt
→ Seite 286

Roy Cool!

Paul Ey, Schwuchtel! Misch du dich nicht in Männerangelegenheiten.

Schwuchtel Schimpfwort für Homosexuelle

Roy Aber –

Paul Habt ihr für die Wichser auch noch Geld ausgegeben?

Wichser Schimpfwort; wichsen = onanieren

Roy Das war ich nicht!

Alice Die Blumen sind von mir, wenn du es wissen willst! Und wenn du was dagegen hast, dann sag's mir jetzt gleich.

Paul Die Doofen sterben doch nie aus! – Ich will nachher noch ins Kino.

Roy Was für 'n Film?

Paul »School Killer«.
Roy lacht.

Alice Arschloch.

Sam Für dich sind Ben und Gerri wohl Helden, was?

Paul Wo ist eigentlich Mascha?

Roy Drinnen. Die liest doch gleich die E-Mails und Briefe von den anderen Schulen vor!

Paul Woher weißt du denn das?

Roy Hat sie mir selber gesagt.

Paul Mascha redet mit dir?

Sam Paul, du hast einfach kein Selbstvertrauen. Wenn ich eine Frau liebe, dann garantiert nur eine, die mit keinem anderen spricht.

Paul Haha. Ich geh jetzt rein, *(zu Sam)* Los, Alter!

Sam Nee.

Paul Dann eben nicht.

Paul geht in die Turnhalle. Roy will nach. Alice hält ihn auf.

Alice Warum machst du dich hier eigentlich völlig zum Affen?

Roy Ha?

Sam Hey, Alice: Hat dir irgend jemand was getan?

Spot Sam

Sam Ich hab im Krankenhaus ein paar Mal mit dem Pfarrer gesprochen. Er sagt, ich soll ihnen vergeben. Ich werde nie mehr spielen können. Ich hätte Profi werden können. Habe ich irgendetwas getan, was tausend andere Jungs an tausend anderen Schulen nicht auch andauernd tun? Nein, tut mir Leid, ich kann ihnen nicht vergeben. Niemals!!!

Spot Alice

Alice Die Erinnerung verfolgt mich wie ein ewiger Alptraum. Hundert Fragen schwirren mir durch den Kopf: Wie konnte das geschehen? Wann ist aus dem Gedankenspiel ein handfester Plan geworden? Was in Ben vorgegangen ist, werde ich niemals verstehen. Aber Gerri – ich habe doch geglaubt, ihn zu kennen. Was hat ihn dazu gebracht? Wie ist er an den Punkt gelangt, wo ihm plötzlich alles egal war? Und wenn ich daran denke, wie nah ich selbst an den Punkt gekommen bin, bekomme ich richtig Angst.

2. Szene/Rückblende: Sportunterricht

Ben, Sam, Herr Elling.

Elling Ben, komm mal her! Ein bisschen schneller kann das schon gehen. – Was ich dir sagen wollte: Deine letzte Mathearbeit war nicht schlecht, mein Junge. Wenn du dich jetzt noch 'n bisschen reinhängst, dann könnte man mal über die Schulmannschaft reden!

Ben Ich, in die Mannschaft? Echt?!

Elling Zumindest mal im Training. Und dann? Wer weiß? – Leistung wird belohnt, mein Junge. Wir haben hier an unserer Schule nicht umsonst schon zwei Nationalspieler hervorgebracht! Nicht wahr, Sam?!

Loser **engl. Verlierer, Versager**

Cheerleader **→ Seite 286**

Sam Ja, häng dich mal rein, du Loser, vielleicht bringste ja wenigstens als Cheerleader was, mein Junge.

Elling Na, Sam! Also los, stellt euch auf. Sam, du verteidigst.

Sam Schlaffer Sack!

Sam greift Ben an und wirft ihn dabei zu Boden.

Elling Muss das sein?

Sam Hundertpro, Herr Elling. Ich trainiere!

Ben Das kriegst du wieder.

Elling Na, na, komm, das war doch nichts, nur 'n kleiner Schubser.

Ben Nein, Herr Elling, das war nicht nur 'n kleiner Schubser. Das machen die immer.

Elling Benni!

Ben Die wollen mich doch alle fertig machen.

Schmitzer **Sam Schmitz und seine Freunde**

Elling Wer die?

Ben Na Sam, Paul, die ganzen Schmitzer!

Elling Sam, gebt euch die Hände. Fairness, Sam, du bist Sportler. Ben! Ist doch halb so schlimm! Du bist jung. Du hast noch dein ganzes Leben vor dir. Reiß dich zusammen! Streng dich an! Such dir eine Freundin! Sieh zu, dass du anständige Noten kriegst! Ich bin doch der Letzte der hier nicht auf Gerechtigkeit achtet.

Spot Elling

Elling Eine Schule muss man wie ein Unternehmen führen. Ich weiß, das klingt übertrieben, aber schließlich wird auch an einer Schule ein Produkt hergestellt. Bei uns ist dieses Produkt der Schüler mit gutem Abschluss. Ein junger Mensch, der ins Leben hinaustreten und seinen Weg in der Gesellschaft machen kann. Wir haben ein Produkt herzustellen, das von der Gesellschaft gebilligt und angenommen wird. Und wenn es dazu nötig ist, Metalldetektoren und Sicherheitsbeamte in unserer Schule einzuführen, dann schließe ich mich diesem Wunsch an und ergreife diese Maßnahmen. Dann bin ich eben auch dafür, Schulschwänzer mit der Polizei in den Unterricht bringen zu lassen und überhaupt für jede Konsequenz, die es uns ermöglicht, unsere Schule in einen, für uns alle, sicheren und unserer Gesellschaft dienlichen Ort zu verwandeln. Immer wenn ich unsere Turnhalle denke, fehlen mir die Worte. Es ist ein Tag gewesen, den keiner vergessen wird. Ich denke: Das Ganze war eine sehr unglückliche Verkettung von schlechter Architektur und zwei klugen Köpfen. Eine fensterlose Turnhalle und zwei schwer bewaffnete, sicher sehr unglückliche und schwache Jungen.

Metalldetektoren **Gerät zum Auffinden von Metall (z. B. Waffen)**

3. Szene/Schulhof

Alice, Roy, Sam. Mascha kommt aus der Turnhalle.

Mascha Sam!

Sam Hey, Mascha.

Mascha *(starrt Sam an)* Gut siehst du aus …

Sam Danke du auch.

Mascha Ich soll diese ganzen E-Mails vorlesen. Von den anderen Schulen. Das macht dich fertig.

Alice Das glaube ich! Was schreiben die denn so?

Mascha Naja. Dass sie mit uns fühlen und uns ihre Kraft schicken.

Sam Möge die Kraft mit dir sein!

Alice Idiot! Und was noch?

Mascha Dass sie jetzt manchmal Angst haben, dass bei ihnen so was passieren würde.

Alice Ich habe auch solche Alpträume.

Sam Ja, verrückte Killer gibt es überall. Mörderschweine, Videojunkies, durchgeknallte Monsterkinder! Ganz Deutschland ist voll davon. Aber ich musste ihnen begegnen.

Videojunkies **Videosüchtiger**

Alice Ja klar. Und du bist völlig unschuldig!

Sam Was ist hier eigentlich los? Ben und Gerri haben das durchgezogen. Die hatten Probleme im Kopf.

Paul kommt aus der Turnhalle.

Paul He, Krücke! Die suchen dich überall. Hi, Mascha! Da bist du ja!

Mascha Hi, Paul.

Paul *(zu Sam)* Elling ist schon ganz aufgeregt, Du sollst 'n Interview geben. Vor der Kamera. Live! Deutschland sucht den Superstar unter den Opfern. Sam Schmitz, das geilste Opfer an unserer Schule: Wie fühlen Sie sich frisch nach dem Massaker?

Massaker **Gemetzel, Blutbad, Massenmord**

Sam Sollen die Fernsehfuzzis doch mit Alice reden. Die hat doch die Rosen abgelegt für Ben und Gerri!

Paul Genau. Die Killerrosen! Los jetzt, gehen wir rein, schön Trauer feiern – und dann ins Kino.

Paul, Sam und Mascha ab.

Roy Weißte was, ich kann Ben und Gerri jeden Tag besser verstehen. Kannst machen, was du willst, am Ende bist du doch der Arsch.

Alice Bei mir ist das immer noch wie 'n Erdbeben im Kopf.

Roy Genau das hat Gerri auch immer gesagt.

4. Szene/Rückblende: bei Gerri

Alice, Roy, Ben.

Alice Wo bleibt denn Gerri?

Ben Ich will Mathe üben. Und das geht nur mit Gerri.

Roy Wieso? Ist doch ganz einfach. X gleich überm Strich und unterm Strich mal hinterm Strich …

Alice … fertig ist das Mondgesicht!

Ben Ey, Roy, dich kann man in Mathe echt vergessen.

Roy Mann, Ben, die Aufgabe hatten wir letzte Woche und ich weiß genau, dass 43 rauskommt. Nur wie das ging, habe ich vergessen. Der Elling kann mich sowieso am Arsch lecken.

Alice Lass doch den Elling, der hat nicht mal eine Frau, nur seine kleine Trillerpfeife.

Ben Wo bleibt der denn bloß?

Roy Was wollte die Bender überhaupt von ihm?

Alice Na quatschen, wie Vertrauenslehrerinnen eben so sind. Was machen die Noten? Was macht deine Mutti? Bist du auch immer satt?

Ben Nee, lass mal, ich war neulich erst bei der Bender. Aber die wollte gar nichts wissen von mir. Ich war nach fünf Minuten wieder draußen.

Gerri kommt.

Alice Mensch, Gerri, was ist denn mit dir passiert?

Roy Scheiße!

Ben Mann, deine Klamotten stinken ja vielleicht.

Alice Wer hat das mit dir gemacht?

Gerri Nach der Bender war ich noch mal schnell auf dem Klo. Und wie ich rauskomme, stehen die da.

Alice Wer?

Roy Die Schmitzer!

Gerri Paul sagt: Na, Spasti – gehst du wieder zu deiner Nutte Alice.

Alice Ja? Und?

Gerri Und da haben sie mich aufs Klo gezerrt. Ich hab mich gewehrt. Ich hab geschrieen …

Ben Die haben dich angepinkelt!

Gerri In die Pissrinne gezogen und angepisst. Ich habe mich überhaupt nicht hergetraut.

Alice Wir sind doch Freunde! Gerri, komm, zieh doch diese Klamotten aus.

Gerri Diese gemeinen Schweine.

Gerri ab.

Alice Gerri …

Sie geht ihm nach.

Ben Jetzt reicht's! Jetzt sind sie fällig!

Roy Damit sie das Gleiche mit dir machen?!

Ben Mir wird schon was einfallen.

5. Szene/Rückblende: Schule

Frau Bender, Sam, Paul.

Bender Sam! Paul! Augenblick mal.

Sam Wir haben aber wenig Zeit, Frau Bender.

Bender Die werdet ihr euch schon nehmen müssen.

Paul Haben wir irgendwas gemacht?

Bender Eher etwas unterlassen.

Sam Ist das strafbar? Um was geht's denn, Frau Bender?

Bender Gerri Siebert bringt bei euch keinen Fuß auf den Boden. Ben Laskow auch nicht. Warum schneidet ihr die beiden eigentlich?

Sam Wir doch nicht. Das liegt alles an denen. Mir sind die Typen doch völlig egal, aber wenn die meinen, sie müssen uns provozieren.

Bender Ihr lehnt sie ab und es ist ja auch schon zu Handgreiflichkeiten gekommen.

Paul Wir haben es nicht drauf angelegt.

Sam Im Gegenteil: Diese Typen legen es doch drauf an. Als ob sie's irgendwie nötig hätten.

Paul Die sind gemeingefährlich.

Bender Jetzt zeigt doch mal ein bisschen soziales Engagement. Paul, denk an deinen Vater. Der setzt sich doch auch für andere ein. Ich erwarte von euch, dass ihr einen Schritt auf die beiden zugeht. Ben hatte an seiner alten Schule eine Menge guter Freunde.

Sam Sagt *er*!

Bender Da brecht ihr euch doch nichts ab, wenn ihr die zwei mal zu 'ner Party einladet.

Bender boxt Sam leicht auf den Arm.

Sam Au, mein Wurfarm.

Sam und Paul lachen.

Bender Sam Schmitz und Paul Brandner, ihr beiden …

Sam Geht schon klar, Frau Bender. Wir verstehen das ja. Komm, Alter!

Im Abgehen boxt Sam Paul auf den Arm.

Paul Au, mein Wurfarm.

6. Szene/Schulhof

Alice, Roy.

Roy Ich geh' da nicht rein!

Alice Ich war neulich bei Ben im Krankenhaus.

Roy Du warst bei Ben?

Alice Ja. Irgendwie hab ich gehofft, dass er aufwacht, wenn ich komme. Ich weiß, das ist Quatsch. Aber ich habe es mir vorgestellt. Weißt du, dass niemand sonst bei ihm war aus der ganzen Schule! Vielleicht liegt der jetzt für immer im Koma.

Koma
tiefste, durch keine äußeren Reize zu unterbrechende Bewusstlosigkeit

Roy Was hättest du denn zu ihm gesagt, wenn er aufgewacht wäre?

Alice Na, Mann … Ben.

Frau Siebert kommt aus der Turnhalle. Elling folgt ihr.

Elling Frau Siebert, Frau Siebert!

Siebert Herr Elling. Das ist der Abschiedsbrief meines Sohnes.

Alice Gerri hat einen Abschiedsbrief hinterlassen?

Elling Sie können diesen Brief hier unmöglich vorlesen.

Siebert Aber Gerri war kein Monster. Er war auch ein Mensch in einer schrecklichen Notlage. Wo soll ich den Brief denn vorlesen, wenn nicht hier!

Elling Stellen Sie sich doch mal vor, was Sie den Opfern damit antun! Und wenn das dann noch die Presse breit tritt! Das ist eine offizielle Feier! Was wirft denn das für ein Bild auf uns und den Neuanfang.

Siebert Wenn Sie das so sehen, Herr Elling! Dann hätte ich wohl besser wegbleiben sollen wie die Eltern von Ben. Die haben es richtig gemacht.

Alice Und was wirklich los ist, geht allen am Arsch vorbei.

Elling Jetzt habe ich aber die Schnauze voll. Ihr habt Ben und Gerri doch auch nicht aufgehalten!

Alice Aha, jetzt sind wir also schuld!

Roy Weißte doch: Schuld sind immer die anderen.

Elling So hab ich's nicht gemeint. Aber wir können ja auch nicht so tun, als ob das Ben und Gerri nur passiert wäre. Schließlich waren sie es, die sich bewaffnet haben und Bomben gebaut. Man ist ja auch gar nicht mehr an sie rangekommen. Ich muss jetzt wieder rein, Frau Siebert, es tut mir leid.

Elling ab.

Siebert Ich weiß nicht. Ich weiß gar nichts mehr.

Sie gibt Alice den Brief.

Alice »Mama! Wenn du das liest, bin ich nicht mehr. Ich möchte nur, dass du weißt, dass auch du mich nicht davon hättest abhalten können. Ich hätte mich auch ganz still aus dem Staub machen können. Wenn ich so gehe und bei meinem Abgang die Leute mitnehme, die mir das Leben zur Hölle gemacht haben, dann kommt vielleicht eine Botschaft rüber. Vielleicht ändert sich dann etwas, und irgendwo wird irgendein anderer Junge, besser behandelt und findet vielleicht einen Grund weiterzuleben. Mama, es tut mir sehr leid, dass ich dir so einen großen Schmerz zufügen muss. Vielleicht solltest du einfach wegziehen und deinen Namen ändern und ein neues Kind bekommen. Fang noch mal von vorne an. In ewiger Liebe, Gerri.«

Siebert Natürlich, alle denken, ich hätte es merken müssen. Aber ich habe nichts gemerkt. Ich bin morgens um halb sieben aus dem Haus. Und am Wochenende? – ich kann gar nicht sagen, wie oft ich samstags mittags bei Gerri geklopft habe und er noch im Bett gelegen hat, eingemummelt in seine dicke Steppdecke, aber hellwach. Wenn ich ihm vorgeschlagen habe, raus zu gehen, sagte er immer nur: »Ja, ja, gleich!« Manchmal ist er erst gegen drei oder vier am Nachmittag aus dem Bett gekommen. Ich hatte immer das Gefühl, dass er irgendwas mit sich herumschleppt, das ihn daran hinderte aktiv und fröhlich zu sein wie die anderen. Eine bleierne Traurigkeit, die er einfach nicht abschütteln konnte. Natürlich hatte das auch mit der Scheidung zu tun. Aber weg konnten wir ja auch nicht einfach. Finden Sie mal heute in meinem Alter einen Job! Wir hatten einfach keine Chance. Und jetzt bin ich für alle die Mutter des Mörderkindes.

Roy Man müsste es machen wie Ben und Gerri. Bomben an alle Türen, in jeder Hand 'ne Wumme und dann da rein! Da hätten sie wenigstens was zu filmen.

Wumme Waffe

Alice Was willst du denn damit erreichen? Wenn du so weitermachst, sind morgen alle gegen dich!

Roy Na und?

Alice Das hältst du nicht aus, Roy! Niemand hält das aus. Und *du* schon gar nicht!

7. Szene/Rückblende

Alice, Gerri.

Alice Gerri …

Gerri Alice …

Alice Weißt du, was ich träume?

Gerri Was?

Sam, Paul und Mascha schleichen sich an.

Alice Wenn wir jetzt einfach irgendwohin fahren würden. In die Wüste zum Beispiel. Warst du schon mal in der Wüste?

Gerri Wüste ist cool. Und wenn's mal regnet, blüht's auf einmal überall.

Alice Au ja, wir fahren in die Wüste, wenn's regnet.

Gerri Oder grade wenn's heiß und trocken ist und hinter uns eine Kilometer lange Staubfahne …

Gerri Nur wir zwei. Du und ich! Das wär' geil!

Alice Gerri, willst du eigentlich später mal Kinder haben?

Gerri Weiß nicht – aber wenn, dann nur mit dir …

Sam Na, Loser, ist das alles? Mehr bringste nicht?

Paul Nur so 'n bisschen bussibussi? Sollen wir dir mal zeigen, wie's richtig geht?

Mascha Komm Paul, wir fahren in die Wüste.

Paul Na los Alice, mach die Beine breit, wenn du mal 'n richtigen Mann willst.

Mascha Angeber.

Paul Kleine Demonstration gefällig?

Alice läuft weg.

Gerri Alice …

Paul Jetzt kommt er wieder nicht zum Schuss. Armes Kind!

Jetzt kommt er …
→ Seite 287

Mascha Hey, Gerri, willst du meine Telefonnummer, Gerri?

Sam Holst du dir eben einen runter oder bringst du das auch nicht? Sex in der Wüste. Kommt, wir gehen.

Mascha, Paul und Sam ab.

Spot Alice

Alice Ich wollte nur noch sterben. Gerri auch. Als ob sie ihm ein Messer ins Herz gestoßen hätten.

Spot Mascha

Mascha Jetzt tun alle so, als wären sie die Einsamsten auf der Welt. Aber vielleicht bin ich ja die Einsamste hier. Vielleicht sieht es ja nur so aus, als wären sie meine Freunde, Sam und Paul, und in Wirklichkeit interessiert sich niemand für mich. Der Sam ist ganz O. K., aber der Paul will doch eh nur mit mir vögeln. Irgendwie wollen alle nur gut aussehen, sich darstellen und den anderen gefallen. Und dabei hat jeder nur sich selber im Kopf. Obwohl ich mich schon frage, wer die in meiner Klasse eigentlich so sind? Ich meine, wenn jeder mal sagen würde, was wirklich in seinem Kopf abgeht! Wenn ich mir wünschen könnte, so zu sein wie jemand – dann wäre ich gerne Alice. Das klingt total bescheuert, ich weiß, aber sie sagt auf alle Fälle, was sie denkt und wie sie sich wirklich fühlt. Naja, man muss den Leuten eben das Gefühl geben, dass sie toll sind, dann finden sie einen auch toll. Das ist ganz einfach. Es ist einfach nur ein Spiel.

8. Szene/Schulhof

Roy und Alice. Mascha tritt auf.

Alice Warum musst eigentlich ausgerechnet du diese Briefe und E-Mails vorlesen?

Mascha Hast du was dagegen?

Alice Und ob. Wegen euch ist Gerri doch so abgedriftet.

Mascha Ist es meine Schuld, wenn du mit den Losern abgehangen bist?!

Alice Aber ihr habt alles kaputt gemacht. An dem Abend.

Mascha Bist du blöd. Wegen mir hat dich Gerri nicht abgeschossen. Mich hat der sowieso nicht interessiert.

Alice Aber Paul und Sam was? Merkst du denn gar nichts? Die behandeln dich doch wie Dreck!

Mascha Paul ist ’n cooler Typ. Kommt überall umsonst rein. Weißt du, dass sein Vater für die Renovierung der Halle gespendet hat?!

Roy Ja, und »die Trikots für die Schulmannschaft spendiert uns der liebe Herr Brandner!«

Alice Deswegen kuscht Elling doch so vor Paul und Sam. Sam ist der beste Spieler und Pauls Vater macht einen auf Sponsor.

Mascha Na klar! Und gute Noten kann man sich kaufen. Außerdem war Sam ja wohl der beste Spieler. Und wegen wem?

Alice Jedenfalls habt ihr Gerri und mich so gemein fertig gemacht. Danach hat er sich total zurückgezogen und war nur noch mit Ben zusammen.

Mascha Mann, solche Typen gehören einfach in die Irrenanstalt. Wer andere abknallt, der tickt doch nicht mehr. Warum machst du mich jetzt überhaupt so an?

Alice Weil ich nicht will, dass alles wie immer bleibt!

Mascha Ich meine, irgendwie müssen wir doch wieder anfangen. Sonst werden wir alle verrückt.

9. Szene/Rückblende: bei Gerri

Gerri und Ben am Computer.

Ben Elling hat gesagt, ich könnte vielleicht mal in der Mannschaft spielen.

Gerri Sport ist Mord.

Ben Bist du immer in vier Chats gleichzeitig?

Gerri Ist doch cool.

Ben Und wer sind die da alle?

Gerri Chatter eben, wie wir. Hier, »Y-Ausrufezeichen«. Wenn du das schreibst, heißt das »typisch Mann!« Y wie Y-Chromosomen, verstehste?! Oder hier: BM – Blödmann.

Ben Was soll denn das jetzt sein: LOL?!

Gerri Das heißt –

Ben Warte! Labernder ohnmächtiger Loser oder Lahmarschiger oller Lustmolch – oder: Lieber ohne Lehrer …

Gerri Nein, das ist Englisch. Laughing out loud. Wenn du lachst, schreibst du LOL.

Ben Ich hasse Abkürzungen! Da muss man sich doch doppelt so viel merken wie ohne.

Gerri Gibt's auch! I-h-a. Ich hasse Abkürzungen.

Ben Wer denkt sich das eigentlich alles aus?

Gerri Weiß nicht. Wenn du was Cooles bringst, übernimmt es halt ein anderer.

Ben Was ist eigentlich mit dir und Alice?

Gerri Ich habe sie seit einer Woche nicht mehr gesehen. Ich habe sie nicht gerade beschützt. Scheiße. Vielleicht bin ich wirklich ein Feigling.

Ben Was hättest du denn machen sollen?

Gerri Ich weiß nicht. Aber irgendwie verschwinden bei mir immer alle. Mein Vater ist abgehauen. Alice will nix mehr von mir wissen.

Ben Ich bin doch da, ey!

Gerris Mutter, Frau Siebert, kommt.

Siebert Gerri, Gerri, ich bin wieder zu Hause. Hallo Ben!

Ben Hallo Frau Siebert. Haben Sie eigentlich schon gewusst, dass Ihr Sohn ein Mathe-Genie ist?

Gerri BM!

Siebert Ihr hängt jetzt aber nicht den ganzen Nachmittag am Computer, ja!?

Gerri Nein, Mama. Können wir jetzt hier weitermachen?

Siebert Was ist denn da so wichtig? – Ihr geht doch wirklich nur auf Seiten, die auch erlaubt sind?!

Gerri Mama, meinste, wir gucken Pornos?!

Siebert So hab ich das ja nicht gemeint. Naja – dann lass ich euch mal wieder allein.

Gerri Tschüss Mama.

Frau Siebert ab.

Gerri Sam Schmitz hat mich schon wieder Schwuchtel genannt.

Ben Klar! Weißt du, was Sam ist? Ein A-F-U. Alter Furz!

Gerri Ein KRAFU. Ein krasser alter Furz!

Ben Der stinkt schon richtig tot. Man sollte ihn echt einfach am Arsch anzünden.

Gerri Der explodiert wie ein Tanklaster, und dann ist die ganze Gegend verseucht.

Ben Das ist sie doch jetzt schon. Die ganze Scheiße ist hier irgendwie völlig normal. Das ist 'ne Furzgegend. Und 'ne Furzschule. An meiner alten Schule gab es auch so Typen, die ständig zusammengehangen haben. Ein paar Kiffer, Kaschmirärsche, Raver und so. Aber die haben dich einfach in Ruhe gelassen. Jeder kann doch machen, was er will.

Kiffer
jemand, der Haschisch oder Marihuana raucht
Kaschmir
→ Seite 287
Raver
→ Seite 287

Gerri Ich will Sam 'ne Bombe in den Arsch stecken. Oder hier, guck mal.

Ben »Wie man einfach eine Selbsttötungswaffe bekommt.« Wieso denn Selbsttötungswaffe?

Gerri Darum geht's jetzt nicht. Da steht genau, wie du 'ne Pistole kriegst und die einzelnen Waffen sind auch noch genau beschrieben.

Ben Und die kann man wirklich kriegen? Ist das cool! Das muss ein Wahnsinnsgefühl sein, wenn man so 'ne Waffe in der Hand hat …

Pause

Spot Roy

Roy Man muss das als eine Art Folter sehen. Tagaus – tagein. Die Gesellschaft schickt dich auf die Schule, und dann wirst du von der Gesellschaft in der Schule gefoltert. Man erkennt, dass es keine Fluchtmöglichkeit gibt. Jeder bleibt nur stark bis zu einem gewissen Punkt. Und wenn der überschritten wird, dreht man durch. Wenn Ben und Gerri nicht durchgedreht wären, wer weiß, dann wäre vielleicht jemand anders durchgedreht. Ich glaube wirklich, dass Gerri und Ben, wenn sie jetzt nochmal zurückkommen und sehen könnten, was sie angerichtet haben, es dann nicht mehr tun würden. Niemand würde das. Ich jedenfalls nicht. Ich glaube, irgendwie kann man sich bestimmte Sachen nicht wirklich vorstellen. Man begreift erst danach so einigermaßen, was überhaupt passiert ist.

10. Szene/Rückblende: Sporthalle

Elling, Sam, Alice, Mascha, Ben, Paul.

Elling Sam, du spielst Angreifer. Ben, du musst versuchen, ihn nicht zum Schuss kommen zu lassen. Konzentrier dich auf den Ball. Du musst Sam den Ball abnehmen ohne Körperkontakt, verstehst du.

Sam Na, du Loser, dann zeig mal, was du drauf hast.

Sam wirft Ben den Ball an den Kopf. Roy tritt auf.

Elling Natürlich mal wieder Roy Klante! Und wo ist Gerri Siebert?

Paul Herr Elling, der hat seine Tage!

Elling Wenn der schon wieder den Sport schwänzt, kann er was erleben. Und los!

Sam wirft und rempelt Ben an.

Elling Was hab ich gesagt: Keinen Körperkontakt, das gilt auch für dich, Sam!

Elling gibt Sam eine Kopfnuss.

Sam Entschuldigung, Herr Elling!

Elling Also, dann nochmal.

Sam wirft und stößt Ben dann um. Sie prügeln sich.

Elling Hört auf damit! *(zu Roy)* Jetzt hilf doch mal.

Roy Ben, lass ihn doch bitte los!

Elling Verdammt noch mal, Sam!

Sam Ich möchte hier mal ganz klar was sagen. Ich reiß mir hier …

Elling *(unterbricht)* Wir üben jetzt Kreisläufer. Ich verlange von euch Fairness. Ben, willst du mal?

Ben Nein, Herr Elling!

Elling Na, dann eben nicht. Dann wundere dich aber nicht über deine Note!

Ben Und der da. Kriegt 'ne Eins! Sie halten doch immer zu denen. Weil Sie Schiss haben vor denen. Die machen doch was sie wollen mit Ihnen! Die Schmitzer! Sie sind genau so, genau so, genau so eine Furzer wie Sam, Herr Elling!

Ben rennt raus.

Elling So redest du nicht mit einem Lehrer. So nicht! Das wird Konsequenzen haben. Glaub' ja nicht, dass wir uns das bieten lassen!

Roy will Ben nach.

Elling Roy, bleib hier! Hier ist noch Unterricht!

Spot Elling

Elling Das war wie im Krieg. Ich weiß nicht, was mit den Jungen los war. Man hat den Eindruck, in ihrem Kopf spielt sich ein ständiger Krieg ab. Mit sich selbst und allen anderen in ihrer Umgebung.

Spot Sam

Sam Ich reiße mir hier den Arsch auf. Ich lass mich treten von meinem Trainer. Das Training ist ungeheuer hart. Dazu kommen das Kraft- und Konditionstraining und die Arbeit in der Schule. Da muss man einfach mal Dampf ablassen, wenn da so ein Pissarsch kommt und mir mein Training kaputtmacht. Ich lasse mir von diesem Pisser nichts kaputt machen. Ich spiele jedes Wochenende für die Schule, das lass ich mir nicht kaputt machen. Schließlich sind es wir Sportler, die sich aktiv für die Schule einsetzen. Jeder denkt: Das ist eine tolle Sache, aber was glauben Sie, wie wir uns fühlen, wenn wir verlieren? Was glauben Sie, wie ein Sportler sich fühlt, wenn ihm von allen Seiten Vorwürfe gemacht werden? Und Ben und Gerri hatten es darauf abgesehen, unsere Leistungen herabzusetzen. Als ob wir bloß so ein Haufen Idioten wären. Das haben sie nie so gesagt, jedenfalls nicht mit Worten. Nur mit hämischen Blicken und Gekicher. Aber wir Sportler haben sie laut und deutlich verstanden.

11. Szene/Rückblende: Autobahnbrücke

Alice, Ben.

Alice Cool hier auf der Brücke. Ich mag das, den Wind im Gesicht.

Ben Und die kleinen Scheißautos da unten.

Alice Was machst du denn da? Was machst du da?

Ben Hat sich ganz schön erschreckt, die Sau!

Alice Du hast sie gar nicht geworfen!

Ben War doch schade um den Alk!

Alice Komm, wir hauen lieber ab. Wenn die uns hier erwischen. Oder die Polizei holen.

Ben LOL, Willst du einen Schluck? Was ist eigentlich mit dir und Gerri?

Alice Ich will da nicht drüber reden.

Ben Okay.

Alice Hat Gerri dir was erzählt?

Ben Gerri schämt sich, weil er dich nicht beschützt hat.

Alice Das hat er gesagt?

Ben Ja, aber was willst du machen? Vielleicht, wenn er 'ne Waffe gehabt hätte. Dann hätt' ich die Schmitzer mal sehen wollen. Verpisst hätten die sich! Und ihr wärt jetzt das glücklichste Paar der Welt.

Alice Du bist ja verrückt.

Ben Zielen und klicken …

Alice Ben, warum wolltest du eigentlich mit mir hier hoch?

Ben Nur so.

Alice Mir ist kalt. Ben!?

Ben holt eine Pistole raus und feuert sie ab.

Alice Ben! Ben, was war das? Ben?

Ben Riech mal, Alice.

Alice Wo hast du die denn her? Hast du die die ganze Zeit dabei gehabt?

Ben Klar. War nicht schwer zu kriegen. Ich mach' nur noch, was ich will. Willst du auch mal schießen? Mache ich dir Angst?

Alice Ich weiß nicht. Du siehst stark aus. Irgendwie, irgendwie bist du so … so richtig … erotisch.

erotisch **sinnlich anziehend**

Ben Mir macht so'n Ding keine Angst. Früher hätte mir das mal Angst gemacht. Aber jetzt nicht mehr.

Spot Alice

Alice Wir sind dann weiter rumgezogen. Und haben getrunken. Die Ampel blinkt rot. Dann sehe ich einen hellen Blitz und es knallt. Ich höre Glas klirren. Ben hat die Ampel kaputt geschossen. Er grinst mich an. Wir gehen weiter. Und Ben ballert weiter in der Gegend rum. Meistens auf Straßenschilder. Dann stellt er sich direkt unter eine Laterne. Ich habe kein Wort gesagt. Habe nicht gesagt, dass er aufhören soll. Ich wollte auch nicht nach Hause. Um ehrlich zu sein, es war mir alles egal. So wie in einem verrückten Traum. Als wären wir ein Verbrecherpärchen. Wir standen dann noch bei Ben vor der Tür. Mir ist aufgefallen, dass wir die ganze Zeit fast kein Wort mehr geredet hatten. Aber ich habe mich nicht von ihm anfassen lassen. Warum, weiß ich immer noch nicht. Ben hat danach kaum noch mit mir geredet. Er ist dann nur noch bei Gerri rumgehangen. Und ich hab mich so beschissen alleine gefühlt.

12. Szene/Rückblende

Gerri und Ben. Sie spielen nach Art eines Computerspiels.

Gerri Ich taufe mich Sam Schmitz.

Ben Und ich bin dein Schicksal.

Gerri Ich trainiere hart. Ich lass mir mein Training nicht kaputt machen. Ich reiße mir hier den Arsch auf.

Ben Nein, ich reiße dir hier den Arsch auf. Rache.

Gerri Nein, bitte nicht.

Ben Doch.

Gerri Nein, bitte nicht.

Ben schießt Gerri mit einer imaginären Waffe ins Knie.

Ben Sam Schmitz, du musst ganz langsam sterben.

Gerri Mein Sportlerknie.

Ben »schießt« Gerri in das andere Knie.

Gerri Nein, mein zweites Sportlerknie.

Ben droht Gerri weiter mit der imaginären Waffe.

Gerri Nein, ich will mich selbst erlösen.

Gerri spielt Selbstmord.

Ben Nein! Sam Schmitz soll ganz langsam sterben. Er kriegt einen Bauchschuss, damit er auch wirklich kapiert, wohin die Reise geht. Dann wird er mich ansehen mit einer Angst in den Augen, wie er sie noch nie zuvor erlebt hat, und dann drücke ich ihm den Lauf an die Stirn und sage: »Oh, Entschuldigung!« und puste ihm das Hirn aus dem Schädel. Das Blut spitzt nach allen Seiten …

Gerri *(unterbricht)* Träum' mal weiter. Da oben in deinem Kino.

13. Szene/Schulhof

Roy, Alice.

Roy Ganz schön lange, so 'ne Schweigeminute.

Alice Gedenkminute. – Gerri hat doch gesagt, dass er sich umbringen will. Ich hätte es verhindern müssen. Ich habe es gewusst. Er hat es doch gesagt.

Roy Aber das denkt doch jeder mal. Wenn ich gewusst hätte, was abgeht, dann hätte ich es verhindert.

Alice Er hat doch gesagt: »Wenn ihr morgen in die Schule kommt, dann hängt da am Fahnenmast die Leiche von Gerri Siebert.«

Roy Gerri, wie geht's dir denn da oben? Ist es das, was du wolltest?

Alice Gerri, hörst du uns? Wie sehen wir aus von da oben?

Roy Komm doch wieder runter. Das ist uncool.

Alice Was wolltest du damit erreichen?

Roy Das war ein scheiß Abgang. Das hätten wir auch anders regeln können.

Auftritt Bender.

Bender Was ist denn los mit euch beiden? Warum kommt ihr nicht rein?

Roy Kein Bock!

Alice Was bringt denn das? Gerri ist tot und Ben liegt im Koma. Und die, die ihn zusammengetreten haben, sitzen da drin.

Bender Du solltest nicht vergessen, wie alles angefangen hat.

Roy Wer hat denn Gerri und Ben da reingetrieben? Wenn ich 'ne Waffe gehabt hätte …

Bender So kann man nie einen Konflikt lösen. Nicht mit Gewalt.

Alice Und die Schmitzer?! Sie haben keine Ahnung, was die mit uns gemacht haben.

Bender »Die Schmitzer« – hättet ihr es mir mal erzählt! Vielleicht hätte ich euch helfen können.

Alice Irgendwie denkt man, das geht vorbei. Aber nicht mal ich konnte Gerri helfen.

Bender Was hättest du denn machen können?

Alice Mich um ihn kümmern … Ich hätte es verhindern müssen. Und wenn ich nicht in der Turnhalle aufgetaucht wäre, hätte sich Gerri nicht erschossen.

Roy Das weißt du doch gar nicht! Außerdem hast du die anderen gerettet!

Bender Das musst du dir aus dem Kopf schlagen, Alice! Für das, was die beiden getan haben, sind sie absolut selbst verantwortlich!

Alice Aber das stimmt doch gar nicht! Und niemand da drin sagt, wie es wirklich war. Niemand redet darüber, dass die Schmitzer schuld sind.

Bender Das ist doch auch nur die halbe Wahrheit. Und wenn wir damit jetzt in die Feier platzen, dann ist der Neuanfang zerstört, ehe er richtig begonnen hat.

Roy Das ist er doch eh!

Bender Nein! Für viele hier gilt er. Auch wenn einige vielleicht noch gar nicht begriffen haben, was er wirklich bedeutet. Ich gehe jetzt wieder rein, auch für euch. Und wir reden nach der Feier, ja?!

Spot Bender

Bender Keiner weiß, wie er mit der Situation umgehen soll. Ich weiß es auch nicht. Und darum rede ich die ganze Zeit und rede und rede. Obwohl ich gar nicht weiß, was ich sagen soll. Was Ben und Gerri getan haben, war Unrecht; es war entsetzlich, grauenhaft, unentschuldbar. Ich denke nicht daran, sie zu verteidigen. Niemand hat ihnen Schutz geboten. Es gab für sie kein Entrinnen vor denen, die sie tyrannisierten und quälten. In mir ist ein kleiner Teil, der zumindest versteht, was sie getrieben haben könnte. Ich bin nicht mehr zu ihnen durchgedrungen. Eines Tages ließ ich Ben zu mir ins Büro kommen. »Ja, alles bestens! Nein, ich habe keine Probleme mit irgendwem.« Aber man konnte den Schmerz und die Wut in seinen Augen sehen. Andererseits hatte ich 50 solcher Jungen und Mädchen wie ihn. Und ich war für weitere 350 verantwortlich. Was hätte ich da schon tun können? Ich würde auch lieber draußen bleiben, aber ich geh' da jetzt rein und singe ein Lied für den Ministerpräsidenten.

14. Szene/Rückblende: Party

Ben, Gerri.

Gerri Du willst da wirklich rein?

Ben Logo, ist doch ’ne Klassenfete. Sind doch alle eingeladen.

Gerri Aber wir sind damit bestimmt nicht gemeint.

Ben Das werden wir ja sehen.

Gerri Willst du’s echt drauf ankommen lassen, Ben?

Ben Ja.

Mascha und Roy kommen raus. Gerri tanzt Mascha an.

Mascha Gerri, du bist ja total verrückt.

Roy Ey, lass das doch. Lass sie doch in Ruhe.

Gerri Tanzen ist ganz einfach: Mit den Füßen trittst du auf Ameisen und oben scheuchst du die Fliegen weg.

Mascha *(lacht)* Du spinnst ja.

Sam kommt raus.

Sam In zehn Sekunden bist du weg!

Mascha Sam, er tanzt ja nur.

Sam Sag mal, du hast wohl was an den Ohren!

Ben und Gerri umtanzen Sam.

Gerri Tanzen ist ganz einfach: Mit den Füßen trittst du auf Ameisen und oben scheuchst du die Fliegen weg. Los Ben! Let’s go Party! We are the Champions …

Ben … my friend!

Sam schlägt Ben.

Mascha Sam hör auf!

Ben Das ist alles, Sam Schmitz?

Sam schlägt auf Ben ein.

Mascha Ist doch gar nichts passiert, wir haben doch gar nichts gemacht. Der hat doch keine Chance gegen dich.

Ben Mehr hast du nicht drauf, du Sportler?

We are the champions … my friend! **Song von Queen aus dem Album »News of the World« (1977)**

Spot Roy

Roy Sam schlug auf ihn ein wie ein Irrer. Dieses Geräusch, wenn eine Faust auf Knochen kracht, da kann einem schlecht von werden. Die andern kamen dazu und sahen zu. Jeder von ihnen hätte Sam da wegziehen können, aber keiner hat's getan. Die haben alle nur zugeguckt.

15. Szene/Rückblende

Gerri Ben.

Ben Gerri.

Ben Ich will weg. Abhauen. Gerri.

Gerri Wohin denn? Ist doch überall gleich. Überall ist das gleiche System. Und wir sind ihm total ausgeliefert. Da kannst du nichts gegen machen! Gar nichts! Null! Am besten, man bringt sich um! Aber ich schaffe es nicht, Ben.

Ben Ich habe die Fremdenlegion angerufen. Die haben ein Rekrutierungsbüro in Marseille. Aber die nehmen einen erst ab 20. Wenn ich aus dem Kosovo wäre oder so, dann hätte ich vielleicht 'ne Chance gehabt. Mit Kriegserfahrung. Aber als doofer, deutscher Schüler, Gerri.

Gerri Ja, Scheiße, was sind wir denn für armselige Wichser.

Ben Ich schwöre dir, dass ich mir nie wieder etwas von denen gefallen lasse. Ich halte es hier nicht mehr aus.

Gerri Abhauen reicht nicht. Wenn wir es den Schweinen nicht endlich zeigen, passiert gar nichts, verstehst du, gar nichts, Ben.

Ben Und wenn wir es ihnen zeigen? Aber wirklich, Gerri …

Gerri Ja, dann schon. – Was ist das?

Ben Scheiße, Gerri.

Gerri Hundescheiße, Ben.

Ben isst sie.

Rekrutierungsbüro **Ort, an dem Soldaten ausgewählt und zusammengestellt werden**
Marseille **Stadt in Südfrankreich**
Kosovo **→ Seite 287**

Ben Los, du auch! Das ist unser Schwur, dass wir uns rächen werden, Gerri!

Gerri Ben …

Gerri isst sie auch.

16. Szene/Rückblende: Chat

Ben und Gerri am Computer.

Ben Ich weiß jetzt Bescheid. Ich werde jeden einzelnen von diesen Schwachköpfen töten. Erst die blöde Schule wegpusten, dann sich selber wegpusten. Das ist die neue Revolution.

Revolution Umsturz der bestehenden politischen und sozialen Ordnung

Gerri Hast du das mit dem Bombenanschlag auf die U-Bahn neulich mitbekommen? Ich hab mich gefragt, wie macht man eigentlich Bomben? Ich hab noch mal im Internet gesucht. Aber dann hab ich gedacht, scheiße, wenn mich jemand zurückverfolgen kann. Ich brauch eine andere Quelle. Rat mal, wo ich dann gesucht habe! In der Stadtbücherei! Und ich hab alles gefunden. In der Stadtbücherei. Wie man Bomben baut.

Alice und Roy dazu.

Alice Hier seid ihr! Hallo Leute! Was geht ab im Chat?

Gerri Willkommen zum »Robert-Steinhäuser-lebt-in-uns-weiter-Chat«.

Steinhäuser Amokläufer an einer Erfurter Schule 2002

Alice Hä?

Roy Hi, jetzt bin ich auch drin.

Ben Wisst ihr, wie Sam mich in einem Jahr nennen wird?

Gerri Boss!

Alice Klar, der nennt dich Boss.

Roy Sie sind die Größten und sie bleiben die Größten. Sie kriegen die geilen Schnitten und sie machen die Schnitten geil.

Schnitte herablassend für »(attraktives) Mädchen«

Ben Wenn er erst mal tot ist, ist es mit der Karriere vorbei.

Gerri LOL.

Alice Wovon redest du?

Gerri Vom Weihnachtsmann.

Alice Und ich bin der Osterhase …

Roy Und ich werde als Amöbe wiedergeboren.

Amöbe **Einzeller**

Ben Wollt ihr wissen, was der Unterschied ist zwischen heute und vor 50 Jahren? Damals war den Kids noch nicht alles egal. Damals haben sie an alles Mögliche geglaubt.

Gerri Damals hatte man echte Gründe, andere nicht abzuknallen. Heute ist das alles egal. Es gibt nichts, was den Leuten wirklich wichtig ist. Woran sie glauben können.

Alice Ich glaube an die Liebe.

Roy Ich bin Legastheniker, ich glaube an den Geufel und Tott.

Legasthenie **Lese-Recht-schreib-Schwäche**

Ben Wir müssen alle sterben.

Gerri Die meisten vergessen einen schon, bevor man tot ist.

Ben Aber das mit Erfurt werden sie nicht so schnell vergessen.

Alice Glaubst du, der hat das deswegen getan? Damit man ihn nicht vergisst?

Roy Jeder kennt den Terminator. Aber an die Typen, die er fertig macht, erinnert sich keiner.

Terminator **→ Seite 287**

Ben Genau! Die Wichser abmurksen, die einem das Leben kaputt machen. Und selber berühmt werden.

Alice Ihr spinnt doch.

Gerri In Erfurt hat es 17 Menschen erwischt. Und an wen erinnert ihr euch noch?

Roy Nur an den Täter.

Ben Ende der Beweisaufnahme.

Spot Paul

Paul Ich habe mit meinem Vater darüber gesprochen und er sagt, früher bei ihm auf der Schule war's auch nicht anders. Wahrscheinlich geht's auf allen Schulen so zu. Junge Leute können sehr gemein zueinander sein, richtig grausam. Aber das war schon immer so. Das liegt nicht an unserer Schule, dass wir alle bekloppt sind oder so. Das gehört zum Erwachsenwerden einfach dazu, dass man lernt, mit so was umzugehen.

17. Szene/Schulhof

Alice, Roy. Sam kommt aus der Turnhalle.

Sam Die haben das doch alle nicht erlebt! Bescheuertes Affentheater. Jetzt singen sie auch noch.

Roy Ja, jetzt bist du am Arsch

Sam Was soll denn der Scheiß?

Roy Aber es geschieht dir ja auch ganz recht!

Alice Mann, Roy, was soll denn …

Roy Und überhaupt, kannst du dich bei Alice bedanken, dass du noch am Leben bist.

Alice Hör doch mal auf. Sam geht's dreckig genug. *(zu Sam)* Du schuldest mir nichts. Lass mich in Zukunft einfach in Ruhe.

Sam Alice, warum hast du mir geholfen? Ausgerechnet du?

Alice Wer denn sonst?

Spot Alice

Alice Die Polizei hatte das Licht abgestellt. Alle lagen auf dem Boden und weinten und wimmerten.
Ich hatte auch Angst. Ich dachte zwar nicht, dass sie mich erschießen würden, aber ich hatte Angst. Ich hatte Angst,

ich könnte sterben, wenn sie die Turnhalle in die Luft sprengen oder wenn die Polizei die Halle stürmt. Dann haben Ben und Gerri Sam in die Knie geschossen …

18. Szene/Rückblende: Turnhalle

Alice, Gerri, Ben, Sam, Mascha, Frau Bender.

Sam Helft mir doch!

Gerri *(zu Alice)* Was willst denn du hier? Ich hab' doch gesagt, du sollst nicht kommen. Alice muss hier raus, bevor wir weitermachen.

Ben Wie denn mit den Bomben an den Türen! Wir ziehen das jetzt durch.

Sam Mach doch einer was!

Gerri Jetzt schreist du! Als du mich angepisst hast, hast du noch gelacht!

Alice Hör auf, Gerri!

Alice bindet Sam das Bein ab.

Ben Lass das! Hör auf damit!

Alice Nein!

Ben *(zu Gerri)* Sag du ihr, sie soll das lassen.

Gerri Ben, ich …

Ben Hey, Gerri, wir haben alles besprochen, wir haben das zusammen geplant, wir haben hart dafür gearbeitet. Wenn wir das hier jetzt nicht durchziehen, dann ändert sich nie was!!

Gerri Ich weiß, ich weiß, ich weiß! Wahnsinn, absolut Wahnsinn.

Gerri ab. Man hört einen Schuss.

Spot Bender

Bender Gerri starb am Freitag gegen zehn Uhr abends in der Turnhalle. Ein paar der Jungs hatten sich inzwischen befreien können. Die haben sich auf Ben gestürzt. Er stand nur da. Unfähig, etwas zu tun oder zu sagen. Sie hätten den Jungen mit bloßen Händen umgebracht, wenn ich nicht dazwischengegangen wäre. Aber als ich sie endlich zur Vernunft gebracht hatte, war es schon zu spät. Sie waren entschlossen, Ben zu töten! Mit bloßen Händen! Sie sagen, es sei Notwehr gewesen. Ben liegt im Koma. Die Ärzte sagen, sein Gehirnschaden sei unheilbar.

19. Szene/Schulhof

Alice, Roy, Frau Bender, Mascha, Sam. Auftritt Paul.

Paul Geile Feier. Ich hab' echt ne Träne abgedrückt. What's the matter, Sam? Was ist hier los? Lahmer Haufen! Mascha, los jetzt! Roy, was 's mit dir?!

Mascha Ich weiß nicht.

Roy Ich … bleib hier.

Paul Aber Roy! Keine Angst, Mascha beißt dich nicht.

Alice Hast du nicht gehört, was Roy gesagt hat?!

Mörderflittchen → Seite 287

Paul He, he, he – pass auf, was du sagst, Mörderflittchen.

Bender Paul. Fängst du schon wieder an?!

Paul Hab ich hier Bomben gelegt? Hab ich dich in die Knie geschossen, Sam? Los, kommt jetzt.

Sam Nee, Paul, lass mal!

Paul Na gut, dann eben ohne Krüppel.

Mascha Hör auf, Paul!

Paul Ey, Sam, ich habe echt nicht vor, dich ab jetzt zu pampern. Mascha! Der kann doch 90 Prozent gar nicht mehr mitmachen!

pampern Pampers ist eine Windel-Marke; hier in der Bedeutung: polstern, schonen

Sam Ach so ist das?!

Elling kommt aus der Halle.

Elling Das war doch eine sehr würdige Feier.

Sam Jetzt bist *du* der King, ja?!

Paul Ja, genau, haben wir doch in Geschichte gelernt: »Der König ist tot, es lebe der König!«

Sam Hau ab, Mann! Hau bloß ab!

Paul Komm!

Mascha Hau ab.

Paul Roy …

Roy *(bleibt sitzen)*

Paul Na auweia, da mache ich mir ja in die Hose. Und meinem Vater sag ich das auch, wie man sich hier zu mir verhält, Herr Elling!

Paul ab.

Elling Was war denn hier wieder los?

Bender Das … das erkläre ich Ihnen nachher, Herr Kollege.

Elling Also dann – morgen wieder … zum Unterricht?!

Ende

Materialien

M

Biografie

Kristo Šagor wurde 1976 geboren und wuchs in Lübeck auf. Nach dem Abitur begann er an der Freien Universität Berlin das Studium der Fächer Deutsche Literatur, Theaterwissenschaft und Linguistik (Sprachwissenschaft). Für ein Jahr ging er nach Dublin (Irland) ans Drama Trinity College.

Sein erstes Theaterstück, »Dreier ohne Simone«, entstand 1999 und wurde noch im gleichen Jahr uraufgeführt. Es geht darin um drei Jungen, die verdächtigt werden, ein Mädchen vergewaltigt zu haben. Während sie auf ihr Verhör warten, entsteht zwischen ihnen ein Kleinkrieg um Schuld, Begehren und Eifersucht.

Den endgültigen Durchbruch als Theaterautor schaffte Kristo Šagor im Jahr 2000 – gerade einmal 24 Jahre alt – mit dem Stück »Durstige Vögel«. Er hat seither noch weitere Stücke geschrieben, wie z.B. »Fremdeln« (2001), und ist bereits mehrfach mit Preisen ausgezeichnet worden. Im Jahr 2003 sagt er über sich selbst: »Mit 15 Jahren fing ich an zu schreiben. Seit drei Jahren bin ich kein Student mehr, der schreibt, sondern ein Autor, der studiert«.

Neben seiner Tätigkeit als Autor hat er sich auch einen Namen als Regisseur gemacht. An verschiedenen Theatern inszenierte er sowohl Stücke des zeitgenössischen Theaters (z.B. »Klamms Krieg« von Kai Hensel) als auch so genannte

Klassiker (z. B. »Werther. Sprache der Liebe« nach Johann Wolfgang von Goethe). Oft hat er auch bei seinen eigenen Stücken Regie geführt. In der Spielzeit 2008/09 wurde Šagor künstlerischer Leiter im »Theater unter Tage« des Schauspielhauses Bochum.

Nick Wood, ein britischer Schriftsteller, geboren 1949, war als Schauspieler, freiberuflicher Journalist und Lehrer tätig, bevor er seine letzte Arbeitsstelle als Lehrer aufgab, um sich ganz dem Schreiben zu widmen. Seine Stücke wurden in verschiedenen amerikanischen und europäischen Ländern aufgeführt. So ging etwa »Snapshots« in den USA und in Kanada auf Tournee und wurde beim Orlando Fringe Festival als das beste Stück ausgezeichnet. Sein Kindertheaterstück »Warrior Square« wurde in Deutschland unter dem Titel »Fluchtwege« in Potsdam erstaufgeführt. Diese Produktion wurde dann zum 7. Deutschen Kinder- und Jugendtheatertreffen eingeladen und 2003 ebenfalls ausgezeichnet.

Auch sein Stück »Traum weißer Pferde« (Originaltitel: A Dream of White Horses) stieß in Deutschland auf großes Interesse und wurde 2004 für den Deutschen Jugendtheaterpreis nominiert. Neben Theaterstücken schreibt Nick Wood Hörspiele für BBC Radio 4, gibt Schreib-Workshops für junge Leute und leitet diverse Theaterprojekte in Großbritannien und Nordamerika.

Lutz Hübner wurde 1964 in Heilbronn geboren und begann nach dem Abitur ein Studium der Germanistik, Philosophie und Soziologie an der Universität Münster. Erste Texte für das Theater schrieb er schon während seines Zivildienstes in einem Altersheim in Münster. Von 1986–1989 absolvierte er seine Ausbildung zum Schauspieler an der Hochschule des Saarlandes für Musik und Theater (Saarbrücken) und schloss diese mit Diplom ab. Danach erhielt er von 1990–1996 mehrere Engagements und arbeitete als Schauspieler an verschiedenen Theatern. In dieser Zeit trat er – mit seinem Stück »Tränen der Heimat« – erstmals auch als Dramatiker in Erscheinung und begann seine Tätigkeit als Regisseur: Von 1993–1996 war er am Theater der Landeshauptstadt Magdeburg engagiert und inszenierte dort sein Stück »Letzte Runde«.

Der Durchbruch als Dramatiker gelang ihm 1996 mit dem Stück »Das Herz eines Boxers«, in dem es um eine ungewöhnliche Freundschaft zwischen einem Zivildienstleistenden und einem Altenheimbewohner geht. Das Stück wurde am Berliner Grips Theater uraufgeführt und 1998 mit dem Deutschen Jugendtheaterpreis ausgezeichnet.

Lutz Hübner ist für sein umfangreiches und vielfältiges Stückerepertoire bekannt, das ihn seit Ende der 1990er Jahre zu einem der meistgespielten Gegenwartsdramatiker auf deutschen Bühnen macht. Seine Stücke sind in über ein Dutzend Sprachen übersetzt worden und werden auf der ganzen Welt gespielt. Seit 1996 ist er freiberuflicher Schriftsteller und Regisseur und lebt mit Frau und Kind in Berlin.

Felix Huby wurde 1938 in der Nähe von Tübingen geboren und verließ das Gymnasium ohne Abitur. Danach war er in verschiedensten journalistischen Berufen tätig: Lokalredakteur und Reporter bei der »Schwäbischen Donau Zeitung«, Texter in einer Werbeagentur, Chefredakteur der Warentestzeitschrift »DM« und, danach, bei der populärwissenschaftlichen Zeitschrift »X-Magazin«. Von 1972–1979 war er Korrespondent des »Spiegel« für Baden-Württemberg. Schon seit 1960 schreib er zudem für den Rundfunk und die satirische Zeitschrift »Pardon«, seit 1976 Sachbücher, Kinderbücher und Kriminalromane.

Am bekanntesten ist Felix Huby durch seine Arbeit für das Fernsehen geworden: Von ihm stammen die Fernsehkommissare Horst Schimanski, Max Palu und Ernst Bienzle, für den NDR entwickelte er den Kommissar Jan Casstorff, und auch Rosa Roth stammt aus seiner Feder. Bislang hat Huby insgesamt 26 Tatort-Folgen geschrieben. Zu seinen erfolgreichsten TV-Serien zählen »Oh Gott, Herr Pfarrer«, »Der Hafendetektiv«, »Abenteuer Airport«, »Der König von Bärenbach«, »Oppen und Ehrlich«, »Ein Bayer auf Rügen« und »Tierarzt Dr. Engel«.

Huby gehört zu den meistbeschäftigten Drehbuchautoren des deutschen Fernsehens und wurde schon mit mehreren Preisen ausgezeichnet. Er schreibt aber nicht nur für das Fernsehen, sondern auch für das Theater. In Zusammenarbeit mit Boris Pfeiffer entstanden zum Beispiel die Stücke »Ich knall euch ab« und »Die Frau seines Lebens«.

Boris Pfeiffer, geboren 1964, war nach dem Abitur als Buchhändler und Antiquar tätig. Ab 1986 studierte er dann an der Technischen Universität Berlin Landschaftsplanung und Linguistik. Nach Aufenthalten in der Schweiz, in Italien und in der Sowjetunion wurde er 1990 Statist an der Freien Volksbühne Berlin. Nach einigen Jahren als Regieassistent an der Freien Volksbühne, am Hessischen Staatstheater Wiesbaden und am GRIPS Theater in Berlin begann Boris Pfeiffer Stücke zu schreiben und Regie zu führen. Vor allem im Kinder- und Jugendtheaterbereich folgten mehrere Arbeiten, die zum Teil mit Preisen ausgezeichnet wurden. Sein Stück »Für die Katz – ein erfundener Tag im Leben des Dichters Robert Walser« wurde 2003 in Zürich uraufgeführt und zu zahlreichen Gastspielen in der Schweiz und in Deutschland eingeladen. Neben seiner Theaterarbeit studierte Pfeiffer an der Drehbuchakademie der Deutschen Film- und Fernsehakademie in Berlin. Der von ihm geschriebene Kurzfilm »Drachenblut« gewann den 1. Preis auf dem 36. WorldFest-Filmfestival in Houston, Texas. Daneben schrieb Pfeiffer Drehbücher, zum Beispiel zu »Tierarzt Dr. Engel«, und begann die Zusammenarbeit mit Felix Huby für einige Folgen des Tatort.

In den letzten Jahren begann er, Kinderbücher zu schreiben (z.B. Die drei ???), und wandte sich wieder stärker dem Theater zu. Das in Zusammenarbeit mit Felix Huby verfasste Jugendstück »Ich knall euch ab« nach dem gleichnamigen

Roman von Morton Rhue gewann in der Inszenierung vom Jungen Schauspielhaus Düsseldorf 2004 den 1. Preis und den Publikumspreis des Kinder- und Jugendtheatertreffens Nordrhein-Westfalen.

Astrid Hackel im Gespräch mit Kristo Šagor

Theater Tilman hat gelacht ______________ 2005

[…] Kristo Šagor wirkt ein bisschen angeschlagen, als er am frühen Nachmittag das Schwarze Café in der Kantstraße betritt und ein großes Frühstück bestellt. Bis acht Uhr morgens hat er an einem Text gesessen. Jetzt ist das Libretto für die Neuköllner Oper fertig. Der 28-jährige Dramatiker mit dem blonden Iro schreibt seine Geschichten nachts, zwischen zwei und vier, weil sie im Zustand der Übermüdung ihre ganz bestimmte Färbung und Tiefe bekommen. Plötzlich macht es »klick« und er fühlt sich an einen Kanal angeschlossen, schreibt neben dem ausgestöpselten Telefon Seite um Seite über Jugendliche und Randgestalten – Obdachlose, Essgestörte, Liebeshungrige und Verrückte. Manchmal auch tagelang, am liebsten unterwegs, an fremden Schreibtischen, nicht da, wo er zuhause ist. Eher schon in dem Land, wo sein Vater geboren wurde. Ganze Sommer lang verbrachte er früher in Kroatien mit nichts anderem als Lesen und Schreiben. […] Damals, irgendwann in der Kindheit, hatte es angefangen, dieses Fieber […]. »Es ist einfach so, dass ich schreiben muss«, sagt Šagor, und alles andere ist irgendwann verschwunden, unwichtig geworden. »Schreiben ist neurotisch. Als Autor versetze ich mich in jede einzelne Figur hinein. Wenn dann aber mit der Formatierung am Computer irgendetwas nicht stimmt, kann mich das ewig aufhalten.«

Iro
Irokesenschnitt (Frisur)

neurotisch
hier: seelischer Ausnahmezustand

FU Berlin Freie Universität Berlin

Die Zeit, als alles verschwand, war die um 1999/2000. Vorher spielte Šagor Klavier und studierte Neuere deutsche Literatur, Linguistik sowie Theaterwissenschaften an der FU Berlin. Er engagierte sich für linke Hochschulpolitik und schrieb Interviews und Reportagen für das TIP-Stadtmagazin. Kurz bevor er 1999 nach Dublin ging, hatte er einen Verlag für seine Stücke gefunden. Erneut in der Fremde angekommen, um zu schreiben, zweieinhalb Dramen in acht Monaten und alles andere solange zu vergessen.

»Aber vom puren Schreiben kann man nicht leben, nur in Kombination mit anderen Dingen, zum Beispiel Inszenierungen.« Wie der letzte große Theatermacher George Tabori, den Šagor sehr bewundert. Autorschaft, Schauspiel und Regie gingen bei Šagor schon früh Hand in Hand. Seit 1993 wirkte er, der Jüngste im Team, im Jugendclub des Lübecker Theaters zuerst als Darsteller, bald auch als Autor und Co-Regisseur mit. In Lübeck, der mit angenehmen Schulzeiterinnerungen verbundenen Stadt, begann die bis heute andauernde Freundschaft zwischen Šagor und dem zehn Jahre älteren Kai Hensel, der mit konstruktiver Kritik während der ersten Jahre eine unanfechtbare Autorität für Šagor darstellte. Hensel war damals selbst noch ein unbeschriebenes Blatt. Gegenwärtig wird sein Bühnenstück »Klamms Krieg« an über fünfzig Bühnen im In- und Ausland gespielt.

Autorität einflussreiche, maßgebende Persönlichkeit von hohem fachlichen Ansehen

[…] Auf die Frage, ob diese Kunst [das Schreiben] überhaupt vermittelbar sei, antwortet Šagor, »Mit dem Schreiben ist es ähnlich wie mit Mathematik. Ein Grundverständnis muss da sein. Wenn dies der Fall ist, kann es etwas werden, fehlt es jedoch, dann nicht.« Im nächsten Schritt reflektiert Šagor das eigene Herangehen und die zahlreichen Hindernisse, von denen er die nebensächlichen Probleme gleich heraussiebt, damit die ernsthaften bekämpft werden können. Seine wichtigste Botschaft lautet, »Wenn du es willst, dann mach es einfach.« So lief es bei ihm und Šagor glaubt, dass jeder im Leben das erreichen kann, was er wirklich will. Er hätte auch Politiker oder Fotograf werden können, damals, als noch nicht feststand, welchen Weg er einschlagen würde. […]

Mit steigendem Bekanntheitsgrad wächst auch der Chor der Kritikerstimmen. Doch Šagor sind die Reaktionen guter Freunde wichtiger als das, was in der Zeitung steht oder was am Theater gesagt wird. »Ich muss mir das bewahren. Das Feedback vom besten Freund bedeutet mir mehr als das des Chefdramaturgen. Und wenn Tilman gelacht hat, ist mir das tausendmal wichtiger, als wenn irgendwer lacht.«

Thomas Laue

Lutz Hübner: Vier Theaterstücke 2005

[…] Bevor Hübner für die Bühne zu schreiben beginnt, verlässt er das Theater und begibt sich hinein in die Milieus, über die er schreibt. Der Prozess der Recherche vor Schreibbeginn ist in der Regel langwieriger als das Schreiben selbst und mindestens ebenso wichtig. Und so unterschiedlich die Milieus sind, die Hübner in seinen Stücken beschreibt, so unterschiedlich sind auch die Genres, die dabei entstehen: Jugendstücke sind es in der Mehrzahl, die ihn zu einem der meistgespielten deutschsprachigen Dramatiker gemacht haben, Stücke, die mit und in den Erfahrungswelten Jugendlicher spielen. Und doch ist Lutz Hübner kein Dramatiker des reinen Jugendtheaters. Seine Recherchewege haben ihn unter anderem bis tief in den Filz des Berliner Bankenskandals hineingeführt, weit weg von allen Jugendgenres, hin zu einem politisch-dokumentarischen Theater. Die Spanne zwischen

Recherche **Nachforschung, Ermittlung**

Genre **Gattung, Art**

Hübners »Herz eines Boxers« und seinem »Bankenstück« könnte größer kaum sein, und »Hotel Paraiso« entzieht sich ohnehin jeder gängigen Genrebezeichnung.

Gemeinsam ist fast allen seinen Stücken, dass sie in der Regel in enger Zusammenarbeit mit einem Theater entstehen, bevor sie an anderen Häusern zuhauf nachgespielt werden. Die meisten seiner Stücke sind Auftragswerke für Theater in Berlin, Hannover, Dresden, Magdeburg oder Hagen. Dort hat man sogar ein Kinder- und Jugendtheater nach ihm benannt. Bei der Namensgebung zeigt sich einmal mehr, wie sehr man mit Hübner Fremdheiten überwinden kann. Das Theater heißt schlicht und einfach »Lutz«.

Szene aus »Ehrensache«, Theater Ulm, 2008

Henning Fangauf

Fragen an Lutz Hübner 2006

... und wie müssen wir uns dann das konkrete Schreiben des Stückes, also die Arbeit an der Dramatik vorstellen?
Die Arbeit an den Dialogen ist eine gedrängte Zeit von drei bis fünf Wochen, sehr schnell, sehr arbeitsintensiv und sehr ungesund (zu wenig Schlaf, zu viel Kaffee und Zigaretten). Aber wenn ich einmal mit den Dialogen begonnen habe, kann ich nicht mehr zurück zur Konstruktionsphase, dann muss ich das durchziehen.

Ihre Vorliebe für jugendliche Rollen auf der Bühne erklärt sich aus ...
... der Wachheit des Jugendpublikums, seinem unmittelbaren Zugang zu Geschichten und der Notwendigkeit, für Jugendliche Geschichten zu erzählen, die gesellschaftlich relevant sind. Kein L'art pour l'art, sondern Theater als ein politisches Medium. Alles was in einer Gesellschaft tabuisiert wird, alle sozialen Veränderungen spüren Jugendliche am unmittelbarsten, und das Theater bietet, im Gegensatz zum TV mit seinem Quotendruck, die Möglichkeit, schwierige Themen anzupacken und zur Diskussion zu stellen.

L'art pour l'art **Kunst um der Kunst willen**
tabuisiert **für tabu erklärt; verschwiegen**

Musik spielt in vielen Ihrer Stücke eine ganz besondere Rolle. Musik nicht nur als Hintergrund und Atmosphäre, sondern als Thema Ihrer Stücke. Warum?
Vielleicht, weil Musik auch immer ein utopisches Moment hat. Vielleicht, weil ich von morgens bis abends Musik höre und gerne auch selbst Musiker geworden wäre. Vielleicht, weil man mit Musik etwas ausdrücken kann, was mit Sprache nicht möglich ist.

Christian Rohm

Ein Interview mit Felix Huby — 2008

Herr Huby, wie wäre Ihr Leben verlaufen, wären Sie nicht während der Abiturprüfung beim Schummeln erwischt worden und deshalb ohne Abschluss von der Schule geflogen?
Dann hätte ich Deutsch und Musik studiert und wäre Lehrer geworden. Ich hätte gerne an einem Internat unterrichtet, um möglichst viel mit den Schülern zusammensein zu können. Meine Vorstellung war es auch, einen Chor oder ein Orchester zu gründen. Ich denke aber, selbst wenn ich Lehrer geworden wäre, hätte ich irgendwann mit dem Schreiben angefangen. Das kann man zwar nicht sicher sagen, zumindest den Versuch hätte ich aber wohl gewagt, da ich auch in der Schule schon immer gerne geschrieben habe. Ob es dann so geglückt wäre, weiß ich nicht, denn die Schulung durch den Journalismus war natürlich schon sehr wichtig für mich. Ich habe am Anfang sehr holprig geschrieben und mir erst nach mehreren Jahren zugetraut, einen Roman zu schreiben.

Journalismus **Zeitungs-, Pressewesen**

Sie haben Ihr Talent fürs Schreiben in der Schule entdeckt?
Ja, schon dort habe ich gerne frei geschrieben. Ich hatte das große Glück, einen Lehrer zu haben, der Dialog- und Theaterübungen mit uns gemacht hat. Dieser Lehrer war es auch, der ein gewisses Talent fürs Dialogschreiben bei mir entdeckt hat. Ich habe dann ein kleines Theaterstück geschrieben, das ich mit meiner Jugendgruppe aufgeführt habe. Das waren also gewissermaßen meine Anfänge als Schriftsteller. […]

1980 erhielten Sie Ihren ersten großen Drehbuchauftrag, Sie sollten zwei Pilotbücher für den damals neuen »Tatort«-Kommissar Horst Schimanski entwickeln. Wussten Sie damals überhaupt, wie man Drehbücher schreibt?

Pilotbücher **erste Drehbücher für eine neu zu entwickelnde Fernsehserie**

Ich hatte keine Ahnung, um ehrlich zu sein. Ich hatte zwar mal ein kleines Drehbuch für die ZDF-Krimireihe »Es muss nicht immer Mord sein« geschrieben, das war's dann aber auch schon. Das waren Filme mit einer Länge von 25 Minuten und es waren damals alle deutschen Kriminalschriftsteller aufgefordert, Drehbücher für diese Serie zu schreiben und sich auf diese Weise an einem Kurzkrimi fürs Fernsehen zu versuchen. Auch ich habe dann also ein Drehbuch für diese Reihe geschrieben. Das ist mir auch ganz gut geglückt, aber mehr Erfahrungen mit dem Fernsehen hatte ich nicht. Und dann kamen die Produzenten von der »Bavaria« auf mich zu, weil sie meine Bienzle-Romane gelesen hatten und der Meinung waren, ich würde schon ziemlich filmgerecht schreiben. Sie fragten mich, ob ich nicht einen neuen Kommissar fürs Fernsehen mitentwickeln wolle – und das war dann Schimanski. Ich habe das Drehbuchschreiben also eigentlich dadurch gelernt, dass ich Drehbücher geschrieben habe. […]

Über Ihre Arbeitsweise beim Schreiben sagten Sie einmal: »Ich schreibe so, wie ich lese.« Wie meinen Sie das?
Wenn ich schreibe, habe ich zunächst eine Grundidee und erste Figuren im Kopf, die jedoch noch nicht ausgeformt sind. Es tritt dann relativ schnell ein Zustand ein, in dem die Figuren selbst handeln und vieles tun, womit ich gar nicht gerechnet hätte. Ich lasse mich also von der Handlung fortziehen, lasse geschehen, was die Figuren tun, und brauche ihre Handlungen nur aufzuschreiben. Manchmal gehe ich wirklich nur an den Schreibtisch, um zu erfahren, wie es weitergeht. Das ist schwer zu vermitteln, das ist ein tranceähnlicher, sehr vergnüglicher Zustand. Und deshalb ist Schreiben so ein bisschen wie Lesen für mich – und dass man für dieses Vergnügen auch noch Geld bekommt, ist natürlich doppelt schön. (*lacht*)

Sie halten es also nicht wie der amerikanische Drehbuchlehrer Syd Field, der allen Autoren rät, erst mit dem Schreiben zu beginnen, wenn man meint, alles über seine Figuren zu wissen?

Nein, bei mir entwickeln sich die Figuren vollkommen frei. Am Anfang weiß ich gar nichts über sie, am Ende alles. Ich habe ohnehin nie nach Syd Field gearbeitet, ich bin nicht der Typ, der analytisch an Dinge herangeht. Ich kenne Field aber natürlich, habe ihn gelesen und bei ihm auch vieles theoretisch bestätigt gefunden, was ich praktisch mache, aber nie bewusst gelernt habe. Zu mir hat einmal eine junge Redakteurin gesagt, ich hätte die Grundbegriffe der Dramaturgie nicht verstanden. Darüber war ich natürlich sehr verärgert. Als ich meiner Frau von diesem Vorfall erzählte, meinte sie ganz gelassen: »Die Redakteurin hat ja eigentlich recht. Du hast einfach immer aus dem Bauch heraus alles richtig gemacht.« Ich habe also von Natur aus gewusst, wie das Drehbuchschreiben funktioniert, ohne die Dramaturgie gelernt zu haben. Das ist so etwas wie eine Naturbegabung, für die man eigentlich nur dankbar sein kann. […]

Dramaturgie
→ Seite 287

Sie sagten einmal, dass Sie beim Schreiben »lieber fabulieren statt recherchieren«, also lieber auf Ihre Fantasie zurückgreifen als große Recherchen anzustellen. Warum? Man könnte Ihnen Faulheit vorwerfen …

Kontext
Zusammenhang

Das muss man im Kontext sehen. Ich war so lange Zeit Journalist und musste recherchieren, was wirklich Knochenarbeit war. Das war auch eine andere Zeit, heute kann man vieles ja einfach im Internet nachschlagen. Als ich dann anfing, Romane und Fernsehspiele zu schreiben, hatte ich große Lust, nicht mehr zu recherchieren, sondern nur noch zu fabulieren. Das habe ich nach meiner langjährigen Arbeit im Journalismus sehr genossen, allerdings habe ich schon recht bald bemerkt, dass es ganz ohne Recherche doch nicht geht. Und dann habe ich eben in Gottes Namen wieder angefangen, zu recherchieren. (lacht) Wobei ich mir da auch immer wieder Hilfe geholt und manchmal Rechercheaufträge an junge Kollegen vergeben habe. […]

Seit einigen Jahren schreiben Sie wieder verstärkt fürs Theater, im September feierte Ihr Stück »Die Nibelungen vom Killesberg« in Stuttgart Premiere. Was reizt Sie am Theater?
Das Reizvolle am Theater ist die kreative Zusammenarbeit mit den Leuten, die das Theater machen, dass man im Grunde zusammenarbeitet, bis der Vorhang am Premierenabend hochgeht und dass man alle Beteiligten gut kennt. Beim Film ist es so: ich gebe mein Drehbuch ab und irgendein Regisseur wird damit beauftragt, es zu verfilmen – da sitze ich dann aber schon längst wieder an einem anderen Drehbuch und habe den Stoff eigentlich schon fast wieder vergessen. Und dann inszeniert der Regisseur das Buch womöglich auch noch völlig anders, als man sich das beim Schreiben vorgestellt hatte. Beim Theater hingegen entsteht eine richtige Künstlerfreundschaft; das finde ich faszinierend und gefällt mir sehr. Ich mag es, mit Regisseuren und Dramaturgen, denen ich vertraue und mit Schauspielern, die ich mag, einen Stoff weiterzuentwickeln und bis zu einer gewissen Reife zu bringen. Und selbst bei der Hauptprobe kann man im Prinzip noch Sätze ändern, Szenen streichen oder umbauen. In die Inszenierung selbst mische ich mich nicht ein, aber in das Inhaltliche. […]

Sie haben in den letzten Jahren auch mehrere Familienfilme für die »Degeto« geschrieben. Die »Degeto«-Produktionen werden häufig als »Schmonzetten« und »dramaturgischer Einheitsbrei« verspottet. Ärgert Sie so etwas?

Degeto
Degeto Film GmbH; Filmeinkaufsorganisation der ARD

Günter Grass
➔ Seite 287
Martin Walser
➔ Seite 288

E-Schriftsteller
E steht hier für »Ernst«; U steht für »Unterhaltung«

(*lacht*) Überhaupt nicht, solche Bemerkungen lassen mich vollkommen unbeeindruckt. Ich bin ein Unterhaltungsschriftsteller und habe nie behauptet, Günter Grass oder Martin Walser zu sein. Wenn Leute sagen, meine Kriminalromane hätten eine gewisse literarische Qualität, freut mich das, aber ich bin nicht angetreten, um ein großer, gefeierter E-Schriftsteller zu werden. Mein Ziel war es immer, die Leute zu unterhalten. Als die »Degeto«, die Produzentin Regina Ziegler und ich dann angefangen haben, gewissermaßen den Heimatfilm neu zu erfinden, habe ich das mit sehr großem Vergnügen getan. Ich habe ja beispielsweise auch die ersten 260 Folgen von »Gute Zeiten, schlechte Zeiten« geschrieben. Wenn so etwas auf mich zukam und ich fand die Aufgabe spannend, dann habe ich es gemacht. Inzwischen habe ich mich aber auch wieder ein bisschen von den Heimatfilmen abgewendet. Ich denke, jetzt, wo meine Zeit langsam zu Ende geht, möchte ich nur noch ernsthafte Sachen machen – wobei so eine Schmonzette, bei der man bis zu den Ellbogen in die Gefühle hineingreift, natürlich auch Spaß macht (*lacht*). [...]

Arbeitsanregungen

1. Vergleicht den Werdegang der einzelnen Autoren: Wann und wie kamen sie jeweils zum Schreiben? Legen ihre Ausbildung und ihr Beruf literarisches Schreiben nahe?

2. In den abgedruckten Interviews äußern sich die Autoren Šagor (S. 205 ff.), Hübner (S. 209) und Huby (S. 210 ff.) über ihren individuellen Prozess des Schreibens. Vergleicht ihre Angaben zu folgenden Aspekten: Welche Vorarbeiten sind beim Schreiben eines Stücks notwendig? Wie entstehen Figuren und Handlungen? Wie verläuft das eigentliche Ausformulieren des Stücks?

3. Felix Huby ist weniger für seine Theatertexte als für seine Drehbücher bekannt. Wie beschreibt er den Unterschied zwischen dem Schreiben für den Film und das Theater?

4. Lutz Hübner will seine Stücke nicht als L'art pour l'art verstanden wissen. Was meint er damit? Diskutiert seine Position in der Klasse.

5. Alle drei Autoren geben an, dass sie schon sehr früh mit dem Schreiben begonnen haben. Hast du selbst Schreiberfahrungen außerhalb der Schule gemacht? Falls ja, schreibe einen Text über deine Erfahrungen mit dem Schreiben und über die Bedeutung, die das Schreiben für dich hat. Falls nein, reflektiere schriftlich, welche Art Text du privat gerne einmal schreiben würdest bzw. warum du denkst, dass dir das Schreiben eher fern liegt.

Entstehung

Gabriela Paule im Interview mit Nick Wood

Zu »Traum weißer Pferde 2009

Warum haben Sie das Thema »Klettern« gewählt?
Ich bin weder ein sehr guter noch ein sehr mutiger Kletterer, aber ich liebe diesen Sport. Beim Klettern liefert man sich aus, man lernt etwas über sich selbst – Dinge, von dem man manche lieber nicht wissen möchte. Denkt man über eine Klettertour nur nach, an der Bar stehend mit einem Drink in der Hand, dann ist es natürlich einfach, sich selbst zu sagen, wie cool, gelassen und mutig man ist. Solche Illusionen werden aber schnell zunichte gemacht, wenn man an einer Steilklippe auf halber Strecke über eine Stunde lang am selben Ort festhängt, mit unkontrollierbar wackligen Beinen und Unterarmen wie aus Blei. Und selbst wenn man dann herausfinden könnte, wie man nach oben oder nach unten weiter klettern könnte, ist es schon völlig egal, weil man sowieso viel zu ängstlich ist, es zu versuchen. Vor allem lernt man, dass man beim Klettern nicht bluffen kann. Man kann (und soll) seine Schwächen und Ängste nicht vor seinen Gefährten verstecken. Aber wenn es ein guter Tag ist und man sich stark und selbstsicher fühlt, dann scheinen alle Griffe an der richtigen Stelle aufzutauchen, dann scheint sich der Körper wie von selbst zu bewegen, und man ist eins mit dem Felsen, nicht im Kampf mit ihm – ja, dann macht es richtig Spaß. Die entscheidende Botschaft, die einem das Klettern einhämmert, ist, Zuversicht in die eigenen Fähigkeiten zu haben, ehrlich mit seinen Schwächen umzugehen und zu begreifen, dass es

manchmal Momente gibt, in denen man Vertrauen zu sich selbst haben muss, um einen sicheren Stand zu verlassen und weiter zu gehen.

Und aus all diesen persönlichen Gründen und anderen mehr wollte ich ein Stück darüber schreiben. Jahrelang habe ich es immer wieder versucht, aber ich brachte es einfach nicht zustande. Dann bot mir PAL LABS die Möglichkeit an, zusammen mit einer Gruppe von Schriftstellern und Schauspielern zehn Tage lang wegzufahren und nichts anderes zu tun als zu schreiben, was immer mir in den Sinn kam. Aber mir wollte einfach nichts einfallen. Dann erinnerte ich mich an meine Versuche mit dem Theaterstück über das Klettern. Als wir ankamen, setzte ich mich in mein Zimmer, öffnete den Laptop und sagte mir, dass ich mir keine Sorgen machen werde wegen der Aufführbarkeit oder darüber, wer es inszenieren würde, und ich wollte auch nicht über die vorherigen Entwürfe nachdenken. In zehn Tagen würde es fertig sein! Und schließlich erinnerte ich mich an eine Klettertour, die ich schon immer mal machen wollte, und zwar an der Steilküste von Anglesey – und damit hatte ich den Titel.

Anglesey
Insel vor der walisischen Küste

Wie haben Sie die Figuren entwickelt?
Eine erste Idee für die Charaktere war sehr schnell da. Zuerst Paul, Martin und Stevie, die sich alle an einem verwundbaren Wendepunkt ihrer persönlichen Freiheit befinden und beginnen, sich den großen Themen zu stellen, denen wir alle ausgeliefert sind – Tod, Vertrauen, Sex, Selbsterkenntnis, Mut, Feigheit. Dann Rick, der Vater, den Paul so sehr vermisst, dem er verzweifelt versucht nachzueifern und dessen Übertritt zum Erwachsensein zusammenfiel mit einem unüberlegten Moment des Leichtsinns – und zu spät kam.

Ich schrieb den ersten Entwurf in zehn ausgesprochen intensiven Tagen und brauchte die Hälfte der Zeit allein dafür, die Charaktere der Figuren stimmig zu bekommen. Ich muss sie sprechen hören, ich muss wissen, wie sie sich in jeder möglichen Situation ausdrücken. Um dahin zu kommen, schreibe ich seitenlang Dialoge, von denen ich einige verwende, die meisten aber wegwerfe, bis ich an den Punkt komme, an dem ich die Stimmen in meinem Kopf höre. Dann beginne ich zu begreifen, wie sich die Figuren in einer Szene verhalten, denn sobald ich die Stimme höre, fange ich an die Persönlichkeit zu verstehen.

Wie sieht ihr Schreibprozess normalerweise aus?
»Traum weißer Pferde« ist eine Ausnahme. Es ist das einzige Stück, das ich in so kurzer Zeit geschrieben habe. Allerdings gingen mehrere Jahre voraus, in denen ich mit der Idee herumgespielt hatte. Normalerweise schreibe ich Auftragswerke, und da läuft der Arbeitsprozess in etwa so: Eine Idee haben. Die Idee vorschlagen. Die Idee genehmigt bekommen. Höchste Begeisterung! Vertrag unterschreiben. Raus gehen und eine Flasche Wein kaufen. Am nächsten Morgen darüber nachdenken, dass man das Stück tatsächlich schreiben muss ... Äußerste Panik! Beginn einer endlosen Zahl von Aktivitäten: Solitär spielen, einkaufen gehen, Haus putzen (so verzweifelt bin ich) und natürlich Recherche, welch wunderbare Einrichtung, die einem Schriftsteller erlaubt, Stunden damit zu verbringen, absolut gar nichts zu tun. All dies dient dazu mich fernzuhalten von diesem Furcht einflößenden, leeren Papier, das da auf mich wartet.

Tatsächlich tue ich das auch gerade in diesem Augenblick: Ich schreibe diesen Text hier, anstatt an dem Auftrag zu arbeiten, den ich vor einer Woche bekommen habe – weil ich überzeugt bin, dass ich es diesmal nicht zustande bringe, dass ich dieses Mal auffliege. Aber tief in mir, jenseits dieser Panik, ist das, was ich da tue, nachdenken. Und wenn ich mich zwinge mich hinzusetzen und zu schreiben – was ich jeden Tag tue, weil das mein Job ist, kein Hobby, und weil ich damit meinen Lebensunterhalt verdiene –, dann habe ich keine Angst völligen Blödsinn zu schreiben, weil dies Teil des Konzentrationsprozesses ist. Und dann wache ich schließlich eines Morgens auf, habe ein Bild in meinem Kopf und bin auf dem Weg.

Dann, nach den Todesqualen des ersten Entwurfs, beginnt die Überarbeitung, und das ist das Beste. Ich habe die Charaktere, die Handlung, ich habe verschiedene Möglichkeiten mit meinem Regisseur besprochen, habe das Stück ein paar Wochen zur Seite gelegt, damit ich es danach erneut anpacken kann, und es ist alles da und wartet darauf, von mir mit Leben erfüllt zu werden. Ich liebe das Überarbeiten.

Wurde das Stück in England schon aufgeführt?
Nein. Zweimal wäre es beinahe zu einer Theaterproduktion gekommen. Die Leute hatten mir zwar gesagt, wie sehr sie das Stück mochten, und mich schließlich gefragt noch mehr für sie zu schreiben, aber ich denke, es hat mit der unterschiedlichen Theater-Infrastruktur für junge Menschen in Deutschland und in Großbritannien zu tun. Bei uns wird zwar ausgezeichnete Arbeit geleistet, aber wir haben nicht in jeder Stadt Theater, die Stücke für junge Leute spielen. Die meisten unserer Theaterensembles gehen mit Stücken auf Gastspielreise und besuchen kleinere Veranstaltungsorte und Schulen. Mein Stück würde sich nicht so leicht auf der Ladefläche eines Kleintransporters unterbringen lassen. Ich habe das Stück nur deshalb geschrieben, weil mir die Möglichkeit gegeben wurde, über etwas zu schreiben, das ich mag, ohne mir über mögliche Einschränkungen bezüglich einer Theaterproduktion in Großbritannien Gedanken machen zu müssen. Deshalb bin ich dankbar für diese Arbeit, die ich machen

durfte, und äußerst erfreut, dass das Stück auf dem europäischen Festland läuft und dass ich es eines Tages vielleicht auch in Großbritannien sehen werde.

Was gefällt Ihnen daran, für junge Menschen zu schreiben?
Ich beginne meine Arbeit nicht mit dem Gedanken, dass dies ein Stück für junge Menschen ist. Das wäre meiner Meinung nach herablassend. Ich berücksichtige schon eine gewisse Altersgruppe, aber ich konzentriere mich eher darauf, die Geschichte so wahrhaftig und wirkungsvoll zu erzählen, wie ich es vermag, damit jeder, der kommt und sich das Stück anschaut, es auch genießt. Mir gefällt die Herangehensweise junger Menschen an das Theater, nämlich mit einer viel weniger vorgefassten Meinung darüber, wie ein Theaterstück sein sollte, als dies bei Erwachsenen der Fall ist. Das gibt mir ein wunderbares Gefühl von Freiheit. Ich weiß: So lange ich ehrlich und wahrhaftig bin, werden sie es verstehen.

Nele Neitzke, Bodo Neermann

Der Hagener Mädchenmord und der Prozess um ein Aufführungsverbot — 2008

Am Pfingstwochenende des Jahres 2004 erschütterte ein grausames Gewaltverbrechen die Region Hagen: Ein 14-jähriges Mädchen wurde in der Nacht auf einem Pendlerparkplatz erstochen, eine 13-Jährige schwer verletzt. Neben der Leiche wurde die Tatwaffe sichergestellt, die Polizei fahndete nach zwei Männern. Nicht einmal 24 Stunden später stellten sich auf einer Polizeiwache zwei Männer im Alter von 17 und 20 Jahren mit den Worten »Wir sind die Mörder.« Im Zuge der Ermittlungen kam die Polizei zu der Erkenntnis, dass sich der 20-jährigie Täter und das Opfer erst kurze Zeit kannten. Am Anfang vermutete man sexuelle Motive. Nach Angaben des Beschuldigten war ein Streit zwischen ihm und dem Opfer Auslöser für die Tat: Das Mädchen, mit dem er ein sexuelles Verhältnis hatte, und er hatten einen Streit, in dem sie ihm vorwarf, anderen Frauen nachzusehen. Der Täter schilderte der Staatsanwaltschaft die Tat als Notwehr, das Mädchen habe ihn angeblich angegriffen. Glauben schenkten die Ermittler dieser Version aber nicht, da der Täter nahezu unverletzt blieb, während das Mädchen über dreißig Messerstiche in Brust, Bauch und Hals aufwies. Nach der Tat forderte er seinen Freund auf, die Freundin des Mädchens, die er als Zeugin sah, zu beseitigen. Im Glauben, auch das zweite Mädchen getötet zu haben, flüchteten die beiden Täter. Das schwer verletzte 13-jährige Mädchen konnte sich aber an die Straße retten und einen Autofahrer anhalten. Die beiden Täter sind im März 2005 wegen Mordes beziehungsweise versuchten Mordes zu zehn und neun Jahren Jugendhaft verurteilt worden.

Lutz Hübner, der Autor des Stückes »Ehrensache«, nutzte diesen Fall, um, ausgehend von der Grundsituation und der Figurenkonstellation, ein Stück zu schreiben. Hübner stützt sich nur auf die grundlegenden Fakten. Auch bei ihm stehen sich zwei Jungen und zwei Mädchen gegenüber. Als ordnende Instanz hat er dem Stück die Figur des Kobert beigefügt, ein Gutachter, der für das Gericht mit den Tätern reden soll. Seine Figuren sind frei erfunden und als unabhängig von den realen Personen zu betrachten. Nichts desto trotz kam es zu einer gerichtlichen Auseinandersetzung mit der Mutter des getöteten Mädchens, als »Ehrensache« von den städtischen Bühnen in Hagen aufgeführt werden sollte. Die Klägerin sah das Lebensbild ihrer verstorbenen Tochter entstellt und ihren Wert- und Achtungsanspruch nicht gewahrt. Das Oberlandesgericht in Hamm gab ihr darin Recht und begründete das

Urteil damit, dass das Grundrecht der Kunstfreiheit keinen Eingriff in die Persönlichkeitsrechte der Verstorbenen rechtfertige. Dem Stück liege klar der Hagener Mädchenmord zu Grunde. Es wurde vom Oberlandesgericht in der vorliegenden Fassung verboten.

Dass das Stück dennoch gespielt werden kann, entschied das Bundesverfassungsgericht im Frühsommer 2008. [...] [Es] begründete seine Entscheidung mit der gelungenen Fiktionalisierung des Opfers. Die Figur, die Lutz Hübner geschaffen hat, stehe in keiner Beziehung zum Opfer. Die Kunst müsse die Freiheit besitzen, auf reale Fälle zurückzugreifen und mit einem entsprechenden Grad der Fiktionalisierung darauf zu reagieren.

Fiktionalisierung **Fiktion: Erdachtes**

Mittlerweile wurde Lutz Hübners Stück an mehreren Theatern erfolgreich aufgeführt.

Franz Wille im Interview mit Lutz Hübner

»Vorbilder hat man immer« 2008

Lutz Hübners »Ehrensache« wäre fast verboten worden. Jetzt hat das Bundesverfassungsgericht in einer weitreichenden Entscheidung für das Stück votiert: ein Urteil und seine Hintergründe

Franz Wille: Herr Hübner, Sie haben es mit Ihrem Stück »Ehrensache« bis vors Bundesverfassungsgericht gebracht. Was ist das für ein Gefühl?
Lutz Hübner: Daran muss ich mich erst noch gewöhnen. Dass es eine solche Lawine wird, war ja vor zwei Jahren, als es losging, noch nicht abzusehen. Ich brauchte auch Zeit, um zu verstehen, dass es überhaupt ein Fall für die Justiz ist.

Wille: Das hat Sie völlig überrascht?

Hübner: Bei diesem Stück: ja. Beim »Bankenstück« über den Beinahe-Bankrott der Berliner Bankgesellschaft hatten wir eher damit gerechnet, dass es Ärger geben könnte, aber bei »Ehrensache« hat das niemand erwartet.

Wille: Der Anlass war der »Hagener Mädchenmord« im Jahr 2004; damals wurden zwei 14-jährige Schülerinnen von türkischen Mitschülern niedergestochen. Sie haben den Fall als Handlungsgerüst für Ihr Stück genommen.

Hübner: Ich habe mich an diesem Fall orientiert, weil es eine extrem theatralische Situation war: ein Ausflug, vier Personen, zunehmende Eskalation. Damit bin ich fiktiv umgegangen, habe den Fall als Rahmenhandlung benutzt, aber eigene Figuren erfunden. Der Vorwurf war letztendlich, dass ich die authentischen Personen porträtiert und negativ dargestellt hätte. Es hieß: Sie sind erkennbar, aber sie waren so nicht. Aber dass sie so nicht waren, ist eben das Ergebnis der Fiktionalisierung. Das zog sich als Kern des Streits durch alle Prozesse.

fiktiv **nur angenommen, erdacht**

authentisch **echt**

Wille: Wobei sich ja gerade nicht die Täter gewehrt haben, sondern die Mutter des ermordeten Mädchens, die mit einstweiligen Verfügungen sogar eine »Ehrensache«-Inszenierung in Hagen absetzen ließ.

Hübner: Wir hatten mit der Mutter selbst nie Kontakt, nur über den Rechtsanwalt. Und es ging immer wieder darum: Was ist eine negative Figur? Warum ist eine freche, schlagfertige, souveräne, selbstbestimmte Figur negativ? Sie ist natürlich auch ein Mädchen mit einer großen Verletzung, weil sie weiß, dass sie als »Schlampe« eingeschätzt wird. Bis zu einem gewissen Grad war es auch ein Prozess über Wertvorstellungen und Frauenbilder. Eine Journalistin sagte einmal: Wenn man schon behauptet, es habe einen Bezug zum Original, dann ist es eher ein Denkmal für das Mädchen.

Wille: Das Bundesverfassungsgericht hat nun die Beschwerde der Mutter abgelehnt mit dem Argument: Gerade die Verzerrung der Figur, die deutliche Fiktionalisierung, gerade dadurch hebe sich die Figur vom realen Vorbild deutlich ab, und deshalb dürfe man spielen.
Hübner: Im Grunde geht es um die Frage: Was ist Literatur? Letztendlich bezieht sich ja jede Form von Literatur auf Wirklichkeit, Vorbilder hat man immer, aber der entscheidende Schritt über das Schlüsselwerk oder das Dokumentarstück hinaus ist ja gerade die Fiktionalisierung. Deshalb bin ich über diese Begründung sehr froh.
Wille: Wenn Sie ein neues Stück schreiben, werden Sie da vorsichtiger sein?
Hübner: Die Unbefangenheit, die man braucht, um aktuelle gesellschaftliche Konflikte in Stücken zu thematisieren, muss ich mir erst wieder erarbeiten. Man hat bei der Arbeit diese Prozesse erst einmal im Hinterkopf.
Wille: Was hätte ein anderes Urteil des Verfassungsgerichts für Folgen gehabt über das konkrete Stückverbot hinaus?
Hübner: Etwas zugespitzt formuliert, hätte man dann jedes neue Stück erstmal von einem Rechtsanwalt prüfen lassen müssen. Es wäre sehr eng geworden für Stücke, die sich auf konkrete, virulente gesellschaftliche Themen beziehen. Insofern bin ich wirklich heilfroh. Das Zeitstück hätte sonst mit dem Rücken zur Wand gestanden.

Morton Rhue

Ich knall euch ab! 2002

Vorbemerkung des Autors zur deutschen Ausgabe (2002)
Früher war es für mich ein besonderer Reiz, Bücher für junge Menschen zu schreiben, weil ich mich dann nicht mit Mord, Ehebruch und anderen unmoralischen und kriminellen Dingen beschäftigen musste, die in der heutigen Erwachsenenliteratur geradezu obligatorisch zu sein scheinen. Dass dem nun nicht mehr so ist, finde ich traurig und beängstigend. Heute sind Mord und Totschlag unter jungen Menschen in allen Industrieländern auf dem Vormarsch.

Wer die Fernsehnachrichten verfolgt, weiß, dass die Vereinigten Staaten nach wie vor die am schwersten bewaffnete Industrienation der Welt sind. Trotz (schlecht kontrollierter) Gesetze ist praktisch jede Art von Waffen käuflich erhältlich, und meist sogar ausgesprochen billig. Folglich ist die Todesrate durch Schussverletzungen unter jungen Amerikanern die höchste der Welt. Und obwohl die Zahl der Todesfälle an Schulen relativ niedrig ist, nimmt Amerika auch in dieser Kategorie die Spitzenposition ein.

Am 20. April 1999 wurde dies furchtbar deutlich, als zwei Schüler, bewaffnet mit halb automatischen Waffen, Schrotflinten, über 900 Schuss Munition und mehreren Bomben, im Gebäude der Columbine High School in Littleton, Colorado, ein Blutbad anrichteten, zwölf Schüler und eine Lehrkraft töteten und weitere 23 Menschen verletzten, ehe sie die Waffen auf sich selbst richteten und Selbstmord begingen.

»Columbine«, wie man das Ereignis jetzt nennt, ist zum Symbol für die Schießereien an Schulen geworden, und doch ist ein Ende dieser Tragödie nicht abzusehen. Immer wieder kommt es zu ähnlichen Vorfällen, man denke nur an den März 2001, als im kalifornischen Santee ein von seinen Schulkameraden schikanierter Junge zwei Mitschüler tötete und dreizehn weitere verletzte. Nirgendwo in den USA können Schüler und Lehrer ohne ein leichtes Gefühl von Bedrohung zur Schule gehen; niemand weiß, ob er wieder lebendig herauskommt.

Aber die Tragödie dieser Schülermorde ist nicht allein auf die Vereinigten Staaten beschränkt. Auch in Japan, Großbritannien und Deutschland sind jugendliche Gewaltakte eine Realität, vor der man nicht länger die Augen verschließen kann. In Bad Reichenhall, Koblenz, Meißen und Freising kam es in jüngster Zeit zu grausamen Ausbrüchen von Aggression und Gewalt.

Am 26. April 2002 erschoss der Erfurter Schüler Robert Steinhäuser 16 Menschen – und anschließend sich selbst. Dieser Vorfall schockiert uns alle, ganz besonders auch in Anbetracht der Tatsache, dass Deutschland weitaus striktere Waffengesetze hat als Amerika. Ein Schüler richtet die Waffe gegen seine Lehrer – ein Gewaltakt, der bestürzt und auch entmutigt. Ähnlich wie »Columbine« wird uns dieser schreckliche Vorfall nicht loslassen können und uns tagtäglich daran erinnern, dass die Sicherheit unserer Schulen Priorität in unserem Denken haben muss. Unsere Aufmerksamkeit und Anstrengung müssen darauf gerichtet sein, solche Gewaltausbrüche in Zukunft mit allen Mitteln zu verhindern.

Was auch immer Schüler zu solch entsetzlichen Taten treibt, es ist zu einer weltweiten Geißel geworden. Wie Sex und Gewalt in den Medien, nehmen Schusswaffen den Kindern, was wir einmal als Kindheit betrachtet haben. Die Geschichte in diesem Buch ist erfunden. Nichts – und alles – daran ist wirklich passiert. Ich hoffe, wo immer es zu Gewalt unter Jugendlichen kommt, können die in diesem Buch gemachten Beobachtungen und Aussagen einen Beitrag zur Abhilfe leisten.

Arbeitsanregungen

1. Nick Wood hat in seinem Stück ein für das Theater sicher ungewöhnliches Thema gewählt: das Klettern.
   a) Was hat ihn dazu bewogen? (vgl. S. 216f.)
   b) Welches sind, neben dem Klettern, die zentralen Themen des Stücks? Warum lassen sie sich gerade anhand des Kletterns besonders gut vorführen?

2. »Ehrensache« und »Ich knall euch ab!« sind so genannte Zeitstücke, also Stücke, die sich mit Themen und Ereignissen befassen, die in der (heutigen) Gesellschaft intensiv diskutiert werden. Informiert euch in den abgedruckten Texten (S. 220ff.) über die realen Hintergründe der beiden Stücke.

3. Lutz Hübners Stück »Ehrensache« unterlag zunächst einem Aufführungsverbot. Tragt die Argumente zusammen, die zur dessen Aufhebung führten, und diskutiert den Konflikt, um den es hier geht: Persönlichkeitsrecht vs. Recht/Freiheit der Kunst.

4. »Ich knall euch ab!« beruht auf dem gleichnamigen Roman von Morton Rhue.
   a) Welches Anliegen verfolgt er? (vgl. S. 225 f.)
   b) Wie schätzt ihr dies selbst ein? Können Romane oder Theateraufführungen zu gesellschaftlichen Veränderungen beitragen?

5. Kann man das Stück »Fremdeln« von Kristo Šagor auch als Zeitstück bezeichnen? Was spricht in deinem Urteil dafür, was dagegen?

Verstehen und Deuten

Familie

Birgit Vanderbeke

Das Muschelessen 1997

Ich bin mir aber nie sicher gewesen, ob es das Allererstrebenswerteste auf der Welt sei, mich abends um halb sechs jeden Tag umstellen zu müssen, mir hat es besser gefallen, wenn mein Vater auf einer Dienstreise war, das Umstellen ist mir unangenehm gewesen und peinlich, ihres und unseres auch, es mussten sich ja alle umstellen, wenn mein Vater nach Hause kam, damit das Ganze eine richtige Familie war, wie mein Vater das nannte, weil er keine Familie gehabt hat, dafür hat er die genauesten Vorstellungen davon entwickelt, was eine richtige Familie ist, und er hat ausgesprochen empfindlich werden können, wenn man dagegen verstieß. Aber jetzt ist er es selber gewesen, der dagegen verstoßen hat, als er um sieben Uhr immer noch nicht zur Tür herein war, das Feierabendgesicht von meiner Mutter ist reichlich nutzlos gewesen, und im Topf haben die Muscheln wieder angefangen, dieses Geräusch zu machen. Nur mein Bruder hat noch mächtigen Appetit auf Pommes Frites mit Muscheln gehabt, wir beiden anderen sind appetitlos gewesen und gereizt. Das kam vom Warten. Wenn mein Vater um sechs Uhr gekommen wäre, wäre es uns auch nicht aufgefallen, dass das Umstellen auf meinen Vater nutzlos und lächerlich war. […]

Hinterher haben wir uns gefragt, ob wir da schon wussten, was los war, aber natürlich konnten wir es nicht wissen, wir haben die ganze Zeit mit gedämpfter Stimme gesprochen, weil wir noch immer denken mussten, jeden Moment kann die Tür aufgehen, und er steht da und hat uns erwischt, wie wir über ihn reden, und das ist nun wirklich ungehörig; statt uns auf ihn zu freuen und auf ihn zuzuspringen, sitzen wir da wie ertappt, weil wir über ihn reden, und das hat keiner gewollt und außerdem hat es sich keiner getraut, weil er ausgesprochen empfindlich und ungemütlich sein konnte, hinter dem Rücken tuscheln konnte er auf den Tod nicht leiden, aber nachdem ich gesagt hatte und wenn schon, und wenn ihm nun was passiert ist, wirklich aus purer Bosheit, weil meine Mutter sich schon auf ihn umgestellt hatte, aber sie nicht darauf entsetzt getan, sondern gesagt hatte, wir werden sehen, danach, weil es so geklungen hatte, als würde sie es auch nicht so sehr schlimm finden, haben wir uns überlegt, was wir machen würden, wenn er jetzt einfach nicht käme, und es hat sich bald herausgestellt, dass mein Bruder und ich es besser fänden, wenn er nicht käme, am besten überhaupt nicht mehr käme, weil es uns keinen Spaß mehr machte, eine richtige Familie, wie er es nannte, zu sein, in Wirklichkeit, haben wir gefunden, waren wir keine richtige Familie, alles in dieser Familie drehte sich nur darum, dass wir so tun mussten, als ob wir eine richtige Familie wären, wie mein Vater sich eine Familie vorgestellt hat, weil er keine gehabt hat und so nicht wusste, was eine richtige Familie ist, wovon er jedoch die genauesten Vorstellungen entwickelt hatte, und die setzten wir um, während er im Büro saß, dabei wären wir gern verwildert, statt eine richtige Familie zu sein. [...]

Henrik Ibsen

Gespenster 1881

Zum Inhalt des Dramas: Aus der Hinterlassenschaft des Kammerherrn Alving soll zu seinem zehnten Todestag ein Kinderheim eröffnet werden, eine karitative Tat zum Gedächtnis eines Ehrenmanns. Doch am Tag vor der Einweihung eröffnet die Witwe dem Pastor, der vermeintliche Ehrenmann Alving habe hinter der mühsam gewahrten Fassade der bürgerlichen Ehe ein Leben zügelloser sexueller und alkoholischer Exzesse geführt, die sie vor der Welt und ihrem Sohn vertuscht habe, um den Schein zu wahren. Selbst mit dem Dienstmädchen hatte Alving ein Verhältnis, und Regine, das jetzige Dienstmädchen, ist in Wirklichkeit das aus diesem Verhältnis hervorgegangene Kind, also seine Tochter. Weil sie und Oswald, Alvings Sohn, einander näher kommen, muss Frau Alving reinen Tisch machen.

karitativ **mildtätig, von Nächstenliebe bestimmt**

Oswald Warum kannst du nicht du zu mir sagen, Regine? Warum nennst du mich nicht Oswald?

Regine *(leise)* Ich glaube nicht, dass es der gnädigen Frau recht wäre.

Frau Alving Nur noch eine kleine Weile, dann soll es dir erlaubt sein. Und jetzt komm her und setz dich zu uns, du auch.

Regine *(nimmt zögernd und stumm auf der anderen Seite des Tisches Platz).*

Frau Alving So. Und nun, mein armer, unglücklicher Junge, will ich dir die Last von deiner Seele nehmen –

Oswald Du, Mutter?

Frau Alving – dich befreien von deiner Reue, deiner Gewissensqual –

Oswald Und du meinst, das könntest du?

Frau Alving Ja, Oswald, jetzt kann ich es. – Als du vorhin von der Freude am Leben sprachst, da war mir, als ob ich auf einmal alle Dinge meines eigenen Lebens in einem ganz neuen Licht erblickte.

Oswald Ich verstehe kein Wort von dem, was du da sagst.

Frau Alving Du hättest deinen Vater kennen sollen, als er noch ein blutjunger Leutnant war. Der sprühte nur so vor Lebenslust.

Oswald Ja, ich weiß.

Frau Alving Und diese unbändige Kraft, die in ihm war, diese Vitalität!

Vitalität **Lebendigkeit, Lebensfülle**

Oswald Ja, und? Was weiter?

Frau Alving Und dieses lebensfrohe Kind – denn er war wirklich wie ein Kind, damals – musste seine Tage hier in einer mittelgroßen Stadt verbringen, die keine Freude zu bieten hatte, sondern nur Zerstreuungen. In diesem Nest hier musste er leben, ohne eine Aufgabe zu haben, der er sich mit aller Kraft und von ganzem Herzen hätte widmen können. Er hatte nur ein Amt, und das Amt war nur ein Titel; er hatte keine Arbeit, er hatte nur Beschäftigungen. Und er hatte auch nicht einen einzigen Kameraden, der eine Ahnung davon gehabt hätte, was echte Lebenslust bedeutet; sein Umgang bestand nur aus Tagedieben und Zechkumpanen –

Tagedieb **Nichtstuer, Müßiggänger**
Zechkumpan **Saufbruder**

Oswald Mutter!

Frau Alving Ja, so kam es dann, wie es kommen musste.

Oswald Und wie musste es kommen?

Frau Alving Du hast selbst heute Abend erklärt, wie es dir ergehen würde, wenn du längere Zeit hier in diesem Lande leben müsstest.

Oswald Willst du damit sagen, dass Vater -?

Frau Alving Dein armer Vater wusste einfach nicht, wohin mit all der Lebenslust, die in ihm war. Und auch ich brachte leider keine Freude, keine Heiterkeit in sein Leben.

Oswald Auch du nicht?

Frau Alving Man hatte mir irgendwas beigebracht von Pflichten und dergleichen, und ich war auch lange Zeit der Meinung, das sei richtig und müsse so sein. Immer und überall handelte es sich nur um Pflichten – um meine Pflichten und um seine Pflichten und … Ich fürchte, Oswald, ich habe unser Zuhause für deinen armen Vater unerträglich gemacht.

Oswald Warum hast du mir davon nie etwas geschrieben?

Frau Alving Ich habe es bisher noch nie so gesehen, dass ich dir gegenüber, der du sein Sohn bist, daran hätte rühren können.

Oswald Ja, und wie hast du es denn gesehen?

Frau Alving *(langsam)* Ich sah nur das eine, dass dein Vater ein an Leib und Seele zerrütteter Mann war, bevor du zur Welt kamst.

Oswald *(gedämpft)* Ah -! *(er steht auf und tritt ans Fenster.)*

Frau Alving Und außerdem musste ich immerzu daran denken, dass Regine im Grunde hier ins Haus gehörte – genauso wie mein eigener Junge.

Oswald *(dreht sich hastig um)* Regine?

Regine *(fährt in die Höhe und fragt gedämpft)* Ich?

Frau Alving Ja. Nun wisst ihr es beide.

Oswald Regine!

Regine *(vor sich hin)* Ach, so eine war meine Mutter also.

Frau Alving Deine Mutter hatte viele gute Seiten, Regine.

Regine Das kann schon sein, aber jedenfalls war sie also doch so eine. Ich hatte es mir manchmal beinah schon gedacht; aber … Ja, gnädige Frau, dann haben Sie wohl nichts dagegen, wenn ich auf der Stelle gehe.

Frau Alving Willst du das wirklich, Regine?

Regine Ja, ich will in die Stadt.

Frau Alving Ich kann dir natürlich keine Vorschriften machen, aber –

Oswald Du willst fort? Jetzt? Aber du gehörst doch hierher!

Regine Merci, Herr Alving – ja, jetzt darf ich nun wohl auch Oswald sagen. Allerdings hatte ich mir die Sache nicht gerade so vorgestellt.

Frau Alving Regine, ich bin dir gegenüber nicht offen gewesen –

Regine Nein, leider! Denn hätte ich gewusst, dass Oswald nicht gesund ist … Und nun auch noch, wo es mit uns beiden doch nichts Richtiges werden kann … Nein, ich kann wirklich nicht hier auf dem Lande hocken und mich abrackern für kranke Leute.

Oswald Auch nicht für einen, der dir so nahe steht?

Regine Nein, beim besten Willen nicht. Als armes Mädchen muss man sich ranhalten, solange man noch jung ist; sonst sitzt man eines Tages auf dem Trockenen, ehe man sich's versieht. Und ich habe auch Lebenslust in mir, Frau Alving!

Frau Alving Ja, leider; aber wirf dich nur nicht weg, Regine.

Regine Oh, kommt es so, dann soll es wohl so sein. Und wenn Oswald was von seinem Vater hat, dann werde ich wohl auch was von meiner Mutter haben.

Thomas L. (12 Jahre)

Ich konnte nicht immer so tun, als ob ich glücklich wäre

1975

Das Schlimme ist aber, dass ich mit meinem Vater noch immer rausfahren muss. Weil er einen Anspruch darauf hat. Er kann mich dazu zwingen. Wenn ich sag, ich hab keine Lust mit dir rauszufahren, dann würde er das wieder meiner Mutter anhängen.

Ich fahr nur mit meinem Vater raus, um meiner Mutter einen Gefallen zu tun. Meiner Mutter kann man, was meinen Vater anbetrifft, überhaupt nicht helfen. Wenn meine Mutter Geld hätte und machen könnte, was sie wollte, dann käme sie vielleicht besser über die Trennung weg. Die ganze Trefferei mit meinem Vater macht sie, glaub ich, nur meinetwegen. Sie versucht immer noch, ihn zurückzuholen. Aber ich will ja meinen Vater gar nicht wiederhaben. Aber das versteht meine Mutter nicht. Sie denkt, er hat mir zwar ziemlich viel angetan, aber das Kind braucht einen Vater. Also werde ich auf meine Rechte verzichten und alles vergessen, was er mir angetan hat, nur um des Kindes willen.

Ich hab ihr auch schon versucht klarzumachen, dass ich ihn nicht mehr brauche. Aber das sieht sie nicht ein. Nach außen hin tut sie zwar so, aber innerlich sieht sie das nicht ein. Das merk ich irgendwie. Ich hab ihr auch versucht zu erklären, dass ich das mit der Trefferei doof finde.

Letzten Sonntag hat er mich angerufen, ob ich mit ihm rausfahr. Ich hab's gemacht, aber nicht gern. Dann sind wir in ein Lokal gegangen. Da haben wir aber so lange auf die Bedienung warten müssen, dass wir dann raus und spazierengegangen sind. Ich hab kein Wort gesprochen und er sagte immer, erzähl mal was. Wie ist es denn in der Schule und so?

Als wir dann so rumspazierten, hat er gemeint: Du sagst ja kein Wort. Dann ist es wohl besser, wenn wir nach Hause fahren. Und dann hab ich gesagt: Hör doch endlich mit der Heuchelei auf. Und er: Du hast doch überhaupt keinen Schaden dadurch. Da hab ich zu ihm gesagt: Meinst du, dass du deine Vaterpflichten erfüllst, wenn du jeden Monat Geld schickst? Und dann hab ich ihm erklärt, dass er damit seine Vaterpflichten nicht erfüllt. Denn unter Vaterpflicht versteh ich, dass der Vater anwesend ist und sich nicht nur alle zwei Wochen mit seinem Kind trifft und es dann fragt, wie es in der Schule ist. Sondern, dass er das richtig miterlebt. Und dass das so überhaupt nicht schön ist.

Nach dem Gespräch wurde er irgendwie böse und fing an, dass ich mir das nicht erlauben könnte, dass er sich das nicht anzuhören brauchte. Und da hab ich gesagt, dann fahr mich doch nach Hause. Ich bin sowieso nicht deinetwegen oder meinetwegen rausgefahren. Sondern nur wegen Mutti. Weil die nämlich immer noch versucht, dich als guten Vater hinzustellen.

Dann sind wir nach Hause gefahren. Da hielt er dann an, stieg aus dem Wagen und meinte zu mir, krieg ich nicht mal mehr eine Hand von dir? Und da hab ich ihm nicht mal die Hand gegeben, sondern bin einfach so weggegangen.

Ich war regelrecht erleichtert, dass ich ihm endlich mal die Meinung gesagt hatte.

Denn er konnte ja denken, der Thomas war ja glücklich. Ist immer mit mir rausgefahren und hat auch nie geschimpft. Und das hätte er auch wieder gegen mich verwenden können.

Und das Ganze war ja von mir aus praktisch auch alles nur Heuchelei. Wenn ich nur immer so tat, als ob ich glücklich wäre.

Doris Wolf

Patchworkfamilie – Chancen und Risiken

2007–2009

Knapp ein Drittel der Neugeborenen in Deutschland haben Eltern, die nicht verheiratet sind. Hinzu kommen noch Kinder, deren Eltern sich später scheiden lassen. Wenn die Erwachsenen neue Partnerschaften eingehen und vielleicht auch noch Kinder bekommen, entstehen Flickenteppich-Gemeinschaften, die als Patchworkfamilien bezeichnet werden.

Wenn die Patchworkfamilie gegründet wird, haben alle Beteiligten erst einmal viele Aufgaben zu bewältigen.

Sie müssen Regeln des Zusammenlebens finden. Die Eltern müssen sich über das Erziehungskonzept einigen.

Es gibt viele Probleme in Verbindung mit den Kindern: Ängste der Kinder, dass ein Kind bevorzugt wird, Rebellion, dass der neue Vater oder die neue Mutter ihm nichts zu sagen habe, Loyalitätsprobleme und **Schuldgefühle** der biologischen Mutter, dem biologischen Vater gegenüber, **Eifersucht**, **Trauer** um den Verlust von Freunden.

Rebellion Aufruhr, Aufstand

Loyalitätsprobleme loyal sein: zu jemandem (z. B. einem Vorgesetzten) stehen, ihn respektieren

biologische Mutter leibliche Mutter

Hinzukommen persönliche Konflikte und Probleme der Eltern: verletzte Ex-Ehepartner, Mütter, die zwischen den eigenen Kindern und dem neuen Partner stehen, Väter, die im neuen Partner der Ex einen Konkurrenten für die eigenen Kinder sehen, **Trennungsprobleme**, Scheidungsprobleme usw.

Hinzu kommen rechtliche Probleme. Der Gesetzgeber hält nämlich kaum Gesetze – etwa was das Erb- und Unterhaltsrecht betrifft – für Patchworkfamilien bereit. Betroffene sollten sich bei einem Anwalt beraten lassen.

Unterhaltsrecht → Seite 288

Wenn eine Patchworkfamilie entsteht, dann sollte man also nicht erwarten, dass von Anfang alles gut läuft und endlich wieder ein friedliches Zusammenleben möglich ist. Das Gegenteil ist oft der Fall.

Arbeitsanregungen

1. In den Texten auf S. 228–236 geht es um unterschiedliche Familienkonstellationen und -konflikte. Beschreibe diese und vergleiche sie mit dem bzw. den Theaterstück(en), das bzw. die du gelesen hast. Welche Rolle spielt die Familie hier?

2. In »Muschelessen« wird problematisiert, was eine »richtige« Familie ist. Im Stück »Ehrensache« bezeichnet Cem seine Familie als »korrekt«. Welche Vorstellungen hast du selbst davon, wie eine Familie sein soll? Welche unterschiedlichen Auffassungen stellst du fest?

3. **a)** Versetze dich in eine der beteiligten Figuren aus »Gespenster« und schreibe aus ihrer Sicht einen inneren Monolog. Was geht in ihr nach diesem Gespräch vor?
   b) Frau Alving wie auch Doris und Swantje (aus dem Stück »Fremdeln«) müssen mit einer Lebenslüge zurechtkommen. Beschreibe, worin sie jeweils besteht.

4. Viele Kinder haben getrennte Eltern. Das bringt in der Regel besondere Probleme mit sich. Beschreibe, in welchem Konflikt sich Thomas (S. 234 f.) befindet. Wie könnte er damit umgehen?

5. Kristo Šagor hat in seinem Stück »Fremdeln« eine so genannte Patchwork-Familie entworfen.
   a) Beschreibt genau, zwischen welchen Familienmitgliedern welche Konflikte bestehen.
   b) Vergleicht eure Ergebnisse mit den Informationen aus dem Text auf S. 236. Hat Šagor eine typische Patchwork-Familie auf die Bühne gestellt? Begründe.

Freundschaft

Bertolt Brecht

Die Freunde 1933–38

Wenn du in einer Kutsche gefahren kämst
Und ich trüge eines Bauern Rock
Und wir träfen uns eines Tages so auf der Straße
Würdest du aussteigen und dich verbeugen.
Und wenn du Wasser verkauftest
Und ich käme spazieren geritten auf einem Pferd
Und wir träfen uns eines Tages so auf der Straße
Würde ich absteigen vor dir.

Hans Manz

Freundschaften 1977

»Könntest du notfalls das letzte Hemd vom Leib weggeben?
Dich eher in Stücke reißen lassen, als ein Geheimnis
verraten?
Lieber schwarz werden, als jemanden im Stich lassen?
Pferde stehlen oder durchs Feuer gehen?«
»Ja.«
»Auch für mich?«
»Ja.«
»Dann bist du mein Freund.«
»Und du? Könntest du notfalls verzeihen?«
»Es kommt darauf an, was.«
»Dass ich vielleicht einmal nicht das letzte Hemd hergebe,
mich nicht immer in Stücke reißen lasse,
ausnahmsweise nicht schwarz werden will,

nicht in jedem Fall Pferde stehle oder durchs Feuer gehe?«
»Ja.«
»Dann bist auch du mein Freund.«

Matthias Claudius

Von der Freundschaft 1774

Ich habe Dir in der vorigen Lektion die Feindschaft erklärt, und wie man dazu gelangen könne, und wann ein ehrlicher Kerl sie nicht scheuen müsse. Heute von der Freundschaft. Von der spricht nun einer: sie sei überall; die andre: sie sei nirgends; und es steht dahin, wer von beiden am ärgsten gelogen hat. Wenn Du Paul den Peter rühmen hörst; so, wirst Du finden, rühmt Peter den Paul wieder, und das heißen sie denn Freunde. Und ist oft zwischen ihnen weiter nichts, als daß einer den andern kratzt, damit er ihn wieder kratze und sie sich so einander wechselweise zu Narren haben; denn wie Du siehst, ist hier, wie in vielen anderen Fällen, ein jeder von ihnen nur sein eigner Freund und nicht des andern. [...] aber das erste Gesetz der Freundschaft soll doch sein: daß einer des andern Freund sei.

Und das zweite ist, daß Du's von Herzen seist und Gutes und Böses mit ihm teilest, wie's vorkömmt. Die Delikatesse, da man den und jenen Gram allein behalten und seines Freundes schonen will, ist meistens Zärtelei; denn eben darum ist er Dein Freund, daß er mit untertrete und es Deinen Schultern leichter mache.

Drittens, laß du Deinen Freund nicht zweimal bitten. Aber, wenn's not ist und er helfen kann, so nimm Du auch kein Blatt vors Maul, sondern gehe und fordre frisch heraus, als ob's so sein müßte und gar nicht anders sein könnte.

vorkömmt **vorkommt; wie es eben im Leben so auf einen zukommt**
Delikatesse **Leckerbissen; auch Zartgefühl**
Gram **Kummer, Leid**
daß er mit untertrete **dass er dir hilft, dass er mit anpackt und dich unterstützt**

Hat dein Freund an sich, das nicht taugt
Hat dein Freund eine Eigenschaft, die nicht gut ist.
verhalten
damit hinter dem Berg halten, es nicht zur Sprache bringen
es nicht entschuldigen gegen ihn
ihm das nicht entschuldigen
gegen den dritten Mann
gegenüber anderen Menschen
Granum Salis
mit Einschränkung (lat.: ein Körnchen Salz)

Hat Dein Freund an sich, das nicht taugt; so mußt Du ihm das nicht verhalten und es nicht entschuldigen gegen ihn. Aber gegen den dritten Mann mußt Du es verhalten und entschuldigen. Mache nicht schnell jemand Deinen Freund, ist er's aber einmal, so muß er's gegen den dritten Mann mit allen seinen Fehlern sein. Etwas [...] Parteilichkeit für den Freund scheint mit zur Freundschaft in dieser Welt zu gehören. Denn wolltest Du an ihm nur die wirklich ehr- und liebens-würdigen Eigenschaften ehren und lieben, wofür wärst Du denn sein Freund; das soll ja jeder wildfremde, unparteiische Mann tun. Nein, Du mußt Deinen Freund mit allem, was an ihm ist, in Deinen Schutz nehmen; das Granum Salis versteht sich von selbst, und dass aus einem Edlen kein Unedles werden müsse.

Hülfe
Hilfe
einerlei Gefühl
dasselbe Gefühl

Es gibt eine körperliche Freundschaft. Nach der werden auch zwei Pferde, die eine Zeitlang beisammen stehen, Freunde und können eins des andern nicht entbehren. Es gibt auch sonst noch mancherlei Arten und Veranlassungen. Aber eigentliche Freundschaft kann nicht sein ohne Einigung; und wo die ist, da macht sie sich gern und von selbst. So sind Leute, die zusammen Schiffbruch leiden und die an eine wüste Insel geworfen werden, Freunde. Nämlich das gleiche Gefühl der Not in ihnen allen, die gleiche Hoffnung und der eine Wunsch nach Hülfe einigte sie; und das bleibt oft ihr ganzes Leben hindurch. Einerlei Gefühl, einerlei Wunsch, einerlei Hoffnung einigt; und je inniger und edler dies Gefühl, dieser Wunsch und diese Hoffnung sind, desto inniger und edler ist auch die Freundschaft, die daraus wird. Aber, denkst du, auf diese Weise sollten ja alle Menschen auf Erden die innigsten Freunde sein? Freilich wohl! Und es ist meine Schuld nicht, daß sie es nicht sind.

Arbeitsanregungen

1. Lies die beiden Texte von Bertolt Brecht und Hanz Manz (S. 238 f.). Drücke in deinen eigenen Worten aus, auf welche Aspekte von Freundschaft die beiden Autoren jeweils Wert legen.

2. Der Text von Matthias Claudius auf S. 239 f. ist schon über 200 Jahre alt und daher nicht ganz einfach zu lesen. Was er aber über Freundschaft sagt, lohnt sich auch heute noch zu diskutieren.
   a) Lies den Text mindestens zweimal. Versuche schwer Verständliches im Gespräch zu klären.
   b) Notiere dann in eigenen Worten, was Claudius von einer richtigen Freundschaft erwartet bzw. was er für keine richtige Freundschaft hält.

3. Haben die drei Autoren deiner Meinung nach zu hohe Erwartungen an Freundschaft? Was ist für dich persönlich am wichtigsten an einer »richtigen« Freundschaft?

4. In allen vier Theaterstücken dieses Bandes spielt Freundschaft eine große Rolle. Welche Freundschaften gibt es in dem Stück, das ihr gelesen habt? Charakterisiert sie im Einzelnen.

Hilde Domin

Unaufhaltsam

1962

Das eigene Wort,
wer holt es zurück,
das lebendige
eben noch ungesprochene
Wort?

Wo das Wort vorbeifliegt
verdorren die Gräser,
werden die Blätter gelb,
fällt Schnee.
Ein Vogel käme dir wieder.
Nicht dein Wort,
das eben noch ungesagte,
in deinen Mund.
Du schickst andere Worte
hinterdrein,
Worte mit bunten, weichen Federn.
Das Wort ist schneller,
das schwarze Wort.
Es kommt immer an,
es hört nicht auf, an-
zukommen.

Besser ein Messer als ein Wort.
Ein Messer kann stumpf sein.
Ein Messer trifft oft
am Herzen vorbei.
Nicht das Wort.

Gottfried Benn

Epilog (V.) — 1949

Die vielen Dinge, die du tief versiegelt
durch deine Tage trägst in dir allein,
die du auch im Gespräche nie entriegelt,
in keinen Brief und Blick sie ließest ein,

die schweigenden, die guten und die bösen,
die so erlittenen, darin du gehst,
die kannst du erst in jener Sphäre lösen,
in der du stirbst und endend auferstehst.

Horst Bienek

Wörter — 1976

Wörter
meine Fallschirme
mit euch
springe
ich
ab

Ich fürchte nicht die Tiefe
wer euch richtig
öffnet

schwebt

M

Terre des Femmes → Seite 288

Der folgende Text stammt aus einer Ausstellung mit dem Titel »Tatmotiv Ehre«, die 2005 von Terre des Femmes konzipiert wurde.

Definition: Bedeutung von Ehre — 2005

Die Ausstellung behandelt unterschiedliche Verbrechen, die im Namen der Ehre an Frauen verübt werden. »Ehre« ist allerdings kein klar definierter Begriff, der überall auf der Welt dieselbe Bedeutung hat. »Ehre« kann sich je nach Gesellschaft, Kultur und Sprache erheblich unterscheiden. Nach dem Cambridge Lexikon steht das englische Wort »honour« für eine Eigenschaft, die Respekt, Stolz und Rechtschaffenheit verbindet. In anderen Gesellschaften verbinden sich mit diesem Begriff Vorstellungen, nach denen der Ruf einer Gruppe oder eines Einzelnen von der »Reinheit«, also der Keuschheit und sexuellen Tugendhaftigkeit der Frau abhängt.

In der türkischen Sprache hat Ehre mehrere Bedeutungen. Einerseits meint sie eine Eigenschaft, die sich von einer erlangten gesellschaftlichen Stellung und Wertschätzung ableitet. Im Türkischen wird dies als »seref« bezeichnet. Eine andere Ausprägung von Ehre ist »izzet«, die Großzügigkeit gegenüber anderen. »Namus« wiederum bezieht sich auf das einwandfreie moralische und sexuelle Verhalten einer Frau.

Ehrenkodex → Seite 288

Der Ehrenkodex unterscheidet zwischen dem Verhalten von Männern und von Frauen – gleichgültig, ob in einer westlichen oder nicht-westlichen Gesellschaft. Ehre ist nie geschlechtsneutral. Die Ehre von Frauen und im besonderen der Verlust derselben wird mit der Ehre der Männer in Verbindung gebracht. In streng patriarchalischen Gesellschaften, z. B. in Pakistan, im Jemen oder in der Türkei, bezeichnet das Prinzip der Ehre Eigenschaften, die zwischen dem idealen moralischen Charakter von Männern und Frauen unterscheiden: die Männlichkeit der Männer und die sexuelle Scham der Frauen. Wenn ein Mädchen oder eine Frau entehrt – also »beschmutzt« – ist, brandmarkt sie mit ihrer Ehrlosigkeit all diejenigen, die ihr durch Verwandtschaft oder Heirat nahe stehen.

Die Männer als Familienoberhaupt haben die Aufgabe, auf ihre weiblichen Familienangehörigen zu achten. Verhält sich ein Mädchen oder eine Frau nicht dem traditionellen Frauenbild gemäß keusch und zurückhaltend, hat sie die Ehre ihres »Beschützers« und damit der ganzen Familie verletzt.
Hinter diesem Ehrenkodex steht die in patriarchalischen Gesellschaften verbreitete Auffassung, dass Frauen als Besitz betrachtet werden. Wird dieser Besitz in irgendeiner Weise »beschädigt«, trifft dies den Besitzer: Der Besitz ist damit wertlos, und man muss sich seiner entledigen. Die Bewahrung bzw. Wiederherstellung der Familienehre, notfalls mit Gewalt, ist daher die Pflicht des Mannes. Der Mann wird einem großen gesellschaftlichen Druck ausgesetzt, eine Tat zur Wiederherstellung der Familienehre zu begehen. Häufig sieht er keinen anderen Ausweg und ist somit Täter und Opfer zugleich. Denn kommt er seiner Pflicht nicht nach, werden er und seine gesamte Familie gesellschaftlich geächtet und ausgegrenzt.

geächtet
abgelehnt, ausgestoßen, verdammt

Die Gründe für ein Verbrechen, das im Namen der Ehre verübt wird, sind vielfältig. So kann die Ehre bereits verletzt sein, wenn ein Mädchen oder eine Frau einem Fremden zulächelt oder auch nur das Gerücht aufkommt, dass sie ein voreheliches oder außereheliches Verhältnis unterhält. Den Betroffenen gibt man meistens nicht die Möglichkeit, die Gerüchte klarzustellen und sich zu rechtfertigen. Häufig werden Mädchen und Frauen Opfer eines Ehrverbrechens, um andere Straftaten wie Vergewaltigung oder Inzest zu vertuschen. Das Bekanntwerden von Inzest würde dem Ansehen des Mannes und seiner Familie Schaden zufügen. Daher bringt man das Opfer um, bevor die Wahrheit ans Licht kommen kann. Dann wird nicht dem Vergewaltiger die Schuld an der Tat zugesprochen, sondern dem Opfer, weil es durch sein Verhalten den Täter angeblich »provoziert« hat.

Inzest Geschlechtsverkehr zwischen Blutsverwandten

Auch Männer können Opfer von Verbrechen im Namen der Ehre sein. Allerdings kommt es sehr selten vor, dass der Mann deswegen umgebracht wird. Meistens werden in diesen Fällen die Frauen geopfert, denn das Leben des Mannes ist in der patriarchalischen Gesellschaft mehr wert als das einer Frau. Außerdem zieht die Ermordung eines Mannes häufig die Konsequenz nach sich, dass diese Tat durch einen Mord an einem Familienmitglied des Täters gerächt wird. Deshalb ist eine Abgrenzung von Verbrechen im Namen der Ehre gegenüber der so genannten Blutrache bzw. Blutfehde notwendig. Bei der Blutrache handelt es sich um die Ermordung von Männern, die wiederum als Vergeltung einen Mord aus der Sippe des Mörders nach sich zieht. Diese Ausstellung bezieht sich jedoch ausschließlich auf Ehrverbrechen, die an Mädchen und Frauen begangen werden.

patriarchalisch → Seite 288

Konsequenz Folge

Karl Gebauer

Mobbing ist ein soziales Phänomen ________ 2005

Der Begriff Mobbing kommt von engl. »to mob« = schikanieren, anpöbeln. Mobbing bedeutet, dass eine Person belästigt und ausgegrenzt wird [...]. Die gemobbte Person gerät in eine hilflose Position. Bei Mobbing spielt auch der Zeitfaktor eine wichtige Rolle. Man spricht nur dann von Mobbing, wenn die Schikanen systematisch und wiederholt auftreten und sich über einen längeren Zeitraum erstrecken. Einmalige Ereignisse dürfen daher nicht als Mobbing angesehen werden. Auch wenn zwei etwa gleich starke Parteien in gewalttätige Auseinandersetzungen geraten, spricht man nicht von Mobbing.

Mobbing in der Schule ist ein aggressiver Akt und bedeutet, dass ein Schüler oder eine Schülerin über einen längeren Zeitraum (z.B. ein halbes Jahr) von Mitschülern belästigt und/oder ausgegrenzt wird. Mobbingprozesse laufen in der Regel verdeckt ab. Mobber wollen treffen, aber selber nichts abbekommen. Die Opfer fühlen sich hilflos und können sich nicht allein aus ihrer Isolation befreien. Beteiligte Personen – auch die Täter – senden aber fast immer Signale. Diese müssen von den Erwachsenen wahrgenommen, gedeutet und als Ausgangspunkt für Klärungsgespräche genutzt werden. Lehrer finden die Ereignisse oft belanglos und schenken ihnen keine oder zu geringe Beachtung. Damit unterstützen sie indirekt die Macht der Mobber. In der Regel sind alle Schüler einer Klasse, auch wenn sie in unterschiedlichen Rollen (Mobber, Opfer, Mitläufer, Zuschauer) agieren, mit den Vorgängen vertraut. Mobbing ist daher kein individuelles, sondern ein soziales Phänomen. Deswegen müssen alle Beteiligten einer Klasse auch an einer Klärung beteiligt werden.

individuell **den Einzelnen betreffend**
sozial **die Gemeinschaft betreffend**

Frank J. Robertz

Erfurt – 5 Jahre danach 2007

Tötungsdelinquenz Straffälligkeit bei Verbrechen mit tödlichem Ausgang

Während die generelle Tötungsdelinquenz durch Jugendliche in den letzten 15 Jahren sowohl in Deutschland als auch in den USA deutlich rückläufig ist, stieg die Anzahl von School Shootings weltweit rasant an und bewegt sich nun relativ konstant auf einem hohen Niveau.

Während in den 10 Jahren nach der ersten bekannten Tat von 1974 international insgesamt »nur« neun School Shootings auftraten, waren es in den vergangenen Jahren bereits 66 Vorfälle. Eine besonders starke Zunahme von Taten war dabei nach der medial stark verbreiteten Tat an der Columbine High School am 20. April 1999 festzustellen. [...]

Werden alle School Shootings zusammengezählt, so ergibt sich vom Auftreten der ersten Taten 1974 bis zum Januar 2007 eine Anzahl von 99 Vorfällen, bei denen 314 Menschen verletzt und 130 getötet wurden. Den traurigen numerischen Rekord weltweiter Tötungen hielt dabei vor dem Amoklauf eines Studenten im US-amerikanischen Blacksburg im April 2007 ausgerechnet das School Shooting am Erfurter Gutenberg-Gymnasium.

numerisch zahlenmäßig

Verübt werden solche School Shootings zumeist von Jungen im Alter von 14 bis 17 Jahren. Etwa zwei Drittel aller Täter finden sich in dieser Altergruppe mit einem Durchschnitt bei knapp 16 Jahren und nur vier der Täter waren Mädchen. Jeder fünfte School Shooter tötet sich im Anschluss an seine Tat selbst.

Mit Hilfe von US-amerikanischen Studien lässt sich zudem bereits deutlich mehr über die jungen Täter sagen, als es die skizzierte Auswertung der harten Daten ermöglicht. Die bislang existierenden Studien zeigen relativ einheitlich, dass die Täter einen leichten Zugang zu ihren Schusswaffen hatten

skizzieren grob umreißen

und dass ihre sozialen Bindungen in der Regel dysfunktional waren. Es handelt sich meist um introvertierte Einzelgänger, die in instabilen Familienverhältnissen aufgewachsen sind. Ihre aktuellen Beziehungen zu anderen Menschen erscheinen oberflächlich also normal, erweisen sich aber bei näherem Hinsehen häufig als nicht tragfähig. Eventuell vorhandene Freunde sind in der Regel ebenfalls soziale Außenseiter.

dysfunktional **einer Wirkung/Funktion abträglich, schädlich**
introvertiert **nach innen gewandt**

Die psychische Verfassung der jugendlichen Täter ist nicht von schweren psychischen Erkrankungen bestimmt. Es zeigen sich jedoch oftmals deutliche depressive Symptome, die mitunter bis hin zu Selbstmordversuchen im Vorfeld der Tat geführt haben. Zudem wird von den Jugendlichen kurz vor Umsetzung ihres School Shootings in der Regel eine aus ihrer Sicht sehr schwerwiegende Niederlage erlebt. Dabei handelt es sich meist um subjektive Status- oder Beziehungsverluste. Andere gelegentlich im Zusammenhang mit Gewaltdelikten durch Jugendliche an Schulen thematisierte Faktoren wie Alkohol-/Drogenkonsum, schlechte Schulleistungen oder polizeibekannte Normverstöße wurden teilweise überprüft, konnten jedoch nicht nachgewiesen werden.

depressive Symptome **Anzeichen für eine Depression**
Status **gesellschaftliches Ansehen**

Das vielleicht wichtigste Ergebnis der Studien ist die Erkenntnis, dass die jugendlichen Täter ihren Amoklauf im Vorfeld der Tatumsetzung über einen längeren Zeitraum hinweg überdenken und planen. Dabei machen sie meist Dritten gegenüber Andeutungen zu ihren Absichten und zeigen oft deutliche Anzeichen für eine sehr intensive, destruktiv ausgerichtete Fantasie.

destruktiv **zerstörerisch**

Dennis Steffan

Amoklauf – Warum Jungen zu Schul-Killern werden _____ 2009

Fast alle Amokläufer sind männlich. Dafür gibt es gute Gründe, erklärt der Spezialist für Geschlechterfragen, Walter Hollstein. So zeigen sich bei Jungen viel häufiger Versagensängste und Frustration. Er erklärt, was passieren muss, damit aus Jungs keine Killer werden.

WELT ONLINE: Herr Hollstein, warum sind Amokläufer an Schulen immer Jungen?

Walter Hollstein: Offenbar ist das Verzweiflungsvolumen bei Jungen wesentlich größer als bei Mädchen. Alle Untersuchungen zu diesem Thema belegen, dass Jungen adäquate Handlungsstrategien bei Konflikten fehlen. Mädchen verfügen über diese. Beides zusammen ist eine brisante Mischung für Kurzschlusshandlungen.

WELT ONLINE: Was sind die Ursachen?

Hollstein: Jungen werden relativ früh davon abgebracht, ihre Gefühle zu äußern. Vor allen Dingen Gefühle, die als weiblich etikettiert werden: Schwäche und Traurigkeit. Wenn man es über eine bestimmte Zeit nicht artikulieren kann, ist die Gefahr groß, dass es irgendwann eine Explosion gibt – vom Wutausbruch bis zum Amoklauf.

WELT ONLINE: Andere Kulturen haben Riten, die pubertierenden Jungen helfen, ihre Aggressionen loszuwerden. Sind uns die verloren gegangen?

Hollstein: Sicher. Diese Riten sind in der industriellen Gesellschaft verloren gegangen mit den Veränderungen von Familie und der arbeitsbedingten Abstinenz der Väter. Heute wachsen ein Fünftel aller Jungen mit alleinerziehenden Müttern auf. Für Jungen ist es schwieriger geworden, zu erfahren, was sinnvolle Männlichkeit ist.

adäquat
angemessen

etikettiert
mit einem Etikett versehen

Riten
Plural von Ritus: Brauch, Vorgehen nach festgelegter Ordnung

Abstinenz
Enthaltsamkeit, bes. in Bezug auf Alkohol

WELT ONLINE: Was müsste getan werden?
Hollstein: Wichtig ist, dass die Geschlechterpolitik nicht weiterhin auf dem männlichen Auge blind ist. Es sollten nicht nur Mädchen, sondern auch Jungen gefördert werden. Diese Defizite von Jungen sollten ausgeglichen werden. […]
WELT ONLINE: Was können Eltern tun, damit Kinder nicht zu Amokläufern werden?
Hollstein: Eine Garantie gibt es nicht. Wichtig ist, dass Eltern das Gespräch mit ihren Kindern suchen. Besonders bei Jungen, die wegen ihrer Sozialisation ein wenig verschlossener sind als Mädchen. Wenn ein Junge seine Freizeit mit Gewaltspielen verbringt, sollte man eingreifen.
WELT ONLINE: Wie gefährlich sind »Killerspiele«?
Hollstein: Thesen, die behaupten, dass Killerspiele Jugendliche zu Amokläufern machen, sind Quatsch. Da müssten eine Menge Faktoren wie Hilflosigkeit, Wut und Ohnmachtsgefühle hinzukommen. Dann können Killerspiele ein Auslöser sein. Killerspiele machen aber niemanden zum Amokläufer.
WELT ONLINE: Warum wählen Amokläufer immer Schulen aus?
Hollstein: Jungen haben in der Schule weitaus mehr Schwierigkeiten als Mädchen. Bei ihnen zeigen sich häufig Versagensängste und Frustration. Wenn sich das festsetzt, können auch Rachegelüste entstehen. Daher ist es naheliegend, noch einmal in die Schule zu gehen und diejenigen zu »bestrafen«, die man an der eigenen Tragödie für schuldig hält.
WELT ONLINE: Was kann die Politik tun?
Hollstein: Die Geschlechterpolitik, die in Deutschland betrieben wird, verschlechtert die Situation. Die Probleme und Nöte von Jungen und jungen Männern werden einfach nicht zur Kenntnis genommen. Alles, was von Experten versucht worden ist, prallt am Bundesfamilienministerium ab.

Sozialisation **Prozess der Einordnung des heranwachsenden Individuums in die Gesellschaft**

Arbeitsanregungen

1. Nicht immer, wenn von Tätern und Opfern die Rede ist, muss es sich um kriminelle Vorgänge handeln. Täter und Opfer, Schuld und Verantwortung sind Kategorien, die auch im alltäglichen Miteinander eine Rolle spielen.

a) Untersucht die Gedichte (S. 242 f.) daraufhin, welche Macht in Worten stecken kann.

b) Bringt die Gedichte mit den Theaterstücken in Verbindung. Welcher der Figuren könnte welches Gedicht zugeordnet werden? Begründet.

2. Im Stück »Ehrensache« prallen verschiedene Kulturen unvereinbar aufeinander (vgl. Text auf S. 244 f.).

a) Wie stellt sich auf dieser Grundlage die Figur des Cem dar? Ist sein Weltbild stimmig, konsequent oder ist er ein »bornierter Macker [...] und unter der glatt polierten Fassade und der gepflegten Frisur nichts als ein erschreckender Hohlkopf« (*Irene Bazinger, Berliner Zeitung, 05.04.2008*)? Begründet eure Bewertung.

b) Welche Erfahrungen habt ihr mit anderen Kulturen?

3. Die Texte auf den S. 247 ff. geben Hintergrundinformationen zur Thematik des Stücks »Ich knall euch ab!« Tragt aus dem Stück die Situationen zusammen, die belegen, dass die Figuren Ben und Gerri klar als Mobbingopfer gezeichnet sind. Diskutiert, ob die Autoren mit Ben und Gerri »typische« Amokläufer entworfen haben. (vgl. S. 250 f.)

4. Um Gewalttaten wie einen Amoklauf zu verhindern, gibt es keine Patentrezepte. Aber das Theaterstück wie auch die Hintergrundinformationen geben einige Hinweise darauf. Arbeitet sie heraus und sprecht darüber.

Brockhaus

Jugendsprache 2006

Jugendsprache, eine Gruppensprache, die einerseits der Identifikation und Kommunikation, andererseits der Abgrenzung der Jugendlichen von der Welt der Erwachsenen und damit auch von einer Standardsprache mit normativem Anspruch dient. Die J. weist zwar keine grundsätzlich von der Hochsprache abweichende Struktur auf, doch artikuliert sich in ihr – auf unterschiedlichen sprachlichen Ebenen – ein Sichabheben von konventionalisierten Sprachmustern.

Besonders deutlich wird dies durch Neuprägungen sowie Umdeutungen vorhandenen Sprachmaterials (z. B. *auf etwas abfahren* »sich für etwas begeistern«, *Beziehungskiste* »Partnerbeziehung i. w. S.«, *Bock auf …* »Lust auf …«). Als charakteristisch für den Wortschatz gelten u. a. Bildhaftigkeit und Metaphernreichtum (z. B. *abgewrackt* »völlig erschöpft«, *die Fliege machen* »weggehen«), Häufigkeit von Anglizismen und Amerikanismen (*cool* »überlegen«, »selbstbewusst«) – z. T. aus dem Umfeld der Drogenszene (z. B. *high* als Bezeichnung für extrem positive Befindlichkeit, *antörnen* »in Stimmung bringen«) – und eine sprachlich übertreibende Ausdruckshaltung (z. B. *geil, irre, wahnsinnig, unheimlich, super* als Bezeichnung für »großartig«), die sich auch in der Wortbildung in Form zahlreicher Zusammensetzungen (z. B. *affengeil* »unübertrefflich«), häufiger Verwendung von Lautwörtern als Verstärkungspartikeln (z. B. *boing, whow*) wie in der Bevorzugung mehrfacher Prädikation (*tierisch gut, echt brutal, total egal*) zeigt und der J. einen besonderen Affektgehalt verleiht.

Identifikation
emotionales Sichgleichsetzen mit einer anderen Person oder Gruppe
mit normativem Anspruch
mit dem Anspruch, maßgebend zu sein
artikuliert sich
drückt sich aus
konventionali sierten
herkömmlichen

Verstärkungspartikeln
Partikeln: kleine Wörter, die nicht gebeugt werden
Prädikation
Aussage
Affektgehalt
Gehalt an Leidenschaft, Emotion, Erregung

intonatorische Akzentuierung Betonung, Tongebung

syntaktischer Ebene Ebene des Satzbaus

Insgesamt ist die Jugendsprache gegenüber der Standardsprache durch besonders häufige Verwendung bestimmter sprachlicher Muster gekennzeichnet. Für die lautliche Struktur gelten besonders starke intonatorische Akzentuierungen (z. B. das »a« in »Wahnsinn«) als charakteristisch.

Auf syntaktischer Ebene sind Anakoluth (Bruch in der Satzkonstruktion [...]), Dehnungsphrasen (*und so, oder so, oder was, na ja, irgendwie*), Gliederungssignale (*also*) und nachgestellte Kontaktwörter (z. B. *das ist ein dicker Hammer, echt*) häufig.

Als typisch für die Bereiche von Wortschatz und Wortbildung gelten neben den schon erwähnten Merkmalen u. a. Kurzwörter (z. B. *Demo* »Demonstration«), daneben – in neuer Wortbedeutung – häufige Präfixbildungen (z. B. *abschnallen* »völlig überrascht sein«, *anmachen* »sich [um ein Mädchen] bemühen«) und Suffixbildungen (oft auf *–i*, z. B. *Softi* »weicher Typ«).

Konversion Übertritt eines Wortes in eine andere Wortart

Begrenzte grammatische Regelverletzung zeigt sich in bestimmten Konversionen (wie der Verwendung von »echt« als Adverb, z. B. *echt stark*, oder von »null« als Adjektiv, z. B. *null Ahnung* oder *null Bock haben*). Auffällig ist ein besonders hoher Anteil an stehenden Redewendungen mit übertragener Bedeutung (z. B. *ich glaub, mich tritt ein Pferd/knutscht ein Elch/streift ein Bus/mein Hamster bohnert* als Ausdruck der Überraschung), die vielfältig variiert und z. T. miteinander kombiniert werden können, der Jugendsprache aber auch eine gewisse Stereotypie verleihen. Spieler.

Umgang mit Sprache sowie sprachliche Kreativität zeigen sich v. a. in den Graffitisprüchen, in denen – oft mittels log. Paradoxien – ein bestimmtes Lebensgefühl, (Selbst-)Ironie und (Selbst-)Kritik, aber auch Provokation und polit. Protest oder reine Nonsensparolen formuliert werden (z. B. *Du hast keine Chance, darum nutze sie!*).

Die J. unterliegt einem starken Wandel. Bestimmte Eigenarten der Jugendsprache gehen auch in die allgemeine Umgangssprache ein. Darüber hinaus bedient sich etwa die Werbesprache jugendsprachl. Strukturen mit dem Ziel, eine entsprechende Verbrauchergruppe zu motivieren.

Gabriela Paule

Dramatische Texte 2009

In dramatischen Texten wird eine Handlung nicht erzählt, sondern unmittelbar im direkten Gegenüber von Figuren zur Anschauung gebracht. Man unterscheidet den Haupttext – das, was die Figuren sagen (in Monologen und Dialogen) – und den Nebentext: Dieser Begriff bezeichnet die Teile eines Dramentextes, die nicht gesprochen werden, also so genannte Regie- oder Szenenanweisungen. Sie machen Angaben z. B. zum Bühnenbild, zu Ort und Zeit des Geschehens, zur räumlichen Position der Figuren, zu ihrer Sprechweise und Körpersprache.

Natürlich ist die Figurenrede das wichtigste Element des Dramentextes, da sich im Wesentlichen durch sie die Handlung vollzieht. Aus den Monologen und Dialogen der Figuren muss der Leser die Handlung und die Beziehungen zwischen den Figuren erschließen. Auch ihren Charakter, d. h. ein bestimmtes Profil, bestimmte Merkmale und Eigenschaften, gewinnen die Figuren in der direkten Kommunikation und Konfrontation mit den anderen Figuren des Textes. Es gibt keinen Erzähler, der sich vermittelnd (beschreibend, erklärend, kommentierend) zwischen den Leser und das Geschehen stellt.

Die Ebene der internen Kommunikation bezieht sich auf

die Verständigung innerhalb des Bühnengeschehens. Die externe Kommunikation dagegen betrifft die Verständigung zwischen Bühne und Zuschauer bzw. Leser. Deutlich sichtbar wird diese Ebene z. B. bei der Vergabe von Informationen, die für die dramatischen Figuren eigentlich überflüssig wären, die aber für die Leser bzw. Zuschauer zur Orientierung entscheidend sind. Ebenfalls sichtbar wird diese Ebene, wenn der Zuschauer mehr Informationen erhält als beteiligte Figuren.

Dramen lassen sich anhand ihrer Bauform unterscheiden. Häufig wird der Leser zu Beginn über Voraussetzungen und Hintergründe der Handlung informiert, die Figuren und ihre Beziehung zueinander werden vorgestellt (Exposition). Es entstehen konflikthafte Situationen, die Handlung kann – häufig über mehrere Spannungsstufen – auf einen zentralen Konflikt zusteuern. Nach einem Höhe- bzw. Wendepunkt wird das Ende der Handlung oft erst über Verzögerungen erreicht. Neben dieser sehr fest gefügten Handlungsstruktur (geschlossene Form) haben sich auch andere Formen entwickelt: Beispielsweise müssen einzelne Szenen und Akte nicht immer streng auseinander hervorgehen, zwingend aufeinander aufbauen, sie können auch reihend, nebeneinander angeordnet sein. Da im letzteren Fall die Einzelszenen eher »für sich« stehen, ist das gesamte dramatische Gefüge lockerer, auch wenn sich, in die Szenenfolge eingeflochten, eine fortschreitende Handlung entfalten kann.

Ein Theaterstück zu *lesen* ist für viele Menschen eher die Ausnahme als die Regel. Sie gehen häufig lieber ins Theater und schauen sich das Stück in der vermittelten Form der Aufführung an. Für eine solche ist der Dramentext in der Regel auch geschrieben. In dieser Hinsicht ist er vergleichbar mit dem Drehbuch zu einem Film. Und wie bei einem Film auch ist die Theateraufführung »mehr« als der zugrunde liegende

Text, denn er wird vom Regisseur – durch Sprache, aber auch durch spielende Personen, durch Bühnenbild, Licht, Musik, Requisiten, Kostüme, Maske, Bewegungen der Figuren im Raum usw. – in Szene gesetzt. Dazu erarbeitet er zunächst eine Deutung des Textes und entwickelt ein so genanntes Regiekonzept, das diese Deutung mit Hilfe der Gestaltungsmittel des Theaters auf die Bühne bringt. Der Regisseur und sein Ensemble entwickeln dadurch ein neues Kunstwerk, dessen Zeichen der Zuschauer »liest«.

Gabriela Paule

Leitfaden zur Erschließung dramatischer Texte — 2009

1. Über Leseerfahrungen sprechen
Lies den Text genau und teile deine Eindrücke und Reaktionen anderen mit: Welche Gedanken und Gefühle löst die Lektüre bei dir aus?

2. Unklarheiten erörtern – Fragen stellen
Achte besonders auf das, was dich am Text »stört«:
- Was kommt dir merkwürdig vor?
- Wo »sperrt« sich der Text gegen ein unmittelbares Verstehen?

3. Das dargestellte Geschehen untersuchen
a) Beschreibe den Handlungsverlauf, die dargestellten Figuren und ihre Beziehungen zueinander. Unterscheide dazu u. U. zwischen Haupt- und Nebenfiguren:
- Wer ist wer? Nimm ggf. das Personenverzeichnis zu Hilfe.

- Welche Handlung vollzieht sich durch das Gespräch der Figuren? Beachte dabei Orts- und Zeitangaben.
- Welche Merkmale und Eigenschaften weisen die Figuren auf?
- In welchem Verhältnis stehen die (Haupt-)Figuren zueinander: im Kontrast, als Verbündete usw.?
- Entwickeln sich die Figuren? Wenn ja, wie?
- Welche Szenen oder Figuren tragen eher wenig zum Fortgang der Handlung bei? Untersuche, ob sie besondere Auskünfte über Figuren oder Hintergründe der Handlung geben.
- Wie wird der Haupttext durch den Nebentext ergänzt, kommentiert, gedeutet?

b) Untersuche den Dialogverlauf wichtiger Szenen, um die Entwicklung der Handlung und die Eigenart der einzelnen Figuren besser zu erfassen:

- Wie groß ist der Redeanteil der einzelnen Figuren?
- Ist das Gespräch ausgewogen oder dominiert eine Figur?
- (Wie) gehen die Figuren aufeinander ein / miteinander um?
- Welche Sprechakte kommen vor (drohen, auffordern, beraten, vorwerfen, beschwichtigen, ...)?
- Welche Absichten verfolgen die einzelnen Figuren?
- Lassen sich verschiedene Phasen des Gesprächs erkennen?
- Haben die Figuren bestimmte sprachlich-stilistische Eigenarten? Drücken sie sich z. B. besonders gewählt oder derb aus, sprechen sie in langen oder kurzen, vollständigen oder unvollständigen Sätzen, werden sprachliche Bilder verwendet?

c) Wie ist das Drama aufgebaut?
- Sind die Szenen chronologisch angeordnet oder wird mit verschiedenen Zeitebenen gearbeitet?
- Gibt es einen Höhe- oder Wendepunkt?
- Gehen die Szenen zwingend auseinander hervor oder sind sie eher reihend, nebeneinander angeordnet?
- Was bedeutet das jeweils für den Aufbau von Spannung?

4. **Untersuchungsergebnisse im Zusammenhang sehen**
Deute das Reden und Handeln der Figuren:
- Welches Verhalten wird an ihnen jeweils veranschaulicht? Für welche (ethische) Haltung stehen sie?
- Wie werden die Figuren »zwischen den Zeilen« bewertet? Lassen sich daraus Schlüsse ziehen auf eine »Idee«, eine »Lehre«, die dem Stück zugrunde liegt?

5. **Nach der aktuellen Bedeutung fragen**
Bei älteren Stücken ist die Frage interessant, was sie uns heute noch bedeuten können. Aber auch zeitgenössische Stücke betreffen nicht jeden Leser, jede Leserin in der gleichen Weise. Setzt die Untersuchungsergebnisse deshalb zu eurer Gegenwart in Beziehung: Welche Einsichten oder Anregungen könnt ihr aus dem jeweiligen Stück gewinnen?

Arbeitsanregungen

1. Der Lexikonartikel über die Jugendsprache (S. 253 ff.) nennt viele charakteristische sprachliche Merkmale und gibt dazu jeweils Beispiele. Sind die Beispiele aktuell? Welche von ihnen verwendet ihr, welche nicht? Setzt eure Ergebnisse in Bezug zum letzten Abschnitt des Artikels.

2. In welchem Ausmaß verwendet das von euch gelesene Theaterstück jugendsprachliche Elemente? Diskutiert, ob es dem Autor gelungen ist, einen jugendgemäßen »Ton« zu treffen.

3. Untersucht die erste Szene des Stücks, das ihr gelesen habt.
   a) Was erfährt der Leser hier über anwesende und nicht anwesende Figuren, über die Vorgeschichte und die beginnende Handlung?
   b) Was bleibt unklar, was wird nur angedeutet?
   c) Wurde durch die erste Szene euer Interesse am Stück geweckt? Begründet eure Einschätzung.

4. Die Szenenfolge in den Stücken »Fremdeln« und »Traum weißer Pferde« ist chronologisch. Wählt eines der Stücke, fasst das Geschehen der einzelnen Szenen in je einem Satz zusammen und prüft, ob das Stück der sogenannten geschlossenen Form zuzuordnen ist.

5. Die Stücke »Ehrensache« und »Ich knall euch ab!« handeln von einem vergangenen Ereignis. Dazu arbeiten beide Stücke mit verschiedenen Zeitebenen und Schauplätzen. Welche Szene spielt wann? Welcher Schauplatz ist ihr zugeordnet? Inwiefern ist diese Verwendung verschiedener Darstellungsebenen für das jeweilige Thema vorteilhaft?

Wirkung und mediale Gestaltung

Lothar Schwab, Richard Weber

Theaterkritik 1992

Feuilleton kultureller Teil einer Zeitung

In den Feuilletons der Massenmedien Presse, Rundfunk, Fernsehen erscheint meist kurz nach der Premiere eine Besprechung einer Theateraufführung, in der der Theaterkritiker die jeweilige Vorstellung beschreibt, interpretiert und wertet. In der Regel handelt es sich um eine knappe Erläuterung und Beurteilung der literarischen bzw. musikalischen Vorlage, um eine Beschreibung der theatralen Realisierung und deren Absicht sowie um eine Bewertung der künstlerischen Leistungen von Regisseur, Bühnenbildner, Schauspielern usw. In der Theaterkritik mischen sich beschreibende Darstellung und Wiedergabe von subjektiven Eindrücken des Kritikers, die abhängig sind von dessen Erwartungen an das Theater, seinen ästhetischen Vorlieben und weltanschaulichen Überzeugungen. Das Urteil eines Kritikers kann oft über Erfolg oder Misserfolg einer Inszenierung entscheiden; insbesondere der Verriss kann dazu führen, dass eine Inszenierung nur wenig Publikum findet oder umgekehrt gerade großen Zulauf erzielt. […]

Eine spezielle Ausbildung für Theaterkritiker gibt es in der Bundesrepublik nicht, Voraussetzungen sind jedoch Kenntnisse des Theaterbetriebs, der Geschichte des Dramas und des Theaters sowie journalistische Fertigkeiten.

Wolfgang Nussbaumer

»Fremdeln«. Das Puzzle der Gefühle geht nicht auf ______ 2003

Im Studio im Alten Rathaus [Aalen] erlebt der junge Autor Kristo Šagor eine überzeugende Premiere seines Stücks.
Mit ihrem großen schauspielerischen Potenzial hat die kleinste kommunale Bühne der Republik Kristo Šagors familiärem Minidrama »Fremdeln«, das bisher nur in Bremen als Improvisationstheater erprobt worden ist, als abgeschlossenem Stück zu einem respektablen Einstand auf den Brettern, die die Welt bedeuten, verholfen. Sowohl die Jugendlichen als auch die Erwachsenen, die dicht gedrängt die Premiere am Samstagabend im Studio des Aalener Theaters verfolgten, fanden sich Ernst genommen. Und der erst 26 Jahre alte Autor sah's mit Freuden. Mehr kann man nicht erwarten.

Das ist alles andere als selbstverständlich. Denn Šagors für Menschen ab 14 gedachtes Stück um eine so genannte »Patchworkfamilie«, die sich da unter für alle Beteiligten neuen Parametern zusammenraufen soll, kann gnadenlos ins Auge gehen. Wie leicht können die Frau und der Mann, die sich in der neuen Beziehung um einander bemühen, vom schmalen Grat der Kunst in den Kitsch der banalen Lore-Roman-Geschwätzigkeit schliddern. Wie leicht kann der von brennender Neugier befeuerte Zweikampf ihrer Kinder, eines 14-jährigen, autistische Züge tragenden Jungen und einer rotzig-frechen 13-jährigen Göre mit dem in diesem Alter besonders ausgeprägten Talent, die Welt in ihrem Innersten erklären zu können, zur verlogenen Anbiederung an die jugendliche Klientel geraten. Nichts davon. Alle Klippen umschifft, alle Hürden gemeistert.

Lore-Roman Romanheftreihe

autistisch → Seite 288

Klientel Kundschaft

Die Intendantin Simone Sterr hat ihr Quartett bis ins kleinste gestische Detail hinein so exakt »gebrieft«, dass die 5. Person, die durch ihre Abwesenheit das ganze dramatische Geschehen erst in immer stärker werdende Bewegung versetzt, nachgerade plastische Gestalt erhält. Svantje heißt sie, hat ihren 18. Geburtstag mit einer offensichtlich nur halbwegs rauschenden Party in Mutter Doris' Wohnung gefeiert – und sich anschließend mit einigen Klamotten und ohne »Tschüss« zu sagen vom Acker gemacht.

Intendantin Leiterin des Theaters

Warum? Und wohin? Zunächst versucht Doris den Schein zu wahren, macht einen auf Familienleben »as usual«. Doch in jeder Geste von Ina Fritsche spürt man, dass es unter der Oberfläche hektischer Beflissenheit gewaltig brodeln muss. Wie ein Hammerschlag zerstört Sohn Mareks (Gunnar Kolb) mit krampfenden Händen unterstrichene Frage das krampfhaft beschworene Idyll: »Wo ist Svantje?« Die große Schwester des 14-jährigen. Die sich um ihn so liebevoll gekümmert hat, als er nach einem Autounfall, bei dem sein innig geliebter Vater Bernd ums Leben gekommen ist, auf Leben und Tod im Krankenhaus lag. Ihm geholfen hat, die Sprache wieder zu finden.

Wo ist Svantje? Für den redlich um vertrauensvolle Zuneigung bemühten Holger des Wenzel Banneyer, der mit seiner Tochter Nele bei Doris eingezogen ist, scheint der Fall klar. Svantje brauchte Freiheit in dieser neuen komplexen familiären Situation. Und dem am liebsten in der Geborgenheit der Wohnung puzzelnden Marek rät er auch im Brustton der Überzeugung »mal ab und zu rauszugehen«. Denn: »Die Luft draußen im Leben ist großartig«.

Der falsche Satz zum falschen Zeitpunkt. Ist er nicht selbst draußen auf die Schnauze gefallen? Und könnte es nicht sein, dass er Marek rausschickt, weil er dessen Mutter ganz für sich haben will? Wie ist das mit dem Vertrauen als Basis aller

Mär von Märe: Kunde, Erzählung; hier: Lüge

Liebe? Und dann rückt Doris von Nele provoziert noch damit heraus, dass sie eine Mär in die Welt gesetzt hat. Dass ihr Mann Bernd gar nicht tot ist, sondern wegen seiner Schuldgefühle seine Familie verlassen hat.

Während sich die Erwachsenen mit aus bestem Wollen geborenen Lug und Trug auseinander leben, raufen sich der Klops Marek, dem der Autor in seinen Rückblenden so wundervoll krude Poesie in den Mund legt – (und Sterrs Regie in seine Hände, wenn er seiner Mutter in einer Geste unendlich bittender Zärtlichkeit eine seiner geliebten Mützen schützend über den Kopf stülpt) – und die biestig-kesse Nele der drahtigen Barbara Brandhuber erfrischend natürlich und ganz selbstverständlich zusammen. Zuerst fetzen sie sich und dann küssen sie sich. Und in dieser geschlechtlichen Erkundung ist keine Spur von falschem Zungenschlag.

Letztendlich erweist sich Kristo Šagors mit kriminalistischem Touch gewürztes Beziehungsdrama als ein auf 5 Tage verteiltes Puzzle der Gefühle, der falschen und der echten. Was passt zusammen? Die Ausstatterin Marion Eiselé hat ihren Protagonisten zur symbolischen Beantwortung dieser Frage 6 Sitzelemente zur Verfügung gestellt, die sie nach Bedarf und um neue Räume zu schaffen verschieben können. Und für jeden neuen Tag ohne Svantje leuchtet hinter den Plastiknoppenfolien an den Zuschauern und Akteure umschließenden Studiowänden ein Lichtfenster auf. Öffnet sich das 5. nach draußen, zur Freiheit, zur Hoffnung? Nur so viel sei verraten. Der überraschende Schluss erklärt die 5 Tage im Nachhinein dramatisch raffiniert als Zeit der Prüfung und entlässt die Zuschauerinnen und Zuschauer mit der Erkenntnis, dass die Probleme jetzt eigentlich erst anfangen. Über die Lösungsmöglichkeiten kann jeder selbst sinnieren.

sinnieren nachdenken

Stefanie Wagenblast

Kein Student, der schreibt, sondern ein Autor, der studiert

2003

Erfolgsautor Kristo Šagor war zu Gast beim Theater der Stadt Aalen, um sich sein Stück »Fremdeln« anzuschauen. Das Aalener Theater ist die erste Bühne, die seinen Text nachspielt. Fazit: Jugend- und Erwachsenentheater vom Feinsten.

Unterschiedlichste Familienkonstellationen sind bekannt. Die Patchwork-Familie ist eine solche. Neuer Partner trifft auf schon vorhandene Kinder und bringt seine eigenen Sprösslinge auch noch mit in das neue Familienboot. Der 26-jährige Šagor hat daraus eine blicktiefe Familiengeschichte gemacht. Sensibel, witzig und außerordentlich authentisch begibt sich der Autor auf die Suche nach Gefühlen, Zugehörigkeit und der Zärtlichkeit. Der Stoff fasziniert und besticht durch seine einzigartige Ehrlichkeit. So mancher jugendliche Besucher hielt den Gedanken für naheliegend, dass der Autor eigene, schmerzliche »Patchwork-Erlebnisse« in seinem Stück verarbeitet habe. Dem ist laut Šagor nicht so. Seine eigene Geschichte ist die eines Einzelkindes und dessen beiden Elterteilen, »ganz normal«, so Šagor.

authentisch **echt, zuverlässig, verbürgt**

Für sein Alter hat der Hausautor des Bremer Theaters schon viele Stationen eines erfolgreichen Dramatikerlebens durchgemacht. Pläne hat er jedoch immer noch. »Ich habe den Traum, Romane zu schreiben«, sagte Šagor den Besuchern im Aalener Theater. Šagor: »Mit 15 Jahren fing ich an zu schreiben. Seit drei Jahren bin ich kein Student mehr, der schreibt, sondern ein Autor, der studiert.« Sein Studium der deutschen Literatur, Linguistik und der Theaterwissenschaften hat er erstmal auf Eis gelegt. Simone Sterr, Intendantin des Aalener Theaters, wurde beim Autorentreffen in Frankfurt auf Šagor aufmerksam. Sterr entschied sich für sein

Theaterstück »Fremdeln«. [...] Natürlich gab es einige Unterschiede im Vergleich zur Aufführung im Bremen. Dort sah das Publikum den Grundriss der Wohnung mit sechs Zimmern, während man in Aalen kein sogenanntes »Puppenhaus« wollte. »Wir dachten über eine Simultanlösung nach, wie Ecken und Zimmer«, so die Intendantin. Man entschied sich schließlich für eine andere Version. Szene und dann wieder der Schnitt. Familienzusammenhänge wurden reduziert. »Wer gerade etwas zu sagen hat und dran ist, der steht vorne«, so Sterr. Parallelsituationen sind in der Aalener Inszenierung nicht notwendig.

simultan gleichzeitig

Svantje, das verschwundene Mädchen im Stück, wurde erfolgreich mit-inszeniert, obwohl sie im Stück gar nicht auftaucht. Sterr schuf Zeitfenster. Leuchtrahmen, aus denen die Hauptakteure in die Welt schauen sollen. Ein Zeichen dafür, dass die Zeit abläuft. Die Fenster sind der einzige Weg nach draußen. »Wo ist Svantje?«, diese Frage wurde erfolgreich von der Inszenierung beantwortet.

Bilder zu Nick Wood: »Traum weißer Pferde«

»Traum weißer Pferde«, Junges Schauspiel Hannover, 2008

Grit Schorn

Tödliches Finale nach dem Disco-Besuch ____ 2006

Fesselnde Inszenierung im Aachener DAS DA Theater: Lutz Hübners Stück »Ehrensache« beruht auf tatsächlichen Geschehnissen.

prägnant **genau, treffend dargestellt**

[...] Die straffe Inszenierung von Tom Hirtz zeigt in knappen prägnanten Szenen die dramatische Zuspitzung einer Situation, die völlig außer Kontrolle gerät. Bevor die Zuschauer überhaupt erfahren, was mit vier jungen Leuten, die sich zu einem Ausflug nach Köln verabreden, eigentlich passiert ist, werden sie mit harten Gegensätzen konfrontiert: links ein nüchterner kühler Raum mit Kunstlicht, wo ein psychologischer Gutachter den türkischstämmigen Cem befragt, rechts eine freundliche Kuschelecke, in der die überlebende Freundin des Opfers mit ihrem Psychotherapeuten spricht.

Gut herausgearbeitet ist die Unsicherheit des jungen Mannes, dessen schwankendes Selbstwertgefühl schnell in Gereiztheit und Angriffslust umschlägt. Aber auch die Traumatisierung von Ulli, die die Tötung ihrer Freundin Ellena mit ansehen musste und selbst schwer verletzt wurde, wirkt überaus lebensecht. Die blutrot drapierte Bühnenmitte wird durch ein Drehelement unterstützt, das bestimmte Stationen des tödlich endenden Ausflugs wie auch Foto- und Erinnerungsmaterial beleuchtet. Eben noch die trügerische Glitzerwelt einer Disco, in der die blutjunge Ellena den Stress im Elternhaus vergessen möchte, später das Treffen an Cems weißem Cabrio und schließlich der »Tatort«, wo am Ende zerstörerische Triebkräfte und emotionale Verletzungen aufeinander treffen – mit tödlichem Finale. Bühnenbild und Kostüme:

Frank Rommerskirchen, der auch als Ullis Psychotherapeut zu sehen ist.

Beeindruckend und berührend, wie die jungen Darsteller Lebenshunger, Ängste und Sehnsucht, aber auch Aggression und hilflose Wut sichtbar machen. Bei Cem, dem Mustafa Eren facettenreiche Züge verleiht, geht es nicht nur um prahlerisches Machotum, sondern auch um einen übersteigerten Ehrbegriff, der ihn eisern im Griff hat und ihm kaum Entfaltungsmöglichkeiten lässt. Er liebt sein gepflegtes, sauberes Auto und achtet nur ›unbenutzte Frauen‹, zu denen er die verführerische Ellena nicht zählt – gerade deswegen, weil er sie begehrt. Heilige oder Hure, diese Unterscheidung kann nicht gutgehen, erfährt Cem denn auch durch seinen psychologischen Gutachter. Die stolze, unabhängig sein wollende Ellena ist Cem gar nicht so unähnlich – sie testet alle Grenzen aus, gibt nie nach und provoziert Cem, bis er sich von ihr verspottet und in seiner Männlichkeit gekränkt fühlt. Daniela Gölden gibt dieser Ellena flirrende Attraktivität und Wagemut, aber auch labile Züge. Cems Kumpan Sinan verkörpert Jens Eisenbeiser höchst lebensecht als nettes Großmaul, das seine Ängste hinter Clownerien verbirgt. Am wenigsten geschädigt wirkt die um Ellena trauernde Ulli, sehr natürlich und überzeugend von Patricia Rabs gespielt.

»Ich will frei sein«, das Lied von Xavier Naidoo füllt den Raum im DAS DA Theater und erinnert daran, das jeder unter Freiheit etwas anderes versteht. Großer Applaus und Standing Ovations für die gelungene Inszenierung und die ausgezeichnete Darsteller-Riege. Mitten im Publikum: der Autor Lutz Hübner.

Lutz Wendler

Ein Lehrstück im besten Sinne 2006

[»Ehrensache« am Deutschen Schauspielhaus Hamburg]
Cem weiß, wo's langgeht. Seiner selbst gewiss steht er breitbeinig da, leicht in den Knien federnd, die eine Hand in der Hosentasche, mit der anderen hält er voll profimäßig eine Zigarette, ab und zu ein tiefer Zug, dazu das totale Durchblickergesicht. Einzig sein zuweilen unsteter Blick verrät, dass er sich nicht ganz so sicher ist, dass dieser Tag so perfekt werden wird, wie er es seinem Kumpel Sinan angekündigt hat.

Coolness kann ganz schön lächerlich sein. Denn während Cem sich anstrengt, den Macker zu spielen, parodieren die Mädchen Ellena und Ulli in seinem Rücken mit einer albernen Pantomime das komplette Macho-Programm. Und als der maskuline Vorturner die beiden endlich entdeckt und freudig begrüßt, da hat er schon etwas Entscheidendes verpasst: Dieser Tag wird nicht so verlaufen, wie er sich das vorstellt. [...]

Klaus Schumacher, dem künstlerischen Leiter des Jungen Schauspielhauses, geht es in seiner Hamburger Fassung von »Ehrensache« nicht um den konkreten Fall, sondern um die Verhaltensmuster, die zum Verbrechen führten. Das Resultat ist ein Lehrstück im besten Sinne, also eines, das nicht wortreich eine Erkenntnis behauptet, sondern sie spielerisch vorführt. Dass Worte beim Verständnis oft wenig helfen, erfährt der Polizeipsychologe Kobert, der im Gespräch mit Cem hinter dessen Motive kommen möchte, aber vor dessen rigidem Weltbild kapituliert. Andererseits ist Cem ratlos, wenn Kobert partout nicht kapieren will, dass es eben Frauen und Schlampen gebe, die einen für die Ehe geeignet, die anderen fürs Vergnügen: »Verstehst du das nicht: Bist du schwul, oder was?«

rigide **streng, unnachgiebig, fest**
partout **durchaus, unbedingt**

Die Gespräche des Psychologen mit den beiden Tätern Cem und Sinan und dem einen überlebenden Opfer Ulli bilden gewissermaßen den Vordergrund dieser Inszenierung, während im Hintergrund in kurzen Spielszenen der Verlauf dieser verhängnisvollen Spritztour erzählt wird. Die Souveränität des Jungen Schauspielhauses lässt sich bereits an Katrin Plötzkys reduziertem Bühnenbild im Malersaal ablesen. Karge Betonwände, ein erleuchteter kleiner Glaskasten an der Seite, fünf Stühle in der Ecke, von denen einer den Abend nicht überstehen wird, und einige Requisiten an der rückwärtigen Wand. Mehr braucht es nicht, um emotional-bewegendes, ernsthaftes, trotzdem oft komisches, unterhaltsames Theater zu machen. Denn Regisseur Schumacher kann sich auf Schauspieler verlassen, die als Ensemble wunderbar funktionieren und en detail (in Gesten, Gängen, Mimik) sehr genau arbeiten, was wiederum Grundlage für grandiose Einzelleistungen ist. Konradin Kunze spielt Cem als scheinbar souveränen Durchblicker, der sich an zweifelhafte Werte klammert und vor innerer Wut fast explodiert. Martin Wolf als sein Kumpel Sinan ist ein dauerquasselnder, geringschätzig behandelter Sidekick, der aus Mitläufertum mitschuldig wird. Maureen Havlana als kokette Ellena und Julia Nachtmann als leicht reizverzögerte Ulli sind zwei freche Freundinnen, die ein Spiel treiben, das außer Kontrolle gerät und mit einer gespenstischen Jagd im flackernden Licht endet.

Für Cem hat das Ganze eine Zwangsläufigkeit, die er im Gespräch mit dem Psychologen auf den Punkt bringt: »Du hast sie getötet.« – »Ja, was hätte ich denn sonst machen sollen?«

»Ehrensache«, Theater Lübeck, 2007

Eva Pfister

Uraufführung: Nicht spuren wollen ________ 2005

Jubel für »Ehrensache« von Lutz Hübner im Schauspiel Essen. [...] Der meistgespielte deutsche Dramatiker, dessen Stücke viel zu wichtig sind, um sie ins Ghetto »Jugendtheater« abzuschieben, ist der erste Autor, der sich an ein lange tabuisiertes Thema wagt, nämlich die Gewalt gegen Frauen in bestimmten Migrantenkreisen. Zwar sind in jüngerer Zeit viele Bücher erschienen, die dagegen Anklage erheben, neu ist jedoch, wie Lutz Hübner sich in die Psyche eines deutschtürkischen Mannes versetzt.

Ghetto → Seite 288

Migranten → Seite 288

In der »Casa«, dem kleinen Haus des Schauspiel Essen, tigert Dominic Oley als Cem auf und ab. Er reißt sich büschelweise Haare aus und ist kaum ansprechbar für den Polizeipsychologen Kobert. Ruhig und sachlich geht Günter Franzmeier die Aufgabe an, heuchelt kein Verständnis, wenn ihn Cems Ansichten schockieren. Denn der 19-jährige Lehrling unterscheidet klar zwischen Frauen, die man ehren und heiraten soll, und Schlampen. Elena und Ulli sind Schlampen, denn sie lassen sich auf einen gemeinsamen Ausflug nach Köln ein. Mit denen »geht« was, und wehe, sie spuren nicht. Während Philine Bührer die 15-jährige Ulli schüchtern-unerfahren zeichnet, ihr ein ungläubiges Erstaunen über das Vorgefallene verleiht, ist die Elena von Sonja Hausséguy ein Temperamentsbündel. Schön und streitlustig, aggressiv erotisch, will sie selbst bestimmen, was »geht« und was nicht.

Unter anderen Umständen könnten zwischen Elena und Cem Funken sprühen, aber so sind sie füreinander eine tödliche Bedrohung. Denn Elena kann sich wehren, sie weiß – auch sie hat einen türkischen Vater –, wo der junge Mann verletzbar ist. So bringt Lutz Hübner die Zuschauer dahin, Cem zu begreifen, wenn er sich rechtfertigen will: »Was hätte ich denn sonst machen sollen?« Sympathischer wird der Täter dadurch nicht, aber seine Tragik wird sichtbar. Zwiespältig erweist sich auch die Figur seines Freundes Sinan, ein harmloser Pausenclown, in dem jedoch auch der fatale Ehrbegriff steckt, der ausradiert, was sie beflecken könnte. Nicola Mastroberadino stattet den rappenden Sinan mit beachtlichen Comedy-Qualitäten aus. Überhaupt sind die Schauspielerleistungen phänomenal, zumal die beiden Mädchen noch in ihrer Ausbildung an der Folkwang-Hochschule sind.

Klar und rhythmisch inszenierte Stephanie Sewella die eindringliche Uraufführung der »Ehrensache«. Jörg Kiefel und Ansgar Silies lieferten ihr einen praktikablen Raum, der sich mit drei Rolltüren von der Haftanstalt in die Rückblenden der Außenwelt öffnen kann, und Nadine Grellinger sorgte für die so wichtige modische Kleidung. Jubelnder Applaus.

»Ehrensache«, Theater Ulm, 2008

Stimmen zu Felix Huby/Boris Pfeiffer: »Ich knall euch ab!«

Romi Löbhard

und alle schauen weg ______________ 2004

Es ging wohl den meisten so: Am Ende des Stücks konnte man sich noch lange nicht lösen von der Materie, war gefangen in der bedrückenden Geschichte eines Schulmassakers, vom Kinder- und Jugendtheater des Düsseldorfer Schauspielhauses eindrucksvoll auf die Bühne des Landsberger Stadttheaters gebracht. »Ich knall euch ab« von Felix Huby und Boris Pfeiffer ist nach dem Roman von Morton Rhue entstanden.

Das Stück beginnt flott, steigt ein mit der typischen Szene in einer Schulturnhalle. Es wird gelaufen, um den Ball gekämpft, alles im grünen Bereich. Wirklich? Spätestens als ein Chor zu singen beginnt, bröckelt die Fassade ebenso rasch, wie die Ballwechsel eines Handballspiels laufen. Vor dem Hintergrund einer Gedenkfeier wird die Entwicklung bis zu dem Amoklauf zweier Schüler noch einmal aufgerollt. In rasch wechselnden Bildern kommen Schüler und Lehrer zu Wort, zeigen beide Gruppen, wie sie mit dem Leben umzugehen imstande sind. Die Rollen scheinen genau verteilt: Da sind Sam, der Spitzenhandballer, Paul mit dem stinkreichen Vater und die allseits beliebte, immer fröhliche Mascha. Daneben fristen der Neue Ben und das Mathegenie Gerri ein Außenseiterdasein, bis, ja bis es zum großen Showdown kommt.

In den Rückblenden wird gezeigt, wie sich die Situation so zuspitzen konnte. Es gibt Aggressionen am laufenden Band, körperliche und seelische Verletzungen, und alle schauen weg. Das Bühnenbild, es musste für die Landsberger Aufführung verkleinert werden, zeigt den Boden der Sporthalle als eine Art Zielscheibe, jeder, der drin ist, wird getroffen.

Die Beratungslehrerin – hilflos, der Sportlehrer – sportlich-sachlich. Die Mitschüler, Sam und Paul und Mascha und all die anderen sind mit eigenen Problemen beschäftigt. Einzig Alice versucht zu verbinden, wird aber immer wieder ausgebremst. »Kein schöner Land in dieser Zeit?« – es ist wohl eher ein Leben voller Lügen und unechter Mauern, vor dem nicht einmal der Chor Halt macht.

KJT
Kinder- und Jugendtheater

Das KJT des Schauspielhauses Düsseldorf hat diese düstere und Angst machende Szenerie, die leider nicht nur fiktiv ist, sehr intensiv auf die Bühne gebracht. Die brisante Thematik von »Ich knall euch ab« ging unter die Haut, schon weil sie so aktuell ist. Kaum ein Zuschauer der beiden ausverkauften Aufführungen konnte davon unberührt bleiben, die Schüler in der Vormittagsveranstaltung so wenig wie die abendlichen Besucher. Die Schauspieler gingen in ihren knochenharten Rollen auf, zeigten Spitzenleistungen und waren bei den Diskussionen mit dem Publikum am Ende des Stücks sichtlich erschöpft.

Dass Täter- und Opferrolle nicht so vordergründig verteilt sind, wie man das gerne hätte, reflektierten sie mit der Doppelbesetzung von Ben/Paul und Gerri/Sportlehrer. Diese Rollenverteilung sprach auch Gefängnispsychologe Stefan Postpischil in der abendlichen Diskussion an. »Der Täter ist der eigentliche Problembehaftete und möchte einen anderen Menschen in die eigene Situation bringen, um eine Lösung gespiegelt zu bekommen.«

Monika Danhardt

Wege zur Gewalt. »Ich knall euch ab!« am Theater Junge Generation [Dresden] ______ 2004

Gerri ist tot, Ben liegt im Koma, und Sam wird nie wieder ohne Krücken laufen können. Ende einer Geiselnahme, geplanter und ausgeführter Racheakt von Gerri und Ben an ihren Mitschülern. Felix Hubys und Boris Pfeiffers Stück »Ich knall euch ab!«, welches nach dem gleichnamigen Roman von Morton Rhue entstand, erzählt keinen authentischen Fall. Doch es zeigt Verhaltensmuster, die zu Tragödien wie Littleton oder Erfurt führen können. Am Donnerstag erlebte »Ich knall euch ab!« am Dresdner Theater Junge Generation (TJG) Premiere, als Ringuraufführung mit Rostock und Düsseldorf. Regisseurin Anette Straube bewies erneut Gespür für ein Thema von trauriger Aktualität. Nach »Hallo Nazi« widmet sie sich nun der Gewalt an Schulen. Das Stück setzt beim geplanten »Neuanfang« an. Eine Festveranstaltung soll helfen, so wollen es die Lehrer, dass wieder zur Tagesordnung übergegangen werden kann. Im kargen Raum einer stilisierten Turnhalle, umgeben von einem Drahtzaun, der Abgrenzung, Ausgrenzung, Gefangensein symbolisiert (Ausstattung Esther Kemter/ Ulrich Schreiber), wird in Rückblenden gezeigt, wie aus dem sympathischen Ben und dem eher schüchternen Gerri potenzielle Amokläufer wurden. Typen, die anderen das Leben zur Hölle machen.

Mit Dominik Breuer als Ben leidet der Zuschauer an der Gewalt, die ihm angetan wird. Wie ein verletztes Tier schlägt er zurück. Auch Gerri – von Tom Keune als in sich gekehrter Jugendlicher gezeichnet – denkt eher an Selbstmord. Doch wenn er geht, will er die mitnehmen, die an seinem Unglück Schuld sind. Die Peiniger von Gerri und Ben heißen Paul und Sam. Das junge Publikum kennt solche Typen, die anderen das Leben zur Hölle machen – ganz legal und unter den wegschauenden Augen der Eltern und Erwachsenen. Denn diese Pauls und Sams sind Vorzeigeschüler, Stolz jeder Schulmannschaft. Holger Thews weiß die Überheblichkeit des erfolgsverwöhnten Paul, der unterwürfige Anerkennung verlangt, ebenso gut auszuspielen wie Ljubisa Lupo Grujcic Sams Gefühlskälte. Zu ihren Handlangern werden Menschen wie Mascha (Rike Joeinig) und Roy (Saro Emirze), die, selbst unentschieden und schwach, auf der »Siegerseite« mitschwimmen wollen. Aber auch Außenseiterin Alice – durch die Darstellung von Sabine Gehre die stärkste Figur – lässt ihre Freunde allein. Denn auch sie kann mit den Verletzungen durch Paul und Sam nicht umgehen. Stark die Szene ihrer Nacktheit, obwohl sie gewagt scheint. Am Ende, wieder bei den Vorbereitungen zum Festakt, scheint sich plötzlich das Blatt zu wenden. Haben die Schwachen ihre Stärke erkannt? Der lang anhaltende Beifall des jungen Publikums zur Premiere ließ einmal mehr spüren, dass das TJG gerade denen Partner ist, die anderswo keine finden. Wie können Politiker da die Existenz dieses Theaters in Frage stellen?

Theater Stolperdraht in Schwedt/Oder ______ 2007

Die jugendlichen Darsteller äußern sich zum Stück:

»In den Medien wird das Thema Amoklauf nur oberflächlich behandelt und die Hintergründe werden nicht richtig beleuchtet. Das Stück ist spielenswert auf Grund der Tatsache, dass es zeigt, wie es zu so einer tragischen Tat kommen kann. Es wird zwar nur ein spezieller Fall, ein Beispiel, gezeigt, doch soll das Stück die Leute dazu bewegen aufmerksamer auf ihre Umwelt zu achten um so auf eventuelle Anzeichen reagieren zu können und dadurch sogar an sich selbst zu arbeiten.« (*Franz Kießling*)

»›Ich knall euch ab!‹ ist kein Stück, das zum Nachmachen anregen soll. Vielmehr können mögliche Ursachen gezeigt werden. Die Leute sollten nicht wegschauen, wenn sie verdächtige Dinge merken. In einem gewissen Maße zeigt das Stück so auch eventuelle Hintergründe für einen Amoklauf. ›Ich knall euch ab!‹ ist weder verurteilend noch verharmlosend.« (*Madlen Haarbach*)

»Es ist ein ernstes Thema, von dem man nur aus den Medien erfährt und damit eine gewisse Distanz dazu hat. Eine Distanz, die es uns bequem macht, über diese Ereignisse zu urteilen. Doch wir denken, dass es wichtig ist, die Dinge mal von einer anderen Seite aufzurollen. Es ist für uns und auch vielleicht für die Zuschauer eine nützliche Erfahrung, um Taten dieser Art sinnvoller beurteilen zu können. Wir werden mit unserem Stück sicherlich die Leute, die einen Amoklauf planen, nicht aufhalten können. Es geht darum, Menschen an die Ursachen und auch die Folgen einer solchen Tat heranzuführen.« (*Elias Ehrlich*)

»Ich finde es wichtig, dieses Stück zu spielen, weil man mal zeigen sollte, dass die Täter nicht nur skrupellose Mörder sind, sondern es auch einen Hintergrund gibt. Diejenigen, die das Stück gesehen haben, gehen dann vielleicht mit offeneren Augen durch die Welt.« (*Friedrike Börninck*)

Arbeitsanregungen

1. Wie die hier abgedruckten Texte zeigen, wurden die Stücke im Wesentlichen positiv aufgenommen. Arbeitet heraus, was genau die Kritiker am jeweiligen Stück überzeugt hat.

2. Informiert euch im Text auf S. 261 darüber, was eine Theaterkritik ist und welche Aufgaben sie hat.

3. Lest die Kritik(en) zu einem von euch ausgewählten Stück und beurteilt sie mit Hilfe der folgenden Fragen:
   a) Welche Teile der jeweiligen Kritik sind dem Stück, also dem dramatischen Text, gewidmet und welche der Inszenierung, der Theateraufführung? Wie beurteilt ihr diese Gewichtung?
   b) Prüft die einzelnen Teile der Kritik anhand der Ergebnisse aus Aufgabe 2: Inwiefern werden sie den Ansprüchen an eine Theaterkritik gerecht, inwiefern nicht?

4. Schreibt selbst eine Kritik zu einem der vier Theaterstücke dieses Bandes. Legt dar, worin ihr Stärken und Schwächen des Stücks seht.

5. Seht euch die verschiedenen Inszenierungsfotos genauer an und versucht, sie einer bestimmten Szene des Stücks zuzuordnen. Welchen Eindruck könnt ihr vom jeweiligen Bühnenbild gewinnen?

Textquellen

Primärtexte

Kristo Šagor: Fremdeln
© 2001, FREMDELN von Kristo Šagor vertreten durch die Gustav Kiepenheuer Bühnenvertriebs-GmbH, Berlin.

Nick Wood: Traum weißer Pferde
Aus dem Englischen von Tanja Tuckermann und Guntram Weber.
© Verlag Autorenagentur GmbH, Berlin.

Lutz Hübner: Ehrensache
© Hartmann & Stauffacher GmbH, Verlag für Bühne, Film, Funk und Fernsehen, Köln.

Felix Huby und *Boris Pfeiffer*: Ich knall euch ab!
© 2000, Morton Rhue, Ich knall euch ab!
Ravensburger Buchverlag Otto Maier GmbH. Theaterstück von Felix Huby und Boris Pfeiffer vertreten durch die Gustav Kiepenheuer Bühnenvertriebs-GmbH, Berlin.

Sekundärtexte

Benn, Gottfried: Epilog 1949. Aus: Gottfried Benn: Gesammelte Werke in acht Bänden, hrsg. von Dieter Wellershoff. Wiesbaden: Limes 1960. Bd. 1, Gedichte, S.343.

Bienek, Horst: Wörter. Aus: Horst Bienek: Gleiwitzer Kindheit. Gedichte aus zwanzig Jahren. München: Hanser 1976, S. 5.

Brecht, Bertolt: Die Freunde. Aus: Bertolt Brecht: Gesammelte Werke in zwanzig Bänden. Werkausgabe Edition Suhrkamp. Frankfurt/M.: Suhrkamp 1968. Bd. 9, Gedichte 2., S.618.

Brockhaus, F. A.: Jugendsprache. Aus: Brockhaus, F. A.: Enzyklopädie in 30 Bänden. 21., völlig neu bearbeitete Auflage. Band 14, S. 165–166. Leipzig und Mannheim: F. A. Brockhaus 2006.

Claudius, Matthias: Von der Freundschaft. Aus: Matthias Claudius: Werke. Asmus omnia sua secum portans oder Sämtliche Werke des Wandsbecker Boten, hrsg. von Urban Roedl. Stuttgart: J. G. Cotta'sche Buchhandlung Nachfolger 1966, S. 225–227.

Danhardt, Monika: Wege zur Gewalt. »Ich knall euch ab!« am Theater Junge Generation. Aus: Sächsische Zeitung, 28.02.2004.

Domin, Hilde: Unaufhaltsam. Aus: Hilde Domin: Rückkehr der Schiffe. Gedichte. Frankfurt/M.: Fischer 1994, S. 19.

Fangauf, Henning: »Kein L'art pour l'art, sondern Theater als ein politisches Medium.« Fragen an Lutz Hübner. Aus: Henning Fangauf (Hrsg.): Jugendtheater im Deutschunterricht. Stücke und Materialien. Drei Stücke von Tatjana Rese / Charlotte Kerner, Thomas Ahrens, Lutz Hübner. Wilhelmshafen: Florian Noetzel 2006, S. 161–162.

Gebauer, Karl: Mobbing ist ein soziales Phänomen. Aus: Karl Gebauer: Mobbing in der Schule. Düsseldorf und Zürich: Walter 2005, S. 29.

Hackel, Astrid: Theater Tilman hat gelacht. Ein Gespräch mit Kristo Šagor. Aus: Goon-Magazin 2005 (www.lyrikwelt.de/hintergrund/sagor-gespraech-h.htm; Stand: 27.08.2009).

Ibsen, Henrik: Gespenster. Ein Familiendrama in drei Akten. Aus dem Norwegischen übertragen von Hans Egon Gerlach. Stuttgart: Reclam 1968.

Laue, Thomas: Vorwort. Aus: Lutz Hübner: Vier Theaterstücke. Berlin: Theater der Zeit 2005.

Löbhard, Romi: und alle schauen weg. Aus: Augsburger Allgemeine, 15.11.2004.

Manz, Hans: Freundschaften. Aus: Hans-Joachim Gelberg (Hrsg.): Der fliegende Robert. Viertes Jahrbuch der Kinderliteratur. Weinheim und Basel: Beltz und Gelberg 1977.

Neitzke, Nele/*Neermann*, Bodo: Der Hagener Mädchenmord und der Prozess um ein Aufführungsverbot. Aus: Materialmappe zur Inszenierung von »Ehrensache«. Stück von Lutz Hübner. Premiere: 13.12.2008, Podium, Theater Ulm. 2008, S. 6–7.

Nussbaumer, Wolfgang: »Fremdeln«. Das Puzzle der Gefühle geht nicht auf. Aus: Schwäbische Post, 17.02.2003.

Pfister, Eva: Uraufführung: Nicht spuren wollen. Aus: Die Presse, 14.12.2005.

Rhue, Morton: Ich knall euch ab! Aus dem Amerikanischen von Werner Schmitz. Mit einem Nachwort von Klaus Hurrelmann. Ravensburg: Otto Maier 2002.

Robertz, Frank J.: Erfurt – 5 Jahre danach. Aus: Jens Hoffmann / Isabel Wondrak (Hrsg.): Amok und zielgerichtete Gewalt an Schulen. Früherkennung, Risikomanagement, Kriseneinsatz, Nachbetreuung. Frankfurt/M.: Verlag für Polizeiwissenschaft 2007, S. 9–23.

Rohm, Christian: Ein Interview mit Felix Huby. 2008 (http://planet-interview.de/interview-felix-huby-21122008.html; Stand: 17.09.2009).

Schorn, Grit: Tödliches Finale nach dem Disco-Besuch. Aus: Aachener Nachrichten, 12.10.2006.

Schwab, Lothar/*Weber*, Richard: Theaterkritik. Aus: Lothar Schwab und Richard Weber: Theaterlexikon. Kompaktwissen für Schüler und junge Erwachsene. Frankfurt/M.: Cornelsen Scriptor 1991, S. 317.

Steffan, Dennis: Amoklauf. Warum Jungen zu Schul-Killern werden. Welt Online 2009 (www.welt.de/vermischtes/article3373470/Warum-Jungen-zu-Schul-Killern-werden.html; Stand: 18.08.2009).

Terre des Femmes – Menschenrechte für die Frau e. V. (Hrsg.): Tatmotiv Ehre. Eine Ausstellung zu Gewalt an Frauen und Mädchen im Namen der Ehre. Tübingen: Druckerei Gulde 2005, S. 7–9.

Theater Stolperdraht (Schwedt/Oder): »Ich knall euch ab!« Premiere am 14.09.2007. Stimmen der Darsteller: http://arcor.de/stolperdraht/jugendensemble/ikea.htm (Stand 27.08.2009).
Thomas L.: Ich konnte nicht immer so tun, als ob ich glücklich wäre. Aus: Thomas L.: Ich bin 12. Ein Schüler berichtet. Reinbek: Rowohlt 1975, S. 88.
Vanderbeke, Birgit: Das Muschelessen. Erzählung. Berlin: Rotbuch Verlag 1990, S. 226.
Wagenblast, Stefanie: Kein Student, der schreibt, sondern ein Autor, der studiert. Aus: Aalener Nachrichten, 20.02.2003.
Wendler, Lutz: Ein Lehrstück im besten Sinne. Aus: Hamburger Abendblatt, 10.10.2006.
Wille, Franz: »Vorbilder hat man immer«. (Ein Interview mit Lutz Hübner). Aus: Theater heute, Heft 3, 2008, S. 1.
Wolf, Doris: Patchworkfamilie – Chancen und Risiken. Aus: Lebenshilfe ABC ... Nachschlagewerk & Lexikon Psychologie, 2007–2009 (www.lebenshilfe-abc.de; Stand: 01.10.2009).

Bildquellen

Seite 200: Helge Ferbitz, Berlin.
Seite 201: Verlag Autorenagentur, Berlin.
Seite 202: www.bildbuehne.de, Berlin (© David Baltzer).
Seite 203: Matthias Lüdecke, Berlin.
Seite 204: picture-alliance GmbH, Frankfurt/Main (dpa / Frank May).
Seite 208: Theater Ulm (Carola Hölting).
Seite 245: TERRE DES FEMMES , Tübingen.
Seite 266/267: Schauspielhaus Hannover (Karl-Bernd Karwaß).
Seite 272: Theater Lübeck (Lutz Roeßler).
Seite 274: Theater Ulm (Carola Hölting).

Anmerkungen

S. 9

Fremdeln schüchternes, scheues Verhalten (kleiner Kinder) gegenüber fremden Personen. Als Fremdeln bezeichnet man für gewöhnlich ein Verhaltensmuster in der Entwicklung von Kleinkindern, meist zwischen dem 4. und 8. Lebensmonat, bei dem ein Kind damit beginnt, fremden Personen mit starkem Misstrauen, Abneigung oder Angst zu begegnen. Dieses Verhalten liegt in der sich entwickelnden Fähigkeit des Kindes, fremde Personen von Vertrauten visuell zu unterscheiden. Außerdem fällt das erstmalige Auftreten des Fremdelns mit der sich entwickelnden Fähigkeit des Kindes zusammen, auf eigene Faust seine Umwelt erkunden zu können (anfangs durch Krabbeln, später durch Laufen).

S. 19

Disney Walt Disney (1901 – 1966), amerikanischer Filmproduzent, bekannt für seine Natur- und Zeichentrickfilme. Bekannteste Figuren sind Micky Maus, Donald Duck. Vergnügungsparks (Disneyland) u. a. in Kalifornien, Florida und Paris, Tokio, Hongkong.

S. 21

Triebtäter Eigentlich: jemand, der ein Verbrechen aus innerem (meist Sexual-)Trieb begeht. Hier als Schimpfwort gebraucht.

S. 21

Zombie Im Horrorfilm ein eigentlich Toter, der ein willenloses Werkzeug dessen ist, der ihn zum Leben erweckt hat. Hier ebenfalls als Schimpfwort gebraucht.

S. 23

Magersucht Essstörung; krankhaftes, in extremer Form lebensbedrohliches Abmagern.

S. 23

Bulimie Störung des Essverhaltens mit Anfällen von Heißhunger und anschließend absichtlich herbeigeführtem Erbrechen.

S. 47

Fremdenlegion Eine militärische Einheit Freiwilliger aus verschiedenen Nationen im französischen Heeresdienst.

S. 50

Katheter Röhrchen zur Einführung in Körperorgane (hier: der Harnblase) zu deren Entleerung; wird angewendet z. B. bei Kranken, die nicht allein zur Toilette gehen können.

S. 61

taggen/Tag (engl. tag) Markierung; Etikett, Schild. Taggen beschreibt im Zusammenhang mit Graffiti das Hinterlassen eines persönlichen Schriftzugs, des sogenannten Tags, das in der Regel den grafisch gestalteten Sprühernamen darstellt. Einerseits wird das Tag zum Signieren von Bildern benutzt; die Verbreitung dessen an möglichst vielen und besonders riskanten Orten oder Gegenständen trägt aber auch zum internen Prestige eines Sprühers in der Szene bei. Das Übersprühen fremder Tags – auch Crossen genannt – wird als Beleidigung angesehen. Besonders in der Bandensubkultur der Vereinigten Staaten dienen Tags zur Markierung des Territoriums einer Straßengang. Sprüher der Writing-Bewegung versuchen in der Regel hingegen, ihren Namen überall zu verbreiten, nicht nur in einem begrenzten Gebiet. Taggen ist eine Sachbeschädigung im Sinne der §§ 303 und 304 StGB. Teilweise entstehen den Eigentümern sehr hohe Kosten bei der Beseitigung der Graffiti.

S. 61

Mr. Tambourine Man Debütalbum der US-amerikanischen Folk-Rock-Band The Birds (1965). Das Titellied ist die Coverversion eines Stücks von Bob Dylan.

S. 62

Standplatz Sicherungsort bei Mehrseillängenrouten. Der Vorsteiger sichert sich, um den Nachsteiger nachzusichern.

S. 62

Kamin hier: Spalte in der Felswand, die weit genug ist, um mit dem ganzen Körper darin zu klettern.

S. 62

Untergriff Griff, bei dem der Kletterer die Unterseite eines abstehenden Stück Felsens oder eines Überhangs verwendet, um sich nach außen zu lehnen.

S. 72

Korolev Sergei Pavlovich Korolev (1906–1966) bekam den Nobelpreis für die Entwicklung des Sputniks.

S. 72

Gagarin Juri Alexejewitsch Gagarin (1934–1968) war ein sowjetischer Kosmonaut und der erste Mensch im Weltraum.

S. 72

Tschaplygin Sergei Alexejewitsch Tschaplygin (1869–1942) war ein sowjetischer Aerodynamiker.

S. 113

psychosomatisches Belastungssymptom Anzeichen dafür, dass jemand einer starken Belastung ausgesetzt ist/war. »Psychosomatisch« bedeutet dabei, dass die Entstehung des körperlichen Anzeichens/Leidens (auch) psychische Ursachen hat.

S. 114

Elektroschock Kurzzeitige und absichtliche Einwirkung von Strom auf einen Organismus (wird in der Medizin verwendet, kann aber auch ein Folterinstrument sein).

S. 117

Prolet Kurzform von »Proletarier«, »Proletariat«: ursprünglich die wirtschaftlich abhängige, besitzlose (Arbeiter-)Klasse; heute umgangssprachlich abwertend: roher, ungehobelter, ungebildeter Mensch.

S. 122

drechskanakermäßig »Kanake«: umgangssprachlich abwertend: ungebildeter, ungehobelter Mensch; auch als Schimpfwort Ausländern gegenüber gebraucht.

S. 132

Sido deutscher Rapper;
Azad deutscher Rapper kurdischer Abstammung (azad: frei, tapfer, stark);
Kool Savas deutscher Rapper mit türkischen Wurzeln.

S. 166

seit es Schokolade gibt bezieht sich auf die Werbung der Firma Milka: »Milka, die zarteste Versuchung, seit es Schokolade gibt«.

S. 168

Cheerleader Gruppe junger Frauen, die bei Sportveranstaltungen durch ihren Auftritt die Anhänger einer bestimmten Mannschaft dazu bringt, diese möglichst lebhaft anzufeuern und durch lauten Beifall zu unterstützen.

S. 177

Jetzt kommt er wieder nicht zum Schuss. Er wird sexuell nicht befriedigt, es kommt zu keinem Samenerguss.

S. 181

Kaschmir Land im Hindukusch, von Indien, Pakistan und China gleichermaßen beansprucht. Die gleichnamige edle Kaschmirwolle wird nicht geschoren, sondern aus dem Fell der Kaschmirziege gekämmt, eingesammelt und sortiert. Zur Verarbeitung kommen nur die feinsten Haare aus dem Unterfell des Tiers. Daher ist diese Wolle sehr teuer.

S. 181

Raver aus dem Englischen für »rasen, schwärmen, toben, fantasieren«. Bezeichnung für eine Art großer Party-Veranstaltung (Rave) mit elektronischer Musik.

S. 191

Kosovo Land in Südosteuropa, im westlichen Teil der Balkanhalbinsel. Im Kosovokrieg 1999 ging es um den völkerrechtlichen Status des Kosovo, der bis heute international umstritten ist.

S. 193

Terminator Titel eines Sciencefiction-Films von James Cameron 1984 mit Arnold Schwarzenegger, der einen Cyborg spielt, ein Mischwesen aus lebendigem Organismus und Maschine. Es hat den Auftrag, Menschen zu töten (zu »terminieren«).

S. 196

Mörderflittchen »Flittchen« bezeichnet abwertend eine Frau, die schnell sexuelle Beziehungen zu Männern eingeht. Mörderflittchen bezieht sich hier auf die Tatsache, dass Alice mit dem späteren (Selbst-)Mörder Gerri zusammen war.

S. 212

Dramaturgie Lehre von der äußeren Bauform und den Gesetzmäßigkeiten der inneren Struktur des Dramas, besonders im Hinblick auf die praktische Realisierung.

S. 214

Günter Grass geb. 1927, bedeutender zeitgenössischer deutscher Schriftsteller, z. B. »Die Blechtrommel«. Nobelpreis für Literatur 1999.

S. 214

Martin Walser geb. 1927, bedeutender zeitgenössischer deutscher Schriftsteller, z. B. »Ein fliehendes Pferd«.

S. 236

Unterhaltsrecht Recht, das klärt, wer für den Unterhalt z. B. der Kinder aufkommen muss, wer also die Kosten für Wohnung, Essen, Kleidung usw. übernimmt.

S. 244

Terre des Femmes frz.: Erde der Frauen; der Begriff lehnt sich an »Terre des Hommes« an, was übersetzt »Erde der Menschen«, aber eben auch »Erde der Männer« bedeutet. Terre des Femmes ist eine gemeinnützige Menschenrechtsorganisation. Sie setzt sich durch Lobby- und Öffentlichkeitsarbeit für verfolgte und von Diskriminierung betroffene Frauen auf der ganzen Welt ein.

S. 244

Ehrenkodex Kodex: Sammlung von Gesetzen; hier also eine bestimmte, festgeschriebene Vorstellung von Ehre.

S. 246

patriarchalisch Patriarchat: Gesellschaftsform, in der der Mann eine bevorzugte Stellung in Staat und Familie innehat.

S. 262

autistisch An Autismus leidend: eine psychische Störung, die sich in krankhafter Ichbezogenheit, affektiver Teilnahmslosigkeit, Verlust des Umweltkontakts, Flucht in die eigene Fantasiewelt äußert.

S. 273

Ghetto Abgegrenzter Bereich (einer Stadt), in der nur bestimmte Bevölkerungsgruppen leben.

S. 273

Migranten Menschen, die aus einem anderen Land, einer anderen Kultur kommen und dauerhaft in Deutschland leben.